dtv
premium

Michael Lösch

Wäre Luther nicht gewesen

Das Verhängnis der Reformation

Ein Thesenbuch

Informationen über unsere
Autoren und Bücher
www.dtv.de

Dieses Buch ist auch als eBook erhältlich.
www.dtv.de/dtvdigital.de

Originalausgabe 2017
© 2017 dtv Verlagsgesellschaft mbH & Co. KG, München
Das Werk ist urheberrechtlich geschützt. Sämtliche, auch auszugsweise
Verwertungen bleiben vorbehalten.
Umschlaggestaltung: dtv Katharina Netolitzky/dtv unter Verwendung
eines Bildes von agk-images
Gesetzt aus der Arno Pro
Satz: Fotosatz Amann, Memmingen
Druck und Bindung: Kösel, Krugzell
Printed in Germany · ISBN 978-3-423-26138-8

*Meiner Tochter Martha, die – wie niemand sonst –
mein Leben verschönert und beglückt.*

Inhalt

Konjunktivisches Vorwort	9
I Zeitpanorama	20
Janusköpfige Zeit	20
Streunen als Erkundung	21
Der Anfang der Entdeckungen – das Ende der Entdeckten	25
Erfindungen fast symbolisch	27
Neues Denken teuer bezahlt	32
Katastrophen und kein Schutz	36
Die Pest und die Juden als Sündenbock	43
Ostrom fällt – Rom zerfällt	59
Konfession und Terror, Religion und Menschenrechte	66
II Reformatoren vor der Reformation	79
Frühe Renegaten	79
Kirche zwischen Soll und Haben	94
Selbstbedienungsladen Papsttum	99
Renaissance und Humanismus – sanftes Gewitter in stürmischen Zeiten	109
Deutsche Wegweiser	121
Volksfrömmigkeit? Glaube, Aberglaube und religiöse Anpassungen	134

III Luthers Werden — 144
Höhenunterschiede — 144
Gewitter — 148
Klosterleben, Klostergeist — 151
Allein der Glaube – Luthers Turm — 158
Ablass – Geschäft und Philanthropie — 170
Kein Grund zur Freude – die 95 Thesen — 176
Hahnenkämpfe — 183
Drei Schriften — 195
Worms 1521 — 200
Hunde mit der Schrift – die Bauern und ihr Krieg — 202
Das Pfarrhaus lässt sich sehen — 207
Luther – unser Unglück — 214

IV Krieg statt Frieden – kein Recht auf Andersgläubigkeit — 224
Hugenottenkriege in Frankreich — 224
Der Dreißigjährige Krieg – Paradigma totaler Zerstörung — 235

Konjunktivisches Vorwort

Wäre Luther nicht gewesen, wäre die Geschichte friedlicher verlaufen. Alles war reif für den Wechsel. Es sind zunächst die Gedanken, die an die Tore der Geschichte klopfen. Länderübergreifend herrschte die Gewissheit, dass es eines Gegenentwurfs zur maroden katholischen Kirche bedürfe. Die Suche danach war lange vor Luther in Gang. Die aus Byzanz geflüchteten Humanisten hatten die Welt bereits einen großen Ruck nach vorn gebracht. Zu viele und wertvolle Ideen bevölkerten nun die Köpfe der Zeitgenossen. Die emanzipatorischen Gedanken von Pico della Mirandola oder Erasmus von Rotterdam waren unter den Gelehrten bereits Allgemeingut geworden. Kaum ein Kleriker, kaum ein Intellektueller, der die neuen Inhalte der Renaissance und des Humanismus nicht kannte. Reformatorische Vorläufer, wie etwa Jan Hus, hatten so gut wie jeden lutherischen Gedanken vorformuliert. Die Suche nach einer neuen Kirche hatte also einen *point of no return* erreicht. Dafür bedurfte es keines Reformators namens Martin Luther. Wieso hatte etwa der Dominikaner Savonarola mit seinen Brandpredigten schon Ende des 15. Jahrhunderts so großen Erfolg? Weil die Zeit nach Reformen und Reformatoren gerufen hat. Und Savonarola war ein kleines Licht, kein Kopf wie Luther. Er hat nur das in Gang gebracht, was schon wartete und auf jeden Fall gekommen wäre: eine Reform des Glaubens und der Kirche; möglicherweise eine, die den unterschiedlichen Verhältnissen angemessen war, in Italien, in Frankreich, England, Böhmen oder Deutschland.

Und das wäre ohne Luther friedlicher verlaufen?

Englands Trennung von Rom war alles andere als harmonisch, keine Frage, aber sie hat keinen »Weltkrieg« nach Europa gebracht, als den man den Dreißigjährigen Krieg bezeichnen kann. Den hat erst Luthers Kampfmoral entzündet. Dabei wäre es auch anders möglich gewesen. Man denke an die Abspaltung der Orthodoxen, ohne einen prominenten Neinsager à la Luther und ohne das bekannte Blutvergießen. Lange vor Beginn der Neuzeit hat sich die osteuropäische Kirche in einem schleppenden Prozess von Rom abgesondert, mit Byzanz als Zentrum, gern Ostrom genannt. Ostroms Kirche reichte vom heutigen Russland über den Balkan bis Kleinasien, auch Teile Süditaliens gehörten wegen der dort ansässigen Griechen dazu.

Ostrom war schlicht der sogenannten normativen Kraft des Faktischen gefolgt: Westrom verlor über die Zeiten seine alte Macht und Stärke, und es gab die aus der Antike herrührenden Unterschiede zwischen dem Griechischen und dem Lateinischen. Eine Verständigung zwischen den beiden Roms war also allein schon wegen der Sprachbarrieren schwierig.

Dann fiel 1453 Ostrom. Die Osmanen besetzten den Nahen Osten und Südosteuropa. Die byzantinischen Gelehrten setzten nach Italien über und wiesen viele neue Wege. Hinzu kommt: Westeuropa machte sich auf die Suche nach dem Rest der Welt, Afrika, Asien und die beiden amerikanischen Kontinente wurden entdeckt und erobert; die Technik nahm eine sprunghafte Entwicklung. Die Geisteselite entdeckte mit Pico die Würde des Menschen, Erasmus schrieb gegen den Krieg, Giordano Bruno ließ dem Geist Leine, die Vernunft erhob ihre Schwingen und schweifte erkundend in alle Richtungen. Nikolaus Kopernikus nahm der Erde ihre bislang behauptete

Zentralstellung und setzte die Sonne in den Mittelpunkt unseres Planetensystems, Leonardo da Vinci ließ den lieben Gott im Himmel und stellte den Menschen in den Mittelpunkt seiner Aufmerksamkeit. Der sollte gesund und schön sein, fliegen und tauchen können, vor allem sich seiner selbst gewiss sein. Auch Päpste lenkten den Blick auf dieses neue rege Treiben, sie suchten die Nähe zu den großen Kundschaftern, sie begannen zu verstehen: Das ist neu. Und zukunftsweisend.

Dann kommt Luther und dreht die Zeit zurück: Er verspottet Kopernikus, die Erde hat der Mittelpunkt der Welt zu sein, so steht es in der Bibel. Sie allein zählt, und danach wird bestimmt, wie und was der Mensch zu tun und woran er zu glauben hat. Wer anders glaubt und handelt, muss mit strikter Ablehnung und Strafe rechnen. Luther beschert der Unbarmherzigkeit des Mittelalters eine Renaissance. Mit der Bibel in der Hand und der Suggestivkraft seiner Sprache überzeugt er jeden. Selbst Erasmus, der Vorsichtige, der Skeptiker, ist infiziert und geht ein Stück mit. Doch ganz gegen des Skeptikers Suche nach Balancen zwingt Luther der Geschichte ein mörderisches Tempo auf: Bauernkrieg, Hugenottenkriege und Dreißigjähriger Krieg sind die Folgen seiner revolutionären Theologie. Und auf Luthers Radikalisierung antwortet eine hochnäsige katholische Kirche mit eigener Radikalisierung: einer blutigen Inquisition. Die alte und die neue Kirche grenzen sich mit blindem Dogmatismus voneinander ab. Was ist geschehen?

Luther ist vor Kaiser und Reich getreten: Ich habe eine Überzeugung, sagt er. Ich widerrufe, wenn mir einer nachweist, dass ich falschliege. Das zeigt Wirkung, auch bei den Mächtigen. Die denken weniger theologisch, sondern eher machtpolitisch. Sie empfinden Roms Selbstherrlichkeit als demütigend. Ein Heer von romfreundlichen Gelehrten meldet sich gegen Luther zu Wort, selbst der englische König greift zur Feder. Aber Luther verlangt Beweise, sonst seien das, sagt er, nur Behauptungen, die jeder erheben könne. Seine Frage ist: Steht es in der Heiligen Schrift? Ja oder nein? Wenn nicht, ist es Menschen- und nicht Gotteswerk. Das Argument, es gehe ja nicht nur um die Schrift, sondern auch um eine große Kirche, lässt er nicht gelten, und das leuchtet vielen ein. Rom hat sich einfach zu lange und zu sehr danebenbenommen, es reicht. Die Öffentlichkeit und viele Fürsten sind bereit, sich Luther anzuschließen.

Ist Luther also ein Held? Ja, aber einer des Mittelalters! Einer, der gekommen ist, das Schwert zu bringen und nicht den Frieden, wie er betont; einer, der das dekadente Rom am liebsten in Blut ertrinkend gesehen hätte; einer, der das Abschlachten der aufständischen Bauern befürwortet, weil sie seine Bibel anders auslegen als er; einer, der fest an die Existenz des Teufels glaubt; einer, der Gott alles und dem Menschen nichts anheimstellt. Mag der Mensch noch so tugendhaft, menschenfreundlich und selbstlos sein, wenn Gott, der strenge Vater, ihn nicht mag – Pech gehabt. Ein Fanatiker, der den rechten, nämlich seinen Glauben, über alles und jeden erhebt, wie heute die Dschihadisten, die, wie Luther, die Vernichtung der Juden empfehlen. Er geht weiter: Nirgendwo steht, dass die Kirche eine Institution ist, Kirche kann auch im Herzen sein. Er nimmt den Gotteshäusern die Seitenaltäre mit ihren zahllosen Heiligen, die jedem Bergmann, Dachdecker oder Almhirten zur Seite standen, die über jedes Dorf, jeden Brückenkopf oder Hafen schützend die Hand hielten als Patron, als Schutzherr und Mittler zwischen Mensch und einem fernen Herrgott. Die Schutzheiligen gegen Hochwasser, Gluthitze, Feuer oder Dürre werden exkommuniziert, die zahllosen Himmelsfürsprecher für jeden Belang müssen – dank Luthers Schriftauslegung – verschwinden. Die Buntheit der Heiligen, die nach Region und Infrastruktur geprägte religiöse

Vielfalt – alles wird hinausgefegt. Solche Vielgötterei sei Menschenwerk, Hokuspokus und Mummenschanz, sagt Luther. Theologisch gesehen, mag er recht haben (hat er?), den Menschen aber weist er den Weg in eine neuerliche Vertreibung. Nicht aus dem Paradies, aber aus einem menschlichen, durchaus erfinderischen Glauben. Dem lutherischen Menschen gelten nur die Worte der Heiligen Schrift. Dass auch die Schrift Menschenwerk ist, so wie jede Kirche, die sich mit den Zeiten ein eigenes Aussehen gibt, lässt er nicht gelten. Zu Recht wird er heute von den meisten Historikern als Fundamentalist bezeichnet. Dem Fundamentalisten eignet, zu viel steuern zu wollen. Luthers Steuerungsbedürfnis ist es geschuldet, dass er so viel – zu viel – meinte, regeln zu müssen. Er mischt sich sogar in das Verhalten der Jugend ein, die ihm zu viel tanzt. Ohne Luther aber hätten die anstehenden Aufgaben und deren Bewältigung auf verschiedenen Schultern ruhen können. Der eine hätte die Bibel übersetzt, der andere die Reform der Kirchenhierarchie vorangetrieben, der dritte hätte soziale Probleme im Auge gehabt, der vierte den Zölibat, und irgendein kleines Mönchlein hätte aus seiner naiven Vermittlung des Glaubens die schönsten Kirchenlieder geschrieben. So aber hat Luther das allein geschultert, weil ihm in diesen viel zu großen Dingen der nötige Weitblick, aber auch die christologische Durchdringung der Frohen Botschaft gefehlt hat.

Und Rom? Hätte Rom einem Treiben ohne Luther einfach zugesehen? Nein, aber es hätte wenig unternommen. Es hat ja auch gegen Luther wenig unternommen, wie viel weniger indes, wenn die Reformation dezentral, also an diesen und jenen Ecken geglüht hätte? Wir müssen uns das Weltbild der Renaissance-Päpste vorstellen, die ihren Katholizismus mehr und mehr vernachlässigten, solange sie nur die Macht behalten konnten. Diese Päpste waren eher Fürsten als heilige Väter. Den Druck auf die Kirche waren sie ohnehin gewohnt, den hatte es lange vor Luther schon gegeben. Man kann sich durchaus vorstellen, dass der eine oder andere Papst, auch aus Gründen der Machterhaltung, dem Zeitgeist Rechnung getragen und einer Multiplex-Kirche ihre geografisch-kulturellen Eigenheiten zugestanden hätte.

Es hat damals viele Überlegungen gegeben, die in die Zukunft wiesen. Eine Zukunft, in welcher der Mensch und nicht mehr nur Gott im Zentrum der Aufmerksamkeit stehen würde. Der Humanismus erstrebte vor allem eines: Emanzipation und Freiheit des Menschen, denen sich Luther mit aller Macht entgegenstellte. Wenn wir also einen zweiten, größeren Helden neben Luther suchen, dann ist es die Zeit selbst, die allgemeine Entwicklung, die Fülle der neuen, aus der Vernunft resultierenden Gedankenbilder. Nicht zu vergessen die Entdeckung der Neuen Welt, die Gründung einer ganz neuen europäischen Zivilisation, die dann 250 Jahre später die Menschenrechte in ihre Verfassung setzen wird. In dieser Zeit des allgemeinen Fortschritts aber ragt aus allem ein Einzelmonolith hervor: der Buchdruck. Der Buchdruck eröffnet den pluralistischen und demokratischen Diskurs. Was in einer Region zensiert oder verboten wurde, kam in der Nachbarschaft an die Öffentlichkeit. Nie zuvor ist der Durchschnittsmensch mit einer solchen Fülle an Informationen versorgt und zu einer eigenen Stellungnahme ermutigt worden. Man kann das als Beginn des Informationszeitalters bezeichnen, dessen Geschichte noch heute fortgeschrieben wird. Ohne den Buchdruck hätte Luther keine solche Wirkung gehabt, denn gerade er hat es wie kaum ein anderer verstanden, seine Revolte sprachmächtig und überzeugend für die Öffentlichkeit zu formulieren. Mit einem Wort: Luther war *right place, right time*. Wäre er früher in die Welt getreten, wäre er bestenfalls ein Jan Hus, Wilhelm von Ockham oder John Wyclif gewesen. Erst durch den Buchdruck sind die Mittel zur Hand, um eine neue

Kirche zu gründen. Während sich seine Vorläufer an den Zentren des europäischen Geisteslebens aufhielten, saß Luther, wie er selbst sagte, am Rande der Zivilisation. Der Buchdruck nimmt diesem Rand seine Beschränkung. Ohne die Möglichkeit der massenhaften Publikationen wäre Luthers Suche nach einem Gegenentwurf zum römischen Katholizismus im Sande verlaufen. So aber kann ein großer, in der Provinz wirkender Prediger mit Hilfe medialer Präsenz der Welt die Pistole auf die Brust setzen. Sie muss sich entscheiden, und hat das auch getan. Ohne Buchdruck wäre das nicht möglich gewesen. Und ohne Luther…? Der Buchdruck – nie wählerisch – hätte die zweite Riege der Reformatoren ebenso populär gemacht wie Luther. Denn alle Welt wartete auf das eine Wort, auf das Nein. Und die zweite Riege, der Luthers Kraft und Ausdauer fehlte, hätte nicht revolutioniert, sondern reformiert, mit Erasmus und Philipp Melanchthon an der Spitze. Die Geschichte der Reformation wäre also anders, wahrscheinlich langsamer verlaufen. Und weniger blutig. Zumindest das sadistische Abschlachten von mindestens 75 000 Bauern ist ohne Luther fraglich. Reformen sind friedfertiger als Revolutionen mit ihren blinden menschenverachtenden Gewissheiten. Noch einmal: Luther war kein Reformator, sondern ein Revolutionär, das hat er mit seiner Rücksichtslosigkeit und Intransigenz bewiesen. Als hochbegabter Publizist hat er mit den neuen Mitteln der Vernunft (und diese konterkarierend) der Versenkung im Glauben das Wort geredet. Die nachmittelalterliche Aufklärung, die wir Neuzeit nennen, wäre ohne diesen der Auseinandersetzung zugeneigten Luther friedlicher verlaufen. Daran kann kein Zweifel bestehen.

Mit dem Augsburger Religionsfrieden von 1555 aber, wonach es Sache des Landesherrn war, die Religion seiner Untertanen zu bestimmen, kam es dann zu einer geistigen und geistlichen Vergewaltigung des Einzelnen, die man sich für unsere

Gegenwart besser nicht vorstellt. Luthers Lehre hat dort gewirkt, wo die Zeit und ihre Menschen noch nicht reif waren, in Deutschland, und hat dort, wo alles überreif von den Bäumen hing, in Italien, die Ernte verhindert. Gerade hier, im damals fortschrittlichsten Land der Welt, wird Luthers Lehre als zu hart, zu unaufgeklärt abgelehnt. Eine solche Reformation will man nicht, sie ist zu lebens- oder menschenfeindlich. Und so wird ausgerechnet in Italien die längst hinterfragte Stellung des Papstes wieder gefestigt.

England geht einen eigenen reformatorischen Weg. Der Brexit des englischen Königs vollzieht sich aus einem sehr einfachen Grund, ihm war die Macht des Papstes hinderlich geworden. Heinrich VIII., seines Zeichens ein überzeugter Katholik, schafft sich per Handstreich seine eigene, romfreie Kirche, die sich im Lauf der Jahrhunderte – wie die Lutherkirche nicht zölibatär – durchaus konsequent weiterentwickelt hat. Gut vorstellbar, dass sich Heinrichs neue Kirche über Norddeutschland und die skandinavischen Länder ausgebreitet hätte. Und ungeachtet des anglikanischen Einflusses hätte es auch aus Italien renaissancehaft-hell in den Norden geschienen, aus der Schweiz vielleicht nicht gar so freudlos, aus Frankreich imperial bombastisch, wie es Heinrichs England vorgemacht hat, aus Spanien stolz und gemessen, aus Deutschland diskussions- wie kompromissorientiert, aus Skandinavien monarchisch von oben, aus Böhmen eigensinnig konsequent. Und bei diesen möglichen Lichtquellen soll hier noch auf einen besonderen Aspekt unserer Spekulation hingewiesen werden: die massenhafte Auswanderung nach Amerika. Amerikas Kirchen hätten sich sehr wahrscheinlich auch ohne den Wittenberger in zahlreichen, großen und kleinen Reformationen erneuert. Ein scheckiges Freikirchentum, eine ziemlich freie amerikanische Ladung evangelischer Konfessionen hätte sich langsam aber sicher über Europa ergossen, mit laut und feurig gefeierten Gottesdiensten, mit einem Liederkanon, der bis in die Unterhaltungsmusik unserer Tage gereicht hätte, wo Gott noch bei seinem lebendigen Namen gerufen worden wäre, ohne das alte katholische Geleier europäischer Protestanten. All das hätte die kirchliche Welt unbekümmerter und leichter werden lassen können – wäre Luther nicht gewesen.

Freilich, auch der Einfluss der Neuen Welt wäre mit Konflikten verbunden gewesen. Ob es indes ohne Luther zu einer Katastrophe wie jener des Dreißigjährigen Krieges gekommen wäre, sei zumindest einer ungebundenen Spekulation anheimgestellt, die vor allem fragt: Wie nachhaltig hat Luthers Entweder-oder-Denken polarisiert? Wie sehr hat seine Kompromisslosigkeit ein Gesetz von Gewalt und Gegengewalt etabliert? Gilt Luthers Katholiken- und Judenhass nicht stellvertretend jedem, der einen »falschen« Glauben hat?

Und wie hat der lutherisch-richtige Glaube individuell gewirkt? Er hat das erfolgreiche, in seiner Privatheit durchaus glaubwürdige und produktive evangelische Pfarrhaus errichtet. Es kann sich in der Tat sehen lassen. Gotthold Ephraim Lessing, Georg Christoph Lichtenberg, Albert Schweitzer, Malcolm X und Angela Merkel sind Pfarrerskinder. Auch der Gott-ist-tot-Verkünder Friedrich Nietzsche gehört dazu.

Häufig wird Max Webers große Darstellung der protestantischen Ethik nur als Erfolgsgeschichte verstanden: Der lutherische Glaube sei Motor für den wirtschaftlichen Erfolg. Der typische Protestant hätte über die Freiheit seines neuen Denkens den kapitalistischen Unternehmungsgeist beflügelt, aus der Reduktion auf das Eigentliche des Glaubens sei eine Reduktion auf das Eigentliche im Leben erwachsen und das seien Ernst, Fleiß und Disziplin. Darüber ist viel gestritten worden. Aufs Konto der Weber-Gegner geht, dass es zunächst die Italiener waren, die trotz ihres Katholizismus' Erfolg hatten und die ersten Kapitalisten wurden. Und es waren zunächst die katholischen Könige und ihre Seefahrer, die aus kapitalistischen Erwägungen Kolonien gründeten. Die Weber-Anhänger weisen hingegen auf empirische Fakten, wonach in den USA die Protestanten wirtschaftlich erfolgreicher seien als die Katholiken. Das hieße dann vielleicht auch: Wäre Südamerika protestantisch, wäre es auch wirtschaftlich, sprich kapitalistisch, erfolgreicher. Der Psychoanalytiker Tilmann Moser setzt in seiner eindrucksvollen Bekenntnisschrift ›Gottesvergiftung‹ einen interessanten, vielleicht ungewollten Akzent hinzu: »Da du (Gott) ein unerkannt großartiger Gott warst unter den Katholischen, die meine Familie gleichzeitig anstaunte, beneidete und verachtete, musste ich im Verhalten beweisen, dass du der bessere Gott seist. Welch geniale Identifikationsschlinge hast du da um meinen Fuß gelegt: *Ich* war mitverantwortlich für deinen Ruhm, für den historischen Sinn der Reformation, *ich* musste mitbeweisen, dass Luther recht hatte, wenn er Papst und Weihrauch und Ablass aus seiner Kirche hinauswarf.« Den Faden weiterspinnend könnte man sagen: In einer materialistischen Welt lässt sich der Beweis für den besseren Glauben trefflich mit einem Mehrerwerb an materialistischen Gütern führen.

Zugleich steht Moser in der langen Reihe selbstquälerischer Protestanten, die hängenden Kopfes den lutherischen Gott nicht mehr ertragen können. Der Psychoanalytiker hat an seinem Glauben schwer gelitten: »Du (Gott) haustest in mir wie ein Gift... Du bist in mich eingezogen wie eine schwer heilbare Krankheit... Ich habe dir schreckliche Opfer gebracht an Fröhlichkeit, Freude an mir und anderen ...«. Man mag das als persönliche Erfahrung einer blind-religiösen Erziehung interpretieren, an anderer Stelle aber rechnet Moser mit der von Luther erhobenen Prinzipienhoheit ab: Sein Gott sei »eine Normenkrankheit, eine Krankheit der unerfüllten Normen«. Und in Bezug auf Luthers Lehre des Ausgeliefertseins an Gottes Gnade schreibt Moser: »Fast zwanzig Jahre lang war es mein oberstes Ziel, dir (Gott) zu gefallen. Das bedeutet, dass ich immer und überall Schuldgefühle hatte. Belustigt haben mich Freunde immer wieder auf einen Mechanismus hingewiesen: Ich war zu Besuch, fühlte mich wohl, hatte aber ein schwer greifbares Gefühl, vielleicht doch Fehler gemacht zu haben [...] Es war eine fundamentale Unsicherheit in mir, ob ich nicht etwa Normen verletzt hätte. Du hast mir gründlich die Gewissheit geraubt, mich jemals in Ordnung fühlen zu dürfen, mich o.k. finden zu können.«

Der anerzogene protestantische Ernst mit seiner Freudlosigkeit hat da einen ungeschützten jungen Menschen in die Verzweiflung angesichts eines Gottes getrieben, der alles entschieden hat. Mit seiner Prädestinationslehre verkündete Luther einen Allmächtigen, der von Anbeginn bestimmt hat, ob man zu den Geretteten oder den Verdammten gehört. Moser überfällt »eine entsetzliche Lähmung, weil alles (!) aussichtslos erschien«. Und erschüttert liest man, was ihn umtreibt, einen, den man ohne jede Herablassung und mit großem Mitgefühl als armes Schwein bezeichnen kann: »Dein Hauptkennzeichen für mich ist Erbarmungslosigkeit. Du hattest so viel an mir verboten, dass ich nicht mehr zu lieben war.« Welch eine bittere Schlussfolgerung: »dass ich nicht mehr zu lieben war«!

I

Zeitpanorama

Janusköpfige Zeit

Was prägt jene Zeit, die man mit Humanismus und Glaubenskampf überschreibt? Jacob Burckhardt staunte über die Erhellungen durch das Studium der Antike, über den generellen Neustart aus eigener, menschlicher Kraft, befreit von den alten, klerikalen Konstrukten. Er spricht von Wiedergeburt und hat insofern recht, als sich ab 1300 – Italien macht den Anfang – tatsächlich viel tut. Es ist, als drehte sich die Welt schneller, vielerorts leuchtet sie, als erwachte sie endlich aus dem Jahrhunderte währenden Schlaf der Vernunft. Das ist die eine Seite. Die andere ist immer noch sehr dunkel. Nicht allein, weil Luther im Licht stehend schreckliche Schatten wirft, sondern weil auch Gott genau jener zu sein scheint, den Luther als gnadenlos fürchtet. Der Mensch wird nicht nur wach-, er wird auch grausam durchgerüttelt. Er mag sich größer denn je fühlen und wird kleiner denn je gemacht. Geht ihm hier ein Licht auf, kommt dort die größte Finsternis über ihn, da, wo er an sich zu glauben beginnt, belehrt ihn Gott eines Schlechteren, dort, wo er sich befreit, wird er nach Sodom und Gomorrha deportiert, auf dass ihm klar sei, wer hier letztlich das Sagen hat. Wer die vor- und die nachlutherische Zeit erfühlt, hat vor allem zwei Empfindungen: Staunen und Schaudern. Man bestaunt den diesseitsfrohen Giovanni Boccaccio, die abendländischen Weisen Pico della Mirandola, Erasmus von Rotterdam oder Giordano Bruno, man betrachtet die Männer der Macht und des Geldes, die Sforza, Medici oder die Fugger. Zugleich schaudert man angesichts der Unbarmherzigkeit eines Hernán Cortés oder der Brüder Pizzaro, die ganze Völker und Kulturen vernichten. Man schaudert beim Anblick der Heimsuchungen Gottes: Dürre, Hochwasser und Pest zwingen Europas Menschen in ein Delirium, das unmenschlicher und verblendeter nicht sein kann. Auf der Suche nach einem Sündenbock geht man in Christi Namen mit einem Sadismus vor, als wäre Christus nicht der Botschafter der Barmherzigkeit und Nächstenliebe, sondern der Prototyp der menschgewordenen Bestie. Hinzu kommt die Frage nach der Konfession, dem rechten Glauben; sie ist – wie soll man es anders nennen? – die Pest, der schwarze Tod des Herzens. Seit Luther entscheidet die Frage nach der richtigen Weltanschauung über Leben und Tod, sie bringt eine Verhärtung der Fronten und daraus die blinde Verfolgung Andersgläubiger. Und das reicht bis zu Adolf Hitler und Josef Stalin und darüber hinaus.

Streunen als Erkundung

Kennt das klassische Mittelalter das Reisen vor allem als ritterliches Abenteuer, als Aventiure, schickt sich die Neuzeit an, auch weniger Hochgestellte in die Welt zu führen. Der Chronist seines eigenen Lebens, der Südtiroler Oswald von Wolkenstein (1377?–1445) verlässt als Zehnjähriger sein Zuhause, um als Knappe zu dienen. Er stolpert durch ein Leben voller Unwägbarkeiten und Katastrophen und endet als hochdekorierter Freund des Kaisers.

Wolkenstein ist nicht nur ein Idealtyp der neuen Zeit, sondern auch der frühe Gegenentwurf zu Luthers Leben und Persönlichkeit. Wo sich Luther in die dunklen Klausen des Augustinerklosters zurückzieht, tritt Wolkenstein den Weg an in eine Welt, die so angenommen wird, wie sie ist. Während Luther sich in eine Zelle einschließt, öffnet sich Wolkenstein zu einer weiten und vorurteilslosen Ausschau. Plagt sich Luther mit durchaus zeittypischen Ängsten, lässt Wolkenstein sie fahren. Auch er kennt die Verzweiflung angesichts der jenseitigen Schrecken, doch ist seine Diesseitslust größer als die Sorge um sein Seelenheil. Er weiß das und richtet sich positivistisch denkend danach ein. Die Welt ist, wie sie ist, man nehme sie an und mache es nach Möglichkeit gut. Luther foltert sich mit dem befürchteten Zorn des Allmächtigen, Wolkenstein kommt unter die Folter eines weltlichen Gerichts, wendet sich dann aber desto lustvoller einem bewegten Leben in der weiten Welt zu. Eines seiner Gedichte listet etliche der bereisten Gegenden auf: die Barbarei (Land der Berber), Arabien, Armenien, Persien, das Land der Tataren, Syrien, die Romanei (Ostrom, Byzanz), das Türkenland, Ibernien (Georgien), Preußen, Russland, Eifenland (Estland), Letto (Lettland), Livland (Litauen), Tennmark (Dänemark), Sweden, Prabant und so weiter. Er durchmisst so gut wie ganz Europa, den Nahen Osten und Nordafrika. »Ich wollte sehen, wer die Welt wie gestaltet«, meint er faustisch.

Vermutlich auf Burg Schöneck im Pustertal als Angehöriger des niederen Adels geboren, hat Oswald als zweiter Sohn keinen Anspruch aufs väterliche Erbe und zieht als Knappe, wohl in der Obhut eines Deutschordensritters, durch die Welt. Er beteiligt sich an Feldzügen und kriegerischen Handlungen, anfangs in niederer Stellung; wahrscheinlich ist sein erstes Pferd gestohlen und eigentlich ein Maultier. Er kämpft mit seinem erzürnten Bruder, weil er dessen Frau bestohlen hat, und wird mit dem Schwert verletzt. Weil er sich an einem Putsch gegen den Tiroler Herzog Friedrich IV. von Österreich beteiligt hat, wird er gefangen genommen, einem peinlichen Verhör unterzogen und dem Landesherrn übergeben, der ihn gegen ein hohes Lösegeld freilässt. Wolkenstein opponiert weiter und unterwirft sich erst nach sechs Jahren dem missliebigen Herzog – als letzter der Adelsfrondeure.

Zur Erfahrung seines Lebens gehört, dass er als Schiffbrüchiger im Schwarzen Meer zusammen mit einem Russen auf einem Weinfass überlebt. In ironischer Kontrastierung beschreiben seine Lieder sein »törichtes« Leben, ein virtuos inszeniertes Stück Selbstdarstellung. Das Lied »Es fügt sich« weist ihn als einen Mischtypus der Neuzeit aus, halb Simplicissimus, halb Kolumbus: »In Fremde und Elend, in mancherlei heißen und kalten Winkeln habe ich gelebt, bei Christen, Orthodoxen, Heiden. Drei Pfennig in dem Beutel und ein Stücklein Brot waren mein Reisegeld. Durch falsche Freunde hab ich viele Tropfen Bluts vergossen, ich glaubte schon, ich müsste sterben. Laufbursche, Koch war ich und Pferdeknecht, auch Ruder zog ich – das tat weh.« Auf einer Insel Nios will er 400 Frauen ohne einen einzigen Mann erlebt haben, kein Mensch habe ein schöneres Bild gesehen, meint er, aber er bleibe gleichwohl der Angebeteten treu: »Ach Gott, wäre ihr nur halbwegs meine Last bewusst … Ihr Knaben, Mädchen, bedenkt, welch Leid die Liebenden ertragen!« Vierzig Jahre ist er bereits in »wütende Kämpfe« verstrickt und hält sich des ungeachtet an die Dichtkunst und den Gesang. Er lässt sich von der schönen und lieblichen Königin von Aragon piercen, man lacht ihn aus, und als der Kaiser das sieht, schlägt er ein Kreuz und fragt verstohlen, ob das nicht wehgetan habe. Pralle Sinnesfreude paart sich mit banger Jenseitserwartung. Mal liebt er die Welt, mal verachtet er sie. Letztendlich schöpft er, stellvertretend für die beginnende Neuzeit, nur die dargebotenen Möglichkeiten aus. Er hat Minnedienst geleistet, aber, das klassische Bild brechend, nicht an einer Angehörigen des Hofes, sondern an einer Brixener Schulmeisterstochter. Schließlich heiratet er eine schöne, gebildete und wohlhabende Frau. Sie hat eine wunderbar klare Stimme, und er verfasst für sie die schönsten seiner Liebesduette. Sieben Kinder werden geboren. Zwiespältig schreibt er: »Ich, Wolkenstein, lebe wahrlich bar aller Vernunft.«

Er erlebt das Konstanzer Konzil (1414–1418), steht im Dienst des Hus-Verräters Sigismund, der ihn als Gesandten bis Nordafrika schickt, wo er an der Eroberung der maurischen Stadt Ceuta (gegenüber von Gibraltar) teilnimmt. Er begleitet Sigismund zur Kaiserkrönung nach Rom. Hier hat er, schätzt man, das aus der Innsbrucker Handschrift bekannte Porträt fertigen lassen, das ihn als einäugigen Edelmann zeigt, von schlechter Ernährung gekennzeichnet, wie wir das bei vielen anderen Bildnissen dieser Zeit, auch jenem Luthers, kennen. Wolkenstein stirbt mit 68 Jahren. Damals ein hohes Alter, vor allem angesichts der Strapazen, die ihn begleiteten. Vom einfachen Steigbügelhalter hatte er es zur Position eines Diplomaten und Emissärs gebracht.

Seine versteckte Gottesferne ist im 14./15. Jahrhundert noch äußerst selten. Nur einige Vaganten und entlaufene Mönche deuten eine individuelle Gottesgleichgültigkeit an, etwa, wenn der kriminelle Streuner François Villon (1431–1463) vor seiner befürchteten Hinrichtung schreibt: »Ich bin François, was mir Kummer macht,/gebürtig aus Paris …,/von dem ellenlangen Strick/wird mein Hals erfahren,/was mein Hintern wiegt.«

Das sind rotzige Bekenntnisse zu einem Leben und Sterben außerhalb des Glaubens, zu einer nahezu existenzialistischen Auffassung. Die Welt draußen wird erfahrbarer und scheint für jeden etwas anzubieten. Folgt der Dichter Villon noch den

Vorgaben eines lyrischen Vagantentums, brechen materialistisch spekulierende Seefahrer zu weit entfernten und völlig unbekannten Ufern auf. Neue Zivilisationen werden entdeckt und unters Schwert gezwungen. Eine Zeit kalter Mitleidslosigkeit erreicht mit den neuen Welterschließungen einen Höhepunkt, immer und konsequent unter der Legitimation des Kreuzes.

Der Anfang der Entdeckungen – das Ende der Entdeckten

Mit der Eroberung der Kanarischen Inseln durch die Spanier beginnt die Zeit der geografischen Entdeckungen und des Kolonialismus. Die Unterwerfung riesiger Reiche mit geringsten Mitteln geht einher mit riesigen Opfern der Entdeckten. 1443 kehren die Portugiesen erstmals mit afrikanischen Sklaven heim. Auf der Suche nach einem Seeweg nach Indien umsegelt 1488 Bartolomeu Dias (1450?–1500) die Südspitze Afrikas. 1492 entdeckt Christoph Kolumbus (1451?–1506) Amerika. Vasco da Gama (1469?–1524) setzt Dias' Unternehmung fort und erreicht Indien. Er ist der erste Europäer, dem das per Schiff gelingt. Mit großer Ladung kostbarer Gewürze, vor allem Pfeffer, der einen ähnlich hohen Wert hat wie Gold, trifft der Seefahrer in Lissabon ein, wo ihm ein triumphaler Empfang bereitet wird. Als Luther ins Kloster geht, erscheint Vasco da Gamas Reisejournal gedruckt und auf Deutsch in Nürnberg. Für Waren- und Finanzströme gibt es nun neue Handelswege, Lissabon und später Antwerpen werden global agierende Handelsmetropolen. Nicht nur Gewürze, auch allerlei asiatische Waren finden sich auf den europäischen Märkten. In Spanien bricht der Portugiese Ferdinand Magellan (1480–1521) zu einer Reise auf, die ihn binnen zwei Jahren um die Erde führen wird. Während Luther 1520 seine drei wichtigen Schriften >An den christlichen Adel<, >Von der Babylonischen Gefangenschaft< und >Von der Freiheit eines Christenmenschen< veröffentlicht, erobert Hernán Cortés (1485–1547) Mexiko. Aufgrund einer aztekischen Prophezeiung über die Rückkehr eines hellhäutigen und bärtigen Gottkönigs wird Cortés für einen Abgesandten des Himmels gehalten und mit Ehren empfangen. Der Aztekenherrscher Moctezuma beschenkt die Spanier zur Begrüßung freundlich naiv mit enormen Mengen an Gold und Edelsteinen. Er hofft, sie gnädig zu stimmen. Nolens volens verbündet er sich mit dem unerbittlichen Cortés, dessen Geisel er ist. Später wird er dafür von seinen Untertanen, den aufgebrachten Bewohnern der Hauptstadt Tenochtitlán, gesteinigt. Die Spanier werden in der »traurigen Nacht« zwar aus der Stadt vertrieben. Nach dreimonatiger Belagerung aber fällt sie in die Hände der Eroberer zurück. Cortés lässt die Aztekenmetropole dem Erdboden gleichmachen. Auf den Ruinen wird Mexiko-Stadt erbaut. Die weitere Annexion Mexikos ist von widerlichen Grausamkeiten an der einheimischen Bevölkerung begleitet. Von den etwa 15 Millionen Einwohnern leben 100 Jahre später noch etwa drei Millionen. Waren die Opfer nicht im Kampf gefallen, starben sie an dem aus Europa eingeschleppten Grippeerreger, mangels entsprechender Abwehrkräfte.

Ab November 1532 erobern die Brüder Hernando und Francisco Pizarro mit nur 200 Soldaten das im heutigen Peru liegende Inka-Reich. Durch einen Hinterhalt bringen die Spanier den Herrscher Atahualpa in ihre Gewalt und ermorden ihn, nachdem er den Konquistadoren einen Raum mit Gold und zwei Räume mit Silber übergeben hat. Der geringen Truppenstärke der Spanier stehen mindestens 20 000 Inkas gegenüber. Dass sie dennoch besiegt wurden, lag am ungewohnten Anblick der Pferde und dem Krach der Feuerwaffen. Auch hier spielte die Hautfarbe der Spanier eine Rolle, Weiß war für die Inka die Farbe des Schöpfergottes, gegen den man nicht aufbegehrt. Im November 1533 nehmen die Spanier Cuzco, die Hauptstadt des Inka-Reiches, ein und stecken sie in Brand. 1535 gründen die Eroberer die neue Hauptstadt Ciudad de los Reyes, das spätere Lima.

Das Ende der Indiokultur führt in eine neue Katastrophe. Weil mit der Vernichtung der Indios billige Arbeitskräfte fehlen, greifen die Konquistadoren nach Afrika aus und kaufen dort Sklaven als »Nachschub«. Während Luther 1534 seine deutsche Bibelübersetzung herausgibt, schickt sich das christliche Abendland an, unter der Hoheit des Erzbistums Funchal auf Madeira die Diözese Goa zu errichten. Das Gebiet hat eine Ausdehnung vom Kap der Guten Hoffnung bis nach Japan. In Luthers Lebenszeit fallen die Umschiffung Afrikas, die Kolonisierung Indiens, die Kolonisierung Süd- und dann Nordamerikas und teilweise sogar Japans. Geholfen haben dabei die neuen technischen Hilfsmittel.

Erfindungen fast symbolisch – Kompass, Schießpulver, Turmuhr, Buchdruck

Man stellt sich manchmal die vielleicht müßige Frage, ob neue Erfindungen die Zeit bewegen oder ob die bewegte Zeit die neuen Erfindungen herbeizwingt. Die großen geografischen Entdeckungen jedenfalls bedienten sich einer Technologie, die gewissermaßen kommen musste. Hatte sich der Seefahrer früher, als er noch küstennah umhersegelte, an Sonne, Sternen und Landmarkierungen orientiert, führte die Erfindung des Magnetkompasses zu einer wesentlich verbesserten Richtungsbestimmung auf hoher See. Bis es so weit war, erlebte das Ur-Navi eine technische Vorform, den sogenannten nassen Kompass. Er war ungenau und kam nicht zu breiter Anwendung. Um 1400 setzen europäische Seefahrer die über einer Windrose schwebende Kompassnadel in ein festes Gehäuse, ein bedienungsfreundliches Instrument, das ein bis dahin unerreicht präzises Navigieren ermöglicht. Der umtriebige Leonardo da Vinci macht einen praxisgerechten Verbesserungsvorschlag: den Einsatz einer kardanischen Aufhängung. So wird die Funktionsfähigkeit des Kompasses auf dem unruhigen Schiff verbessert. Die Aufhängung findet sich auch in der Kombüse. Der Kochherd hält sich damit immer gleich gerade, die Schwankungen der Fahrt auf hoher See werden ausgeglichen.

Verwunderlich freilich ist das vergleichsweise späte Aufkommen einer anderen technischen Neuerung, des Fernrohrs. Zweihundert Jahre musste die Seefahrt warten, bis dieser Fernseher der Schifffahrt seine Dienste erweist; erst ab 1608 kommt es zum Einsatz und dient zunächst der unchristlichen, nämlich kriegerischen Seefahrt. Die aufstrebenden Niederländer setzen das Fernglas gegen die feindlichen Spanier ein.

Auf dem Festland wird zur Orientierung auch in die Ferne gesehen, auf eine der Windrose ähnliche Scheibe. Die neu erfundenen Turmuhren machen dem Menschen nicht nur die getaktete Zeit, sondern auch die eigene Endlichkeit bewusst. Nicht zufällig findet sich die gute alte Sanduhr mit penetranter Regelmäßigkeit in den damaligen Totentanzdarstellungen. Um zu veranschaulichen, wie kurz die irdische Existenz vor Gott sei, hält der Ablasshändler Johann Tetzel (1465?–1519) sie bei seinen Predigten parat. Sehet, könnte er der Bibel folgend gesagt haben, unser Leben währet siebzig Jahr', und wenn's hochkommt, so sind's achtzig, und es fährt schnell dahin, als flögen wir davon. Der furchtsame Gläubige bekommt nun statt der Sanduhr die Turmuhr vorgesetzt, sie ist immer sichtbar, wo immer er steht. So wird Stunde um Stunde die Zeitlichkeit des Menschen so unerbittlich wie übersichtlich vorgeführt. Die Verbreitung der astronomischen Uhren zwingt ihn dann auch noch zum weltanschaulichen Hochsprung. Über die Tageszeit hinaus zeigt das Zifferblatt die Stellung von Sonne, Mond und Sternen. Der Blick hebt sich über den eigenen Tellerrand, über den eigenen Horizont, von den irdischen richtet er sich auf die planetarischen Verhältnisse. Und: Weiß der Teufel, ob Gott dort draußen wirklich wohnt. Angesichts der Legendenkultur ist gut vorstellbar, dass etwa die Astronomische Uhr am Altstädter Rathaus in Prag 1410 ein weit stärkeres Faszinosum war als heute. Diese Uhr gehört nicht allein zu den großen technischen Wunderwerken der anbrechenden Neuzeit. Mit ihrer Position an einem weltlichen Gebäude zählte sie die ersten Stunden einer Zeit, da der Einzelne die Käseglocke religiöser Bestimmung nicht nur verlassen durfte, sondern beunruhigenderweise verlassen musste. Mit seinem technischen Können erhob sich der Mensch aus seiner vermeintlichen, lang verkündeten Minderwertigkeit ein Stück weiter vor Gott empor. Dem einen mochte das Genugtuung bereiten, dem anderen machte das Angst.

Beängstigend war auch das aus China stammende Schießpulver. Im Hundertjährigen Krieg kommt es zum Einsatz. Der Mensch wird genauso laut wie Gott. Die mittelalterliche Kriegführung des gepanzerten Ritters mit Pferd und Lanze weicht jener des mit einer Handfeuerwaffe bewehrten Söldners. Und weiter hinten lauern statt der Bogenschützen donnernde Kanonen. So hörbar wie diese war bisher nur der Allmächtige. Je lauter und größer des Menschen Kanonen, umso größer deren Vergötterung, dann deren Befürchtung. Hatte der

Eintritt des fabrizierten Knalls in die Welt noch die Komponente eines bubenhaften Triumphs, erkennt man entsetzt dessen Zerstörungskraft. Unter Gott war der Knall eher Allegorie, unter des Menschen Herrschaft wird er Terror. Es läuft darauf hinaus: Es ist nicht Gott, der richtet, sondern der Mensch.

Auch stille Neuerungen kommen. Einige Jahre nach Luthers Tod wird der Bleistift als portables Schreibgerät populär. Heute ist er nicht mehr aus Blei, sondern aus Grafit. Gegen Tinte und Federkiel hat er allerdings keine Chance. Immerhin ergänzt er den Silberstift, der speziell präpariertes Papier braucht und zumindest anfangs blass bleibt, bis der Strich des Silbers auf dem mit Schwefel versetzten Papier nachdunkelt. Und gegenüber der Tinte hat der Bleistift doch einen entscheidenden Vorteil: Er reagiert auf den kleinsten Druck. Die Blüte der Bleistiftzeichnung erlebt dann allerdings erst das 19. Jahrhundert.

Ab 1450 setzt sich die folgenreichste technische Erfindung seit dem Rad (und vielleicht dem Papier) durch, der Buchdruck. Nichts drückt die Zeit mehr vorwärts. Zu Recht wird Johannes Gutenberg (1400?–1468) als *der* Mann der Zeit verstanden. Er ist kein Erfinder, er ist ein Geschäftsmann, der auf der Suche nach Rationalisierung auf die beweglichen und wiederverwendbaren Lettern stößt. Keine andere Neuerung hat einen derart umstürzlerischen und folgenreichen Charakter. Ohne den Buchdruck ist die einsetzende Aufklärung des Menschen undenkbar – und seine Verdunkelung. Gedruckt wird nicht nur, was emanzipiert, auch Hass- und Hetzschriften gegen wehrlose Minderheiten und Außenseiter finden den Weg in die Öffentlichkeit. Nun beginnt, was sich Gutenberg nicht hat träumen lassen: das Informationszeitalter. Der Lehr- und Forschungsbetrieb wird in neue, sehr breite Bahnen gelenkt. Das Geschäft blüht; gedruckt wird alles, was Geld bringt, Religiöses, große Werke der Antike und des Mittelalters, auch

Flug- und Streitschriften. Selbst der Ablasshandel wird per gedrucktem Flugblatt belebt. Neue Nachrichten verbreiten sich für damalige Verhältnisse mit atemberaubender Geschwindigkeit. Der frühere Hauptinformant, die Kirche, wird entscheidend zurückgedrängt. Ihr Meinungsmonopol schwindet. Ab jetzt ist Information und Bildung nicht mehr dem lesenden und schreibenden Klosterinsassen vorbehalten, sie gehört bald jedem. Keine andere technische Entwicklung hat eine durchschlagendere politische Wirkung. Ohne sie hätte es Luther kaum zu dieser Popularität bringen können, er wäre ein Gelehrter mit begrenztem Wirkungskreis geblieben. Berechnungen zufolge werden bis zum Ende des 15. Jahrhunderts 40 000 Buchtitel mit einer Gesamtauflage von acht Millionen Exemplaren veröffentlicht. Das wirkt auf die Zeitgenossen wie heute der Siegeszug des Internets. Die Bevölkerung schickt sich an, selbst zu urteilen, Luthers Bibelübersetzung erreicht eine Verbreitung, wie sie vorher undenkbar gewesen wäre. Eine schon um 1330 entstandene, durchaus gelungene Bibelübersetzung hätte bei entsprechender Multiplikation eine ähnliche Wirkung haben können. Jetzt kennt man nicht einmal den Namen des Übersetzers und nennt ihn einfach und unschön: OBÜ – den »Österreichischen Bibelübersetzer«. Seine Arbeit wurde im 20. Jahrhundert wiederentdeckt. Wie Luther will auch OBÜ mit seinem reich illustrierten und sprachlich virtuos gehaltenen Werk dem Durchschnittsmenschen die Heilige Schrift in der Alltagssprache näherbringen; wie Luther scheint er der Überzeugung, jeder solle selbst seinen Gott lesend finden. Und das knapp 200 Jahre vor dem Wittenberger. Hier zeigt sich bereits indirekt der Gedanke, die Heilige Schrift bedürfe keiner Auslegung. Doch zu dieser Zeit fehlte noch Gutenbergs Technik medialer Massenverbreitung. Vielleicht hätte der Reformator dann nicht Luther geheißen, und OBÜ hätte einen klangvolleren Namen bekommen. Auch die in Prag auf Deutsch geschriebene Wenzelsbibel von etwa 1390 sei erwähnt. Sie war eine Auftragsarbeit des böhmischen Königs und sollte dem Nichtlateiner die Glaubensgeschichte nahebringen. Oder die Lübecker Bibel, die ein Vierteljahrhundert vor Luther entstand. Auch sie ist ein durchaus gelungenes und überzeugendes Dokument religiöser Erbauung auf Deutsch. Sie besticht mit ausführlichen Kommentaren, einem perfekten Schriftbild und 152 kunstvoll in den Text eingefügten Holzschnitten und Initialen. Doch fast kein Mensch kannte sie. Die Zeit wartete auf Gutenberg.

Neues Denken teuer bezahlt

Die Wissenschaft des Mittelalters hatte vor allem Gott zu dienen. Ohne die Dimension »Gott« glaubte sie sich nicht denkfähig. Die Welt ist nicht Welt, sondern Schöpfung, über Verstand und Sinne nur eingeschränkt wahrnehmbar. Die realen, vom Einzelnen entdeckten Dinge aber rücken näher. Aus allen Ecken und Enden kommen die Neuigkeiten aus einer erfahrenen und erfahrbaren Welt. Suchte das alte, mittelalterliche Forscherherz noch eine Standortbestimmung vor Gott, findet es sich mehr und mehr allein auf der Welt und staunt. Staunen ist Erkenntnisanfang, aus Staunen wird Neugierde und daraus wieder Staunen, ein Perpetuum in Richtung eines Menschen, der auch ohne Gott sieht. Im Auftrag des reisefreudigen Nürnberger Tuchhändlers Martin Behaim (1459?–1507) fertigen Handwerker den ersten Weltglobus an – Amerika fehlt darauf noch. Doch wenig später wird Kolumbus den neuen Kontinent entdecken.

Überirdisch und wissenschaftlich gleichermaßen ist die Weltsicht des Nikolaus Kopernikus (1473–1543). Dem bislang geozentrischen Modell, wonach die Erde das umkreiste kosmische Zentrum des Universums sein soll, setzt er ein weniger schmeichelhaftes Bild entgegen: Die Erde ist nicht der Mittelpunkt der Welt, sie dreht sich (wie der Mensch) um die eigene Achse und umkreist mit anderen Planeten die Sonne. Sie ist also nichts Besonderes, einer unter vielen Himmelskörpern. Das kann und will sich der Bibelgläubige nicht vorstellen. Luther wird nur Spott für Kopernikus' Welt-Anschauung übrighaben. Lächerlich, dass Gott die Erde nicht in den Mittelpunkt gesetzt haben soll. Kopernikus selbst weiß, wie sehr er provoziert und wie die Christenheit mit Forschern seines Schlages umgeht. Er macht sein Wissen deshalb erst kurz vor seinem Tod öffentlich.

Mit seiner Weltbeschreibung (›Cosmographia‹) verfasst Sebastian Münster die erste wissenschaftliche Enzyklopädie in deutscher Sprache. Geschichte und Geografie, Astronomie und Naturwissenschaften, Landes- und Volkskunde werden hier zwischen zwei Buchdeckel gepackt. Auch die um 1500 erstellte ›Margarita Philosophica‹ von Gregor Reisch enthält das gesamte menschliche Wissen seiner Zeit. Reischs Schüler Martin Waldseemüller fertigt die erste Weltkarte und verwendet als Erster den Namen »Amerika« für den neuentdeckten Kontinent.

Heute sind solche Handbücher des Gesamtverständnisses kaum mehr möglich. Der früh verstorbene Literaturwissenschaftler und Nach-Denker Dietrich Schwanitz hat im Jahr 2000 einen an die Enzyklopädisten erinnernden Versuch mit seinem Buch ›Bildung‹ unternommen. Die Arbeit soll »alles, was man wissen muss« als »Marschgepäck« bündeln, um, wie er schreibt, die Wechselwirkung zwischen Individuum und Kulturkollektiv zu verstehen oder wenigstens dazu angeregt zu werden. Demokratie ist im Hinblick auf stetige, sich selbst überholende Veränderungen ohne Bildung nicht praktizierbar, gerade wenn eigenartige Gruppen und Institutionen versuchen, das Selbstbestimmungsrecht des Einzelnen in ein Korsett aus Unmündigkeit und Unterwerfung zu pressen. Schwanitz fragt, wie es kommt, dass die moderne Gesellschaft, der Staat, die Wissenschaft, die Demokratie in Europa und nicht anderswo entstanden sind. Um das zu ergründen, sollte unsere Zivilisation sich bemühen, ins Gespräch zu kommen. Gerade das aber empfanden die Glaubensgemeinschaften der frühen Neuzeit als Bedrohung. Setzten sich Forscher über die okkulte, nur Gott einsehbare Welt hinweg, berief sich eine geistliche Diktatur oft und gern auf Christi Wort: Ich bin der Weg, die Wahrheit und das Leben. Das erlaubte wenig Spielraum in der Suche nach einem eigenen Weg, einer objektiven Wahrheit und einem persönlichen Leben. Die Kirche verteidigte ihre Oberaufsicht, als spürte sie, dass ihre »Wahrheit« eine von vielen war. Nur konsequent also, wenn Gelehrte damals mit Verfolgung, Strafe oder gar Tod rechnen mussten, weil eine chronisch paranoide Kirche ihre Autorität bedroht sah. Das wirkt weit in unsere Zeit hinein. Erst 1992 gesteht eine päpstliche Kommission zu, dass Galileo Galilei (1564–1642) recht hatte, als er die Theorien des Kopernikus unterstützte. Die Heilige Inquisition hatte den greisen Wissenschaftler unter Androhung der Folter gezwungen, seine Ideen zu widerrufen. Er widerrief, er wollte weiterleben. Mit 37 Jahren hatte er das Schicksal seines Vorgängers Giordano Bruno (1548?–1600) miterlebt. Man hatte ihn hinrichten lassen. Bruno hatte über die kopernikanische Theorie hinaus dem kirchlichen Glauben vor allem zwei heute noch aktuelle Dinge entgegengesetzt: den Zweifel und die Denkfreiheit. Als junger Stürmer und Dränger machte er sich die ersten Feinde. Er schmähte den Glauben an die Mutter Gottes und die helfenden Heiligen. Er warf die Schriften des Kirchenvaters Hieronymus in die klösterliche Latrine und floh. Luther, gern zu ähnlich derben Mitteln greifend, hätte daran seine Freude gehabt. Doch nicht lange. Giordano Bruno war anders. Er kannte keine Unterwerfung, wie sie ein im Besitz der Wahrheit sich wähnender Luther predigt. Lieber ging er. Er emigrierte in die Schweiz, wurde Calvinist, überwarf sich derart heftig mit den Genfer Religionswächtern, dass er verhaftet und gezüchtigt wurde. Bruno zog nach Lyon, dann nach Toulouse, wo der Hochbegabte vorübergehend einen Lehrstuhl an der Universität innehatte. Er fiel mit seinem sensationellen Gedächtnis auf, das so gut war, dass man ihn für einen Magier hielt. Über Paris erreichte er mit einem Empfehlungsschreiben des französischen Königs Oxford, überwarf sich dort mit den aufgeblasenen Akademikern, die er in einem Pamphlet als stehengebliebene Aristoteliker beschimpfte, und schrieb eine in die Zukunft weisende Abhandlung über die unendliche Weite des Universums, wonach Gott allem innewohnt, also identisch mit der Natur ist. Ein Pantheist, wie ihn erst das 18. Jahrhundert mit seinen Oh-Gott-Natur-Ausrufen hochleben lässt – zwei Jahrhunderte zuvor noch eine hoch gefährliche These. Bruno kam nach Deutschland, auch nach Wittenberg, in Helmstedt hatte er wieder eine Professur, wurde Protestant – und gleich darauf exkommuniziert. Seine nächsten Stationen: Prag, Genf und Zürich. In Frankfurt am Main brachte er binnen eines Jahres die Stadtältesten gegen sich auf und wurde ausgewiesen. Schließlich führte ihn sein Heimweh nach Italien zurück, er lehrte in Padua, wo ihn Galilei verdrängte. Ein venezianischer Gönner engagierte ihn als Privatlehrer, sah sich aber getäuscht. Er hatte auf eine Unterweisung in der Magie gehofft, Bruno zeigte ihm »nur« Techniken des Gedächtnistrainings. Desillusioniert und wütend denunzierte der Venezianer ihn bei der Inquisition. Die nahm Bruno in Haft. Routiniert widerrief der, es half nichts, man misstraute dem konfessionellen Bockspringer, er kam für sieben Jahre als Gefangener in die Engelsburg und wurde, auf Betreiben der Kirche, von einem weltlichen Gericht zum Tode verurteilt und auf dem Campo dei Fiori in Rom verbrannt. Legendär sind seine angeblichen Worte zur Urteilsverkündung: »Mit mehr Angst verkündet ihr das Urteil, als ich es entgegennehme.« Der Satz ist wohl erfunden, aber er passt. Die 2004 gegründete Giordano-Bruno-Stiftung fühlt sich seinem »evolutionären Humanismus« und der Förderung der Religionskritik verpflichtet. Einer ihrer Protegés, Karlheinz Deschner, nimmt mit seiner Kriminalgeschichte des Christentums längst fällige Klarstellungen vor. Rom hält hingegen heute noch Brunos Ansichten für theologische Irrtümer und belässt wesentliche Teile seiner Schriften auf dem Index.

Was ihn vor allem ausmacht, ist sein Beharren auf Vernunft und Logik. Wer nachdenken wolle, schrieb der Widerspenstige, müsse zunächst einmal alles in Frage stellen. Man dürfe, forderte er weiter, in einer Diskussion keinen Standpunkt einnehmen, bevor man nicht die unterschiedlichen Meinungen angehört und die Gründe dafür und dagegen verglichen habe. Man solle entsprechend der Überzeugungskraft einer in sich stimmigen Theorie vorgehen, die sich an reale Dinge halte und an jene Wahrheit, die nur im Lichte der Vernunft begriffen werden könne. Licht der Vernunft – das fürchtete die Kirche. Und dafür ist Giordano Bruno verbrannt worden.

Katastrophen und kein Schutz

Man setzt das ausgehende Mittelalter und die beginnende Neuzeit unter gewichtige Begriffe: Renaissance, Humanismus, Zeitalter der Entdeckungen und die religiöse Erneuerung des Menschen. Entdeckt (eigentlich wiederentdeckt) wurden die Antike, der Mensch des Geistes *und* des Körpers. Neben neuen Ländern und Kontinenten fand der Mensch seinen persönlichen, aus dem kirchlichen Lehrgebäude befreiten Gott. Man spricht mit der Erfindung des Buchdrucks von einer ersten massenhaften Aufklärung und einer Gründungswelle an Bildungseinrichtungen, und man kommt nicht umhin, Einzelfiguren näher zu betrachten, Kaiser, Könige und Fürsten, wirkungsmächtige Künstler und Wissenschaftler, Reformatoren und Revolutionäre. Will man Geschichte als evolutionäres Schritt-für-Schritt-Phänomen verstehen, dann eignet sich dafür diese europäische Epoche durchaus. Es ist nicht illegitim, Geschichte als Fortschritt zu sehen, Fortschritt ist aber keine gerade Linie von A nach B und schon gar nicht die kürzeste. Wenn wir uns fragen, wie wir wurden, was wir sind, müssen wir uns stets einer Wanderung bewusst sein, bei der es nach drei Schritten vorwärts zwei wieder zurückgeht, manchmal auch mehr…

Die Menschen der Zeit, vor allem jene nördlich der Alpen, erkannten jedenfalls aus den Leuchtfeuern der Zukunft bestenfalls winzige Flämmchen. Was den Durchschnittsmenschen zu eigenen Überzeugungen führte, war immer noch geprägt von dem alten Ausgeliefertsein an Gott, dessen Allmacht sich immer wieder aufs Härteste zu bestätigen schien. Da konnte ein Humanist wie Ulrich von Hutten (1488–1523) noch so euphorisch von der neuen Zeit und seiner Lust am Leben schwärmen, er wurde eines Schlechteren belehrt. Er starb krank, verlassen und verdreckt an den Folgen seines elenden Lebens. Kaum eine Zeit war reicher an Katastrophen. Neben alten Epidemien wie Pocken, Cholera oder Aussatz kamen neue hinzu: Pest und Syphilis (an der Hutten starb). Und als wäre das nicht genug, bebte die Erde, wüteten Feuer, Hochwasser, Dürre und Hungersnöte. Sie brachten nicht nur zivilisatorischen Rückgang, sie bedeuteten auch eine verstärkte

Hinwendung zu dem unbegreiflichen, unberechenbaren Gott. Die Zeit der »Wiedergeburt« und des »Humanismus« hatte auch ihre Gegenlosung: Du bist und bleibst ein Nichts, ein Sandkorn im Wind.

Im Jahr 1349 erlebte Europa das größte Erdbeben des Mittelalters. Fünf Wochen schwankte die Erde in und um Kärnten. Das antike Rom wurde unwiederbringlich geschädigt. Die Zerstörungen reichten von Mittelitalien bis Mitteldeutschland. Im Jahr 1356 wurde Basel erschüttert. Dem Beben folgte ein Großbrand, der die Stadt fast zur Gänze zerstörte. Ende April 1405 wurden in Bern beinahe alle Häuser der Kilchgasse (heute Junkerngasse) zerstört. Zwei Wochen danach walzte eine Feuersbrunst den Großteil der Stadtmitte nieder. Stadtbrände waren deshalb so häufig, weil man noch keine Öfen hatte, die Feuerstellen lagen offen, Funken sprangen schnell über zum dicht anliegenden Nachbarhaus, die Hauswände waren aus Holz und geflochtenen Birkenzweigen, die Dächer aus Stroh, Schilf oder Schindeln. Auch wenn manche Stadtoberen eine erhöhte Wachsamkeit forderten, gab es noch keine Feuerwehr. Für Feuermeldungen waren Türmer und Nachtwächter zuständig. Sogenannte Feuerknechte gab es erst gegen Ende des 17. Jahrhunderts. Ausreichend Wasser im Brandfalle war selten erreichbar, die Brunnen lagen an wenigen Punkten über die Stadt verstreut.

Nichts ist nachgiebiger als Wasser, dennoch zwingt es den härtesten Stoff, sagt Lao Tse.

Der 22. Juli 1342 erbringt dafür den schrecklichen Beweis. Bevor er Wasser wurde, war es ein riesiger Ballen feuchter Luft, der sich über dem Golf von Biskaya erhoben hatte und mehrere Hundert Kilometer nordwärts schwebte, um sich schwer und unaufhörlich kübelnd über die Schweiz, Deutschland und Böhmen zu ergießen. Diese Magdalenenflut war wohl das schlimmste Hochwasser des gesamten 2. Jahrtausends im mitteleuropäischen Binnenland. Äcker und Weingärten, Häuser und Brücken wurden zerstört. Im Winter hatte es stark geschneit, dann führten heiße Frühsommertage zu einer schnellen Schneeschmelze. Auch im Juli brannte die Sonne ungewöhnlich heiß. Dann hörte es nicht mehr auf zu regnen. Das Wasser konnte nicht einsickern, die Böden waren von der Trockenheit hart und undurchlässig geworden. Main, Rhein, Donau, Weser und Elbe schwollen an. Die Pegel stiegen über die Zehn-Meter-Marke. Zu Recht spricht ein Chronist aus Würzburg von der »Wut« des über die Ufer getretenen Mains. Die meisten Bauten, fast ausnahmslos eingeschossig, wurden ruiniert und mit ihnen ein Großteil der Nahrungsmittelvorräte. Das Vieh ertrank. Die Menschen flohen auf höher gelegene Standorte und warteten in Notbehelfsunterkünften auf ein Ende des Niederschlags. Es schien, schildert ein Chronist, als ob das Wasser von überall hervorsprudelte, selbst aus dem Inneren der Berge. Limburg an der Lahn und Köln waren meterhoch überschwemmt. Unter sich erblickte ein im Kahn sitzender Kölner die vom Wasser bedeckte Stadtmauer. Große Teile davon wurden weggetrieben. Und immer wieder Häuser mit ihren eingesperrten, hilflosen Bewohnern. Fast alle Brücken wurden zerstört. In Prag riss die Moldau die Judithbrücke mit sich; an ihrer Stelle wurde später die mächtige Karlsbrücke erbaut. Flüsse änderten ihren Lauf. Heute schätzt man, dass bei dieser Katastrophe so viel Bodenmasse abgetragen wurde wie unter üblichen Wetterbedingungen in 2000 Jahren.

Keiner also, der nicht an die biblische Sintflut dachte. Niemand konnte sich die Schrecknisse anders als mit Gottes Zorn erklären. Ein derart gebeutelter Mensch hatte vor allem nur noch eins: das Gefühl der Wehrlosigkeit und des Ausgeliefertseins. Konnte er sich erholen, nachdem die Fluten zurückgewichen waren? In den Folgejahren waren die Sommer kalt und nass. Das führte angesichts des abgetragenen, nährstoffarmen Bodens zu schweren Ertragseinbußen. Hungersnöte waren die Folge.

Seit der ersten Jahrtausendwende schützten sich die Menschen Norddeutschlands vor der See mit Deichen. Im späten Mittelalter steigt der Meeresspiegel unaufhörlich. Anfang 1362 wurde das Land von einem Tsunami heimgesucht, der eine territoriale Neugestaltung großen Stils zur Folge hatte. Früher thronte Sylt über einer Senke und war zu Fuß vom heutigen Festland erreichbar. Bis zur Höhe der Eidermündung schützte ein natürlicher Dünenwall das tiefer liegende Marschland vor der See. Am 16. Januar 1362 aber schlugen über zwei Meter hohe Wellen über die vernachlässigten Deiche und zermalmten sie. Sehr wahrscheinlich ging, neben kleineren Ortschaften, eine vergleichsweise große Stadt unter. Rungholt hatte wohl maximal 2000 Einwohner – Kiel war nicht größer, und Hamburg zählte etwa 5000. Nach der Flut war Sylt eine abgetrennte Insel. Es gab aber auch Nutznießer der Katastrophe. Husum, bis dahin eine unbedeutende Siedlung im Landesinneren, lag nun an der neu entstandenen Küste. Die Stadt baute einen Hafen und entwickelte sich zum geschäftigen Handelszentrum.

In der Flut gingen große Flächen Kulturland verloren. Die überlebenden Marschbauern hungerten. Es dauerte lange, bis die noch erhaltenen Böden wieder gesund und fruchtbar wurden. Das Grauen der Ereignisse grub sich tief ins kollektive Gedächtnis. Nicht zufällig erhielt das Unglück einen apokalyptisch klingenden Namen: die Grote Mandränke, das Große Menschenertrinken. Wie viele Betroffene dabei ihr Leben ließen, ist schwer zu sagen. Gesicherte Erkenntnisse gibt es nur über die zweite Mandränke. In dieser knapp dreihundert Jahre später auftretenden Flut am 11. Oktober 1634 wurde die Insel Strand in die Bestandteile Nordstrand und Pellworm zerlegt. 6000 Menschen starben, zwei von drei Bewohnern. 1362 waren die Verheerungen noch schlimmer. Vorsichtige Schätzungen nennen etwa 10 000 Tote, vermutlich waren es weit mehr.

Auch in den nächsten Jahrzehnten kommen die Wasser nicht zur Ruhe. 1370 überschritten sie erneut und mehrmals die Zehn-Meter-Marke. Zwischen Köln und Düsseldorf änderte der Rhein seinen Lauf. Bei der ersten Sankt-Elisabeth-Flut (1404) wurden große Teile Flanderns und Hollands überschwemmt. Eine komplette Landzunge mit zwei Städten verschwand. Der 22. November 1412 war der Tag der Cäcilienflut. Ein starker, nach Süden gerichteter Sturm drückte das Wasser der Nordsee landeinwärts. Die Elbe konnte nicht abfließen, sie staute sich und schnell waren die umliegenden Gegenden überschwemmt, Hamburg wurde schwer in Mitleidenschaft gezogen. Ganze Teile Flanderns wurden weggespült. Vermutlich verloren 36 000 Menschen ihr Leben.

Ähnlich gnadenlos zeigte sich die Schöpfung 1421 bei der zweiten Sankt-Elisabeth-Flut. Ein Nordweststurm türmte eine derart hohe Flut auf, dass die Stadt Dordrecht vom Land getrennt wurde. Sie liegt seitdem auf einer Insel.

Am 1. November 1436 richtete die Allerheiligenflut schwere Schäden an. Sie gehörte bald zum Standardhorror und wiederholte sich mit furchtbarer Regelmäßigkeit. Für die Zeit zwischen dem 21. und dem 24. Juli 1480 erwähnen Chroniken ein weiteres Magdalenenhochwasser. Dauerregen und späte Schneeschmelze führten im Alpenraum zu Überschwemmungen an Aare und Rhein. Die Fluten rissen sämtliche Brücken zwischen Bern und Straßburg nieder.

Das Ende der einen war der Anfang der nächsten Katastrophe. Der Flut folgte der Hunger. Daneben Plagen durch Mäuse und Ratten. Der Mythos vom Rattenfänger von Hameln ist dieser Art wirtschaftlichen Verlusts geschuldet. Hinzu kamen Heuschreckenplagen. Die Not war ungeheuer groß. Berichte sprechen von vorsätzlichem Kannibalismus.

Durch die klimatischen Launen wurde Europa bis weit über die Renaissance hinaus in wirtschaftliche Depressionen getrieben. Fiel eine Getreideernte kärglich aus, konnte man die Zeit bis zur nächsten Ernte kaum überbrücken. Die Lebensmittelpreise stiegen, soziale Unruhen und blinder Hass auf Minderheiten und Außenseiter waren die Folge. 1540 herrschte eine Jahrhundertdürre. Der Feuer speiende Drache, Symbol folgenschwerer Trockenheit, ist eine vergleichsweise anrührende Art, der Katastrophe psychologisch Paroli zu bieten. Gänzlich unpoetisch erwies sich die Justiz. Je härter das Schicksal wütete, umso größer ihre Neigung, gewissen Anderen die Schuld zu geben. Durch fehlende Verdunstungskühlung, eine den Meteorologen vertraute Beobachtung, stiegen die Temperaturen auf mehr als 30 Grad über einen längeren Zeitraum. Brunnen und Quellen versiegten, vielerorts wurde das Trinkwasser knapp. Die Blätter an den Bäumen wurden schon im Frühsommer gelb. Die Ernte verdorrte. Bei vielen Mühlen standen die Mahlräder still, die Mehl- und Brotpreise explodierten. Das Vieh verendete. In der Not tranken die Menschen verunreinigtes Wasser, viele starben an der Ruhr. Feuer vernichtete ganze Wälder und machte vor Ortschaften nicht halt. Ihre Bewohner fahndeten nach Schuldigen – die altbekannte Suche nach Sündenböcken. Nachdem sie unter Folter gestanden hatten, was man hören wollte, wurden die »Mordbrenner« hingerichtet. In Luthers Wittenberg verdächtigte man die greise Prista Frühbott der Hexerei. Sie pflegte Umgang mit dem ortsansässigen Scharfrichter und arbeitete mit Verwertern von Tierkadavern, den »Abdeckern« zusammen, die wie sie zu den Ausgestoßenen gehörten. Der damalige Bürgermeister, Luthers Freund Lucas Cranach d. Ä., befand zusammen mit dem Stadtrat, die Frühbottin habe Zauberei betrieben, Wetter gemacht, Regen aufgehalten, das Gras und das Vieh vergiftet. Das Motiv war schnell und leicht gefunden: Sie hatte Umgang mit dem Teufel. Sie und ihre Freunde, die Abdecker, waren Nutznießer des massenhaften Tiersterbens. Man kann sich vorstellen, wie sehr die Ärmsten der Armen über jeden Kadaver, der ihnen in die Hände geriet, erfreut waren, einzig sie konnten – für jeden erkennbar – der Katastrophe etwas abgewinnen. Das führte zu mörderischem Hass. Der Glaube an Hexen gehörte noch zur kruden Alltagsfrömmigkeit. Gegen solche Gewissheiten hatte Prista Frühbott keine Chance. Sie floh, wurde im brandenburgischen Belzig festgenommen, nach Wittenberg zurückgebracht und am 29. Juni 1540 grausam hingerichtet. Johannes Mathesius, ein häufiger Gast bei Luthers, schreibt: »Zu Wittenberg schmäuchte man auch vier Personen, die an eichenen Pfählen emporgesetzt, angeschmiedet, und mit Feuer wie Ziegel jämmerlich geschmäucht und abgedörrt wurden.«

Martin Luther hielt sich zu diesem Zeitpunkt außerhalb der Stadt auf. Doch sind auch ihm Hexen gültige Realität. Er ist überzeugt, dass sie Mensch, Vieh und Ernte verderben. Bereits 1526 rief er zu ihrer Verbrennung auf. Schließlich stehe im zweiten Buch Mose, dass man Zauberinnen nicht am Leben lassen solle (22,17). Luther in einer Predigt: »Sie schaden mannigfaltig. Also sollen sie getötet werden, und: Ich will der Erste sein, der Feuer an sie legt.«

Die Pest und die Juden als Sündenbock

Feuer wurde in Krisenzeiten schon immer gern gelegt, am häufigsten an jene, die anders sind. Ein sich mühsam aus alten Bandagen lösender Mensch tritt eine Erkundung an, der Wissenschaft, der Technik, der Kunst, des Menschen, der Erde und der Gestirne. Als wollte er diesen Aufbruch sabotieren, sendet Gott Naturkatastrophen und eine neue, bislang nicht gekannte Gottesgeißel, die Pest. Die Bedrohten und Betroffenen reagieren mit ungeheuerlichen Verfolgungen vermeintlich Schuldiger. Zu Recht spricht man von der Janusköpfigkeit dieser Zeit (14./15.Jh.), die so viele Signale zum Aufbruch in eine neue Epoche sandte, und ebenso zahllose irrationale Rechtfertigungen für Verfolgung, Enteignung, Sadismus und Massenmord fand.

Neben den Friedensappellen der Humanisten erhob sich ein Meinungsfuror, der um Gottes Willen bestialische Hatzen gegen andersgläubige Menschen führte. Wo ließ sich leichter ein probater Sündenbock finden als bei denen, die anders glauben, anders sind und vor allem schwächer! Alles nur von gestern? Man kann hierzu die Verhaltensmuster »besorgter« deutscher Bürger betrachten gegenüber jenen, die aus ihrer Heimat geflohen sind, weil dort kein auch nur halbwegs menschenwürdiges Leben mehr möglich ist. Aus Sorge ist Hetze und aus Hetze eine Hatz auf »die Flüchtlinge« geworden. Zugegeben noch vereinzelt ... Was aber, wenn Deutschland heute eine Hungersnot, eine Flutkatastrophe oder eine Pestepidemie wie damals heimsuchen würden?

Schon während der Kreuzzüge des 11./12. Jahrhunderts hat man die Juden als »Gottesmörder« verfolgt und ermordet. Und in der Folge immer dann, wenn die Zeiten anscheinend auf Sturm und Niedergang standen, umso mehr und umso sadistischer.

Aus dieser Betrachtung stellt sich die Frage nach einer objektiven Geschichtsschreibung. Sie kann nicht beantwortet werden. Geschichtsschreibung ist der Zeit ihrer jeweiligen Entstehung unterworfen. Hat man lange Zeit die Großen gern nach vorn gerückt, sie schnell übergroß und gern auch schicksalstragisch gesehen, so betritt mit fortschreitender Emanzipation des Bürgertums der »kleine Mann« die Bühne und erhebt die soziale Frage. Bis heute lenkt das den Blick auf die »Wirklichkeit«, mit ihren Analysen zu Macht-, Finanz- und Eigentumsverhältnissen, neuerdings zum Verbraucherverhalten, und – um Gesamtheit bemüht – zur Gefühlslage einer Gesellschaft. Sie, oder eine bestimmte Kultur, wird auf die Couch gelegt. Und heraus kommt: »Wir« Heutigen sind haltlos, unzufrieden, fühlen uns wie in einem Hamsterrad, wir erwarten, wir jammern zu viel, vergessen die kleinen Alltagsfreuden und verharren in einer überdrehten Erstarrung. »Wir« sind gleichgültig oder ratlos in einer Welt ohne Zukunft. Kurz: »Wir« stecken in der Sinnkrise. Ob das nun stimmt, sei dahingestellt. Wesentlich ist, dass immer noch Erklärungen für nicht oder schwer Erklärbares gesucht werden. Wahrscheinlich ist das Lieblingswerkzeug des Historikers, die Frage nach Ursache und Wirkung, zu schwach. Selbst die Kulturgeschichte scheitert hier. Sie bespricht Kunst und Geist, aber nicht oder kaum Ungeist, Dummheit und Glaube und dessen deutlichste Ausformung, den kollektiven Hass. Man kann den Hass auf die Juden in jedem Schulbuch erklären, wie aber erklärt man dessen Ausmaß? Ist der Mensch nichts als eine an Strippen gezogene Marionette? Dass er an Strippen gezogen wird, mag unter Berücksichtigung seiner Determinanten gelten, aber eine Marionette kann er dennoch nicht sein, allein deswegen nicht, weil sich die Marionette jenseits aller Verantwortung bewegt. Luthers Prädestinationslehre kommt dem Bild des ferngesteuerten Menschen nahe – ihm hat die Unmündigkeit immer gut ins Bild gepasst. Selbst wenn nun der Zusammenhang zwischen lutherischer Frömmigkeit und Judenvernichtung mit handfesten Faktoren bestimmt werden könnte, bleibt immer noch die eine Frage, die sich rational kaum beantworten lässt, die nach der Dimension. Neben den Vektoren aus Wirtschaft, Sozialem und Politik spielen Betrachtungen von Massenpsychosen und wahnhaften Glaubensvorstellungen eine leider bisher unzureichend thematisierte Rolle. Vielleicht kann man sich dem Phänomen eines so grenzenlosen Ressentiments auch nicht wirklich nähern. Man mag Bildungsinhalte, Tradition, Glaube und Psychologie bemühen, letztlich scheinen dies nur einige wenige Bausteine zu sein, die versuchen, das Unerklärliche erklärbar zu machen. So gesehen können die nachfolgenden Betrachtungen, gemessen an dem, was geschah, nur abstrakt und vorläufig bleiben. Vielleicht helfen zunächst einige Fakten.

Etwa um 1330 brach die Pest in Zentralasien aus, erreichte Ende der 1340er-Jahre die Krim und gelangte von dort aus nach Italien, Südfrankreich und Westspanien. Mitte des Jahrhunderts erreichte sie Deutschland und England. Dass sie sich so schnell ausbreitete, lag vor allem an den katastrophalen hygienischen Bedingungen. Hatte man im Hochmittelalter hundert Jahre zuvor noch die Badestuben, ein Relikt der römischen Antike, kam bei der alles überwachenden Geistlichkeit das Treffen von nackten oder dürftig bekleideten Männern und Frauen im gleichen Badezuber mehr und mehr in Verruf. Es kann also sein, dass der Schließung der Badestuben eine hygienische Gleichgültigkeit mit furchtbaren Konsequenzen folgte. Vor allem angesichts der Tatsache, dass die Städte wuchsen. Alle Bauwerke lagen innerhalb der Stadtmauern. Mit jedem Neubau wurde der innerstädtische Platz knapper. Unser Bild der (restaurierten) alten Stadt ist ein Bild der Moderne, eine vergangenheitsselige Kulisse, die wenig mit den damaligen Verhältnissen zu tun hat.

Der Bürger kippte seinen Abfall auf die Gasse. Für die frei herumlaufenden Schweine, Hunde und Katzen buchstäblich ein gefundenes Fressen, noch mehr aber für die klassischen Infektionsträger wie Mäuse und Ratten, Letztere übertrugen den für den Menschen tödlichen Pestfloh. Zuweilen nahm der Straßendreck derart überhand, dass die Geistlichen nicht im

Dom und die Ratsherren nicht zu ihren Sitzungen erscheinen konnten. Um darüber hinwegschreiten zu können, gehörten in manchen Städten ein Paar Stelzen zur notwendigen Alltagsausrüstung. Die Stadtverwaltungen versuchten des unappetitlichen Wildwuchses Herr zu werden. Bestimmungen verboten das freie Umherstreunen der Schweine, doch blieb die Umsetzung lax. Und selbst wenn das Vieh zu Hause gehalten wurde, leitete man die Exkremente in die schlecht durchwässerten Straßengräben. In einigen, wenigen Städten wie Frankfurt kam es zum Verbot, Schweineställe nach der Straßenseite anzulegen, aber solche Verbote waren nicht nur selten, sie kamen meist zu spät (in Berlin etwa erst 1640). Oft fehlte es an Gräben, Kanälen oder überdeckten Abflüssen. Die altrömische Kanalisation, wie sie sich in vielen, diesseits des Limes liegenden deutschen Städten noch fand, verrottete oder war in einem beklagenswerten Zustand, Reparaturen wurden nicht oder mangelhaft durchgeführt. Kaum verwunderlich also, wenn von gelehrter Seite darauf hingewiesen wurde, dass zu einer gesunden Lebensweise Wasser gehöre, das, expressis verbis, klar, farb- und geruchlos sein sollte – offenbar keine Selbstverständlichkeit. Die mittelalterlichen Städte aber wuchsen weiter, die Probleme wurden dringender. Wenn es gut lief, wurden die Städte in wöchentlichen Intervallen gereinigt, indem man Wasser durch die Gassen fließen ließ. Gerade in der heißen Jahreszeit herrschte aber Wasserknappheit. Viel Abfall blieb liegen oder wurde lediglich verdünnt und blieb Brutstätte für Krankheitskeime. Hinzu kommt: Die Friedhöfe lagen bei der Kirche, meist in der Ortsmitte bzw. in der Mitte eines Stadtteils. Leichengifte gelangten durchs Erdreich in die Brunnen. Aber auch Kloaken und Misthaufen bedrohten das Trinkwasser. Der Mensch dieser Zeit hatte eine Vielzahl anderer Krankheiten abzuwehren, sein Immunsystem war permanent geschwächt, so gut wie kein Infizierter überlebte den

Befall mit Pestviren. In sieben Jahren kam ein Drittel der west- und zentraleuropäischen Bevölkerung um, ungefähr 20 bis 25 Millionen. Nach heutigem Maßstab verlöre die Europäische Union etwa 100 Millionen Menschen.

Angesichts dieses Schreckens wusste sich der dem Mittelalter gehörende Mensch nicht anders zu helfen, als in der Pest eine Strafe Gottes zu sehen. Ganze Heerscharen reuiger Sünder zogen umher und geißelten sich. So schildert ein Limburger Chronist (Tileman von Wolfhagen): »Als das Volk das große Elend des Sterbens sah, verfielen viele in große Reue und wollten Buße tun. Überall rotteten sich Männer zusammen und gingen zu hundert, zweihundert, dreihundert auf Geißelfahrt. Ihr Alltag sah so aus, dass jede Gruppe 30 Tage lang von einer Stadt zur anderen zog, Kreuze und Fahnen mit sich führte, auch Kerzen und Marterwerkzeuge. Und wenn sie vor eine Stadt kamen, gingen sie in einer Prozession zwei und zwei nebeneinander in die Kirche. Und wenn sie in der Kirche waren, verschlossen sie sie und zogen ihre Kleider aus. Dabei sangen sie, und jeder von ihnen schlug sich derart wund, dass ihm das Blut über die Knöchel floss.«

Die Geißlerzüge als Ausdruck der Selbstanklage und Sühnewilligkeit. Der von der Pest Bedrohte ergeht sich in Sündenbekenntnissen aller Art, etwa zu Ehebruch, Meineid, oder mangelnder Glaubenstreue und will dafür büßen. Einfacher ist es, »den Anderen« für die Katastrophe büßen zu lassen, den, der keiner »von uns« ist, also nicht in das Mehrheitsschema passt. Aus dem Gewissen der Geißlerbewegung erhebt sich ein Gewiss-Sein über Gut und Böse. Religion aber kennt, wie wir auch heute erleben, meist wenig Zweifel an dem, was gut und was böse ist. Böse ist meist der, der anders glaubt. Neben einem starken Wir-Gefühl entwickelt sich eine ebenso starke Ihr-Abneigung. Ergeht sich der Geißler in Demut und Selbsterniedrigung, bläst dessen mitfühlender, am

Straßenrand postierter Betrachter reflexhaft zur Attacke. Da er den Feind nicht ausmachen kann, folgt er – ähnlich dem Geißler – einer blinden Anklage, nur ist die nicht mehr gegen sich selbst, sondern gegen den Anderen gerichtet. Wer aber ist das? Zur Not der, dessen man habhaft werden kann, der Bettler, Landstreicher, Aussätzige. Der heutige Mensch handelt ähnlich. Auf erlittenes oder empfundenes Leid oder Ungemach reagiert auch er, etwa mit Selbstverletzungen, Vandalismus oder Fremdenhass. Auf jeden Fall muss ein Mensch oder eine Sache bezahlen. Im Mittelalter waren es körperlich oder seelisch Kranke, Hexen und Zauberer, vor allem aber die Juden. Sie waren anders gekleidet, anders im Auftreten, anders gläubig, eben keine Christen, sie gehörten nicht zum Kollektiv, sie waren Fremde im eigenen Land. Aus Fremden wurden Feinde. Auf Juden loszugehen war ungefährlich. Jüdische Männer durften keine Waffen führen. Juden waren nicht rechtlos, aber das Risiko des Täters, so bestraft zu werden, als hätte er die eigenen Leute attackiert, hielt sich, je nach Landschaft und Herrscher, in Grenzen. Der Schritt, eine Minderheit zum Sündenbock zu machen, hat eine identitätsstiftende Funktion, die gerade in Krisenzeiten gebraucht wird. Ob es dafür eine verifizierbare Begründung gibt, spielt dabei kaum eine Rolle. Luther hat sich diesem Denken mit einer Bequemlichkeit hingegeben, die ihm, dem Zweifler und Sucher, sonst nicht eigen war. Er, der aus einer Tradition ausscherte, pflegte aus Tradition eine borniert Abneigung gegen Juden. Luthers antijüdisches Verhalten und das seiner antijüdischen Vorläufer sticht umso mehr ins Auge, als sich der Mensch dieser Zeit mit der Verfolgung der Anderen eine Freiheit nahm, die er eigentlich nicht hatte. Zu sehr war er einer festgefügten Ordnung verpflichtet, einem System aus Unterwürfigkeit und Gehorsam. Die Freiheit also, das Blut der anderen zu vergießen, passte theologisch wie gesellschaftspolitisch nicht in den Rahmen.

Eigentlich hätte das an den Juden verübte »Strafgericht« Gott überlassen bleiben müssen, zumindest aber der Obrigkeit. Bezeichnend, dass sich einer der Judenschlächter denn auch obrigkeitlich »König« nannte. Christen erhoben sich in hybrisartiger Belehrung Gottes und straften gottgleich: mit Vernichtung. Pogrome wurden zum Gericht erklärt. Wie aber konnte der Mob oder ein selbsternannter König Gericht halten, wo doch gerade das Gericht seinen Platz im Instanzengefüge jener Zeit weit oben hatte? Selbst der Einwand eines Papstes, dass Juden von der Pest genau wie Christen heimgesucht würden, interessierte nicht.

Ursprünglich waren die Juden Fachleute für Fernhandel und Kreditwesen. Karolinger und Ottonen hatten sie in das wirtschaftlich prosperierende Reich gerufen, andere wanderten gewissermaßen ohne Einladung ein. An Rhein, Main und Mosel gründeten sie eigene Gemeinden. Sie waren bei Königen und Bischöfen wohlgelitten. Die Kreuzzüge brachten dann den Wandel, die sogenannte Verchristlichung des Abendlandes. Erst damit gewann die Kirche die nötige Macht zur Durchsetzung ihrer Ziele. Die Meldung von der Zerstörung der Grabeskirche in Jerusalem durch den moslemischen Kalifen El Hakim im Jahre 1009 und ähnliche Nachrichten führten zu den ersten Ausschreitungen. So zynisch es klingen mag: Woher aber einen Moslem nehmen? Es gab keinen in greifbarer Nähe. Also griff man nach den Juden. Juden und Moslems waren in der Wahrnehmung fanatisierter Christen das Gleiche: Ungläubige. Dem hatte die offizielle Kirche einen gewissen Vorschub geleistet. Päpste hatten die Kennzeichnung der Juden als Nichtchristen verlangt, jüdischen Männern war das Führen einer Waffe untersagt, sie mussten spitze Hüte und einen gelben, gut sichtbaren Ring tragen, die Frauen blaue Schleier. Andererseits verurteilte der Papst die Ausschreitungen gegen die Juden. Auf dem Höhepunkt der kollektiven Verfolgung im 14. Jahrhundert belegte Clemens VI. die Verfolger mit der Strafe der Exkommunikation. Immerhin blieben in der päpstlichen Residenz Avignon die Juden verschont. Außerhalb des päpstlichen Machtzentrums sah das anders aus. Die absurden Vorwürfe gehörten zum Bestand kirchengeschichtlicher Absurditäten. Die Andersgläubigen wurden als Fremdkörper innerhalb einer Gemeinschaft empfunden. Obwohl Staat und Kirche den Juden freie Religionsausübung zugesichert hatten, führte die neue Verchristlichung zu der permanent wiederholten Anklage, die Juden seien die Mörder Christi. Hinzu trat der Vorwurf, die Juden begingen Hostienfrevel und Ritualmorde. Der Frevel wog deswegen schwer, weil die Hostie nach christlicher Überzeugung Jesus selbst ist, sein Fleisch. Dass der Christ die Hostie verzehrt, wurde nicht als Kannibalismus am eigenen Gott reflektiert.

Der Vorwurf des Ritualmordes tauchte erstmals 1144 im englischen Norwich auf. Juden hätten ein vermisstes christliches Kind entführt und am Kreuz zu Tode gemartert. Der Vorwurf wiederholte sich in Deutschland mehrfach. Um weitere Ausschreitungen zu verhindern, ließ Kaiser Friedrich II. von Hohenstaufen (reg. 1220–1250) einen Ritualmord prüfen. Die Untersuchungskommission stellte klar: Weder das Alte noch das Neue Testament sagten aus, dass die Juden nach Menschenblut gierten. Aus den Gesetzen des Moses und in Übereinstimmung mit den Vorschriften des Talmuds ergäbe sich für die Anschuldigungen kein überzeugender Hinweis. Zudem spräche dagegen, dass die Juden kaum leichtfertig oder gar willentlich ihr Leben und Eigentum mit solchen Aktionen gefährden wollten. Also habe man entschieden, die Juden von dem schweren Verbrechen, dessen man sie angeklagt habe, wie überhaupt von allen Verdächtigungen freizusprechen.

Auch Friedrichs Gegner, Papst Innozenz IV., benannte einige falsche Gründe für die Mordanklagen. Sie seien aus niederen Beweggründen erhoben worden, um die Juden auszuplündern und ihr Hab und Gut an sich zu reißen. Die Ankläger hätten scheinbar vergessen, dass es gerade die alten Schriften der Juden seien, die für die christliche Religion Zeugnis ablegten. Während der mosaische Glaube das Gebot »Du sollst nicht töten« kenne und den Juden am Passahfest (Gedenken an die Befreiung aus Ägypten) sogar die Berührung von Toten untersage, erhebe man die Beschuldigung, sie äßen an diesem Fest das Herz eines ermordeten Kindes. Würde irgendwo die Leiche eines von unbekannter Hand getöteten Menschen gefunden, so gäbe man in böser Absicht den Juden die Schuld, so der Papst. Seine Worte halfen nicht viel.

In Bacharach am Rhein wurde 1287 den Juden ein Ritualmord an dem sechzehnjährigen Werner vorgeworfen. Angeblich hätten sie den Jungen umgebracht, weil sie für die Feier ihres Passahfestes dessen Blut benötigten. Die Nachricht führte in vielen Gemeinden zu Pogromen, der Junge wurde zum Märtyrer stilisiert. Zwar hatte die Klage der jüdischen Gemeinde Erfolg, die Mörder wurden zu einer Geldbuße verurteilt, die Verbrennung der Leiche des Jungen zur Vermeidung der Verehrung angeordnet, aber nicht ausgeführt. Werner wurde als Heiliger verehrt – vierzig Jahre später auch kirchlich abgesegnet –, ihm wurde die Wernerkapelle, heute eine touristisch attraktive Kirchenruine, gewidmet. Erst 1963 wurde sein Name aus dem katholischen Heiligenkalender gestrichen. Papst Johannes XXIII. formulierte eine Klarstellung im Hinblick auf die kirchliche Judenfeindschaft: »Wir erkennen heute, dass viele Jahrhunderte der Blindheit unsere Augen verhüllt haben, sodass wir die Schönheit des auserwählten Volkes Gottes nicht mehr sahen und die Züge unseres erstgeborenen Bruders nicht mehr wiedererkannten. Wir entdecken nun, dass ein Kainsmal auf unserer Stirn steht. Im Laufe der Jahrhunderte hat unser Bruder Abel im Blute gelegen, und hat die Tränen geweint, die wir verursacht haben.«

Ein angeblicher Hostienfrevel in Röttingen bei Würzburg führte 1298 zur sogenannten »Rintfleischbewegung«, bestehend aus einer Bande von »Judenschlägern«, deren Anführer Rintfleisch sich zu einem inoffiziellen »König« krönte, um kraft seines »Amtes« die Juden zu vernichten. Das Ergebnis: Mord an 5000 Menschen jüdischen Glaubens. Ob König Rintfleisch hingerichtet wurde, ist ungewiss. Seine Spur verliert sich im Dunkel der Zeit.

Die »Armlederbewegung« im Jahre 1336, geführt von einem Ritter Arnold von Uissingen, nahm ebenfalls einen Hostienfrevel zum Vorwand, um Juden im Elsass, in Schwaben, Hessen und sogar bis Böhmen zu verfolgen und zu ermorden. Immerhin ging die Obrigkeit hier gegen den Judenhasser vor und ließ ihn hinrichten.

Weniger gerecht war man in Bayern. In Deggendorf wurden 1338 schätzungsweise 400 jüdische Männer, Frauen und Kinder ermordet. Viele Deggendorfer waren bei jüdischen Kaufleuten und Geldverleihern aufgrund von Missernten verschuldet. Nach dem Abschlachten der Juden teilten die christlichen Gemeindemitglieder den jüdischen Besitz untereinander auf. Zwei Wochen später sprach der ansässige Herzog die Deggendorfer von jeder Schuld frei. Und Geld war auch da. Die Deggendorfer erbauten die zentral gelegene Heilig-Grabkirche St. Peter und Paul. Möglicherweise an jener Stelle, wo die Synagoge gestanden hat. 1360 wurde die Prozession der »Deggendorfer Gnad« erstmals zelebriert. Dreißig Jahre nach dem Massenmord tauchte nun die Begründung auf, die Juden hätten Hostien geschändet. Bei der Prozession wurden bis ins 19. Jahrhundert alljährlich vor Tausenden von Pilgern die angeblich geschändeten Hostien gezeigt. Die Prozession war lange Zeit auch eine lukrative Einnahmequelle. Zwar war die

Wallfahrt seit dem 19. Jahrhundert auch in kirchlichen Kreisen umstritten, dennoch wurde sie erst 1992 eingestellt. Nach einer von der Kirche veranlassten wissenschaftlichen Untersuchung (von Manfred Eder) erklärte der Bischof von Regensburg in einem Hirtenwort die Haltlosigkeit des alten Vorwurfs. An der Kirche befindet sich seither eine Gedenktafel.

Im Zusammenhang mit der Pestepidemie im 14. Jahrhundert wurde den Juden ein neuer Vorwurf gemacht, der schließlich zur Vernichtung von Hunderten ihrer Gemeinden in Deutschland und Europa führte: die Brunnenvergiftung. Das wurde nicht religiös, sondern quasi-wissenschaftlich begründet. Die Pest sei auf die Verunreinigung von Wasser und Luft mit einem Giftstoff zurückzuführen. Noch bevor die Pest die Kleinstadt Chillon im Schweizer Kanton Waadt erreicht hatte, gestand der jüdische Arzt Balavigny unter Folter, er habe im Auftrage eines anderen, mächtigeren Juden aus Toledo die Brunnen der Stadt in der Absicht vergiftet, die gesamte Christenheit zu vernichten, und habe deshalb auch Gift an andere jüdische Gemeinden verschickt.

Die Nachricht verbreitete sich wie ein Lauffeuer, erreichte Lausanne, Bern, Basel und die rheinabwärts gelegenen Städte. In einigen erzwang man Geständnisse von Juden und »fand« bei jüdischen Ärzten »Gift«. Deren Aussagen deckten sich mit der paranoiden Vorstellung einer länderübergreifenden jüdischen Verschwörung. In Basel wurden die Juden zusammengetrieben, auf einer Insel im Rhein in eine Hütte gesperrt und bei lebendigem Leib verbrannt. Die Kinder blieben zunächst verschont, sie wurden christlich getauft, dann in ein Kloster gesperrt. Man traute der eigenen Logik dann aber doch nicht. Auch sie wurden verhört und nach dem Bekenntnis, an einem Giftkomplott beteiligt gewesen zu sein, hingerichtet. In Straßburg versuchte die Stadtführung, die Juden zu schützen. Aber die Bürger, vor allem Handwerker, forderten deren Tod. Sie zwangen die Bürgermeister zum Rücktritt, und die neuen Stadtoberen machten am 13. Februar 1349 den Weg zur Vernichtung frei. In einer Stadtchronik heißt es: »Am Freitag fing man die Juden, am Samstag verbrannte man sie, ungefähr zweitausend.« Wenig später wurden 300 bis 400 Juden in Speyer umgebracht, eine Woche später ging man in Freiburg gegen Juden vor, im August desselben Jahres in Köln. Ein Drittel der dort lebenden »Ungläubigen« wurde ermordet.

Man hat versucht, diesen Wahnsinn zu erklären. Eine Interpretation lautet, die Juden seien ermordet worden, weil sich die Christen von den Schulden bei ihren jüdischen Mitbürgern befreien wollten. Die These hat einen gewaltigen Haken, fielen den Pogromen doch alle Juden zum Opfer, nicht nur Kreditvermittler und -geber. Dass der Kapitalmarkt zu Teilen in jüdischer Hand lag, geht auf die Rechtslage zurück. Christen war das Zinsnehmen verboten, und Juden war der Eintritt in die Zünfte verwehrt. Juden wurden Geldverleiher, Kaufleute, Steuereinnehmer, Goldschmiede und Ärzte. An den Höfen spielten sie als Leibärzte, Händler mit Luxuswaren und geografische Berater eine Rolle. In rechtlicher Hinsicht unterschieden sie sich bis Ende des 10. Jahrhunderts nur wenig von der christlichen Mehrheit. Trotz des Zinsverbotes verliehen übrigens auch Nichtjuden Geld. Die großen Bankiers dieser Zeit waren Christen, etwa die Familien Bardi, Peruzzi und Medici in Florenz oder die in der Rheingegend vertretenen Lombarden und Kawerschen. Wie man weiß, haben die Augsburger Fugger unvorstellbare Summen verliehen. Überhaupt: Großhändler, Kommissionäre oder Spediteure mussten sich, über das mit dem Warenfluss aufkommende Kredit- und Wechselwesen, immer mehr dem Bankgeschäft zuwenden.

Dass sich die Ober- und Herrschaftsschicht einer Verfolgung der Juden widersetzte, liegt auch daran, dass deren Steuern eine wertvolle Einnahmequelle waren. Neben der üblichen Steuer mussten Juden Sonderabgaben leisten, etwa Neujahrsgelder, Synagogengelder, Armenhausgelder, Feldschützengelder. Aus der Reichsjudensteuer wurde 1241 die Kopfsteuer, und diese konnte durch die einzelnen Landesherren beliebig erhöht werden. So erhob beispielsweise Kaiser Ludwig der Bayer (reg. 1314–1347) den Goldenen Opferpfennig. Jeder männliche Jude musste nach Vollendung des zwölften Lebensjahres und jede jüdische Witwe mit einem Vermögen von 20 Gulden jeweils einen Gulden pro Jahr abgeben. Die Vernichtung der Juden brachte jenseits aller ethischen Barbarei also auch steuerliche Verluste. Andererseits profitierten die Herrschenden auch: Die Schulden der Kreditnehmer waren durch die Pogrome oft nicht getilgt, denn die Schuldverschreibungen wurden von den Städten und Fürsten – entsprechend der Rechtslage – übernommen. Die ursprünglich an die Juden zu entrichtenden Raten reklamierte nun ein neuer nichtjüdischer Potentat für sich.

Ein weiterer Erklärungsversuch: Die soziale Balance war gestört. Missernten hatten zur Verarmung der Bevölkerung geführt. Oft erkannten die alten Machtträger die Zeichen des Wandels und versuchten daraus machtpolitischen Nutzen zu ziehen. Bischöfe und Fürsten etwa missbrauchten die aufkommende Unruhe, um gegen die aufstrebenden, um Freiheit bemühten Städte Einfluss zurückzugewinnen. Innerhalb der Städte gab es zwischen Patriziat und Zünften heftige Spannungen. Sie entluden sich auf Kosten der Juden – das Sündenbockphänomen. Der Ungeist der Schuldzuweisung erfuhr dann mit der Pestepidemie eine neue Blüte. Angst und Kollektiv – das ist eine Mesalliance, die Minderheiten teuer zu stehen kommt, auch Hexen, Ketzer oder andere nicht rechtgläubige Christen. Im Kollektiv fühlt sich der Einzelne stark, vor allem, wenn er vermeintliche Verursacher eines Übels erkannt haben will. Im Kollektiv verliert die Angst die ihr zugehörende

Komponente der Verzweiflung. Eigenverantwortlichkeit und freies Urteilen, ohnehin keine Stärke des damaligen Menschen, gehen in den Aktionen des Kollektivs unter. Hoch emotionalisierte Glaubensinhalte versetzten die Menschen in einen Zustand kollektiver Hysterie. Wie weit das gehen kann, sei an einem schrecklich lustigen Beispiel versinnbildlicht. Selbst Tiere wurden in diesen Zeiten christlichen Wahn-Sinns angeklagt und verurteilt. Unter dem Titel »Proben seltsamen Aberglaubens« referiert der Philosoph Lichtenberg mehrere Fälle aus der Geschichte der europäischen Insektenprozesse. Kein satirischer Einfall des bekannten Spötters, sondern wenig bekannte Kirchengeschichte und Gerichtspraxis. So wurden Maikäfer oder Heuschrecken mit dem Bann belegt. Berner Bürger klagten Engerlinge an. Auch Schweinen, Hunden, Wölfen, Rindern oder Pferden wurde der Prozess gemacht, weil sie Schaden angerichtet hätten. Ein echtes Tribunal trat zusammen mit Klägern, Verteidigern und Richtern. Nach dem Schuldspruch wurden die »Delinquenten« verbrannt, ertränkt, erwürgt, gehenkt oder lebendig begraben. Der ›Sachsenspiegel‹ empfiehlt gar, die bei einer Vergewaltigung anwesenden Haustiere wegen unterlassener Hilfeleistung zu töten.

In dem Buch ›Wie wir leben wollen‹ erwähnt der in China lebende Publizist Stefan Thome angesichts des Mobs, der sich jüngst gegen Flüchtlinge in Deutschland erhoben hat, einige Punkte seiner Recherche über die christlichen Ausländer in China. Thomes Text ist deswegen aufschlussreich, weil hier zwei Parteien, vermeintliche oder tatsächliche Gegner, gegeneinander antreten, die sich beide schuldhaft verstricken, sich aber genauso gut auch hätten annähern und verständigen können. Es gibt mithin nicht »den Guten« und »den Bösen«, beide sind mit ihren Vorstellungen Täter wie Opfer. Mitte des 19. Jahrhunderts versuchten protestantische Missionare die Einheimischen vom christlichen Glauben zu überzeugen. Parallel dazu wurde die Insel Hongkong britischer Besitz. Chinesen reagierten mit fremdenfeindlicher Gewalt. Plakate riefen zum Mord an den fremden Teufeln auf, eine Bäckerei verkaufte den Ausländern mit Arsen versetztes Brot. Besonderer Hass galt den Missionaren. Sie und die wenigen chinesischen Konvertiten wurden verprügelt und ermordet. Als dann noch Franzosen und Engländer die Küstenstadt Kanton überfielen, schrieb der chinesische Gouverneur eine Prämie aus auf jeden abgeschnittenen ausländischen Kopf. Ein anonymer Agitator verfasste »Fakten« gegen die »Irrlehren«, gemeint sind die christlichen. Da heißt es: »Am Sonntag wird die Arbeit niedergelegt, Alte und Junge, Männer und Frauen versammeln sich in der Kirche. Vor dem Kirchgang schmieren sich Männer Menstruationsblut ins Gesicht, zu bestimmten Anlässen trinken sie es auch. Der Pastor predigt über die Tugenden von Jesus Christus. Die Gemeinde murmelt sich durch die Liturgie, danach kopulieren alle miteinander, um ihre Freude zu teilen. Sie nennen dies die Versammlung der Mitmenschlichkeit. Am Vorabend einer Hochzeitsnacht geht die Braut zunächst mit dem die Trauung durchführenden Pastor ins Bett.«

Im Programm zur Ausmerzung der christlichen Religion in China, dessen Schlusskapitel mit Maßnahmen zur militärischen Verteidigung überschrieben ist, wird vorgeschlagen: »Einrichtung lokaler Koordinationsbüros, Aufstellung von Bürgerwehren, Beschaffung von Waffen, Organisation von Vorträgen zur Aufklärung über die Gefahren des Christentums, Erhebung einer neuen Steuer zur Finanzierung der Maßnahmen.« Thome schließt: »Wissen muss man, dass die Zahl der protestantischen Missionare zu dieser Zeit etwa 80 bis 100 betragen hat bei einer Gesamtbevölkerung von 400 Millionen Chinesen.

Zwischen Paranoia und Wirklichkeit klafft ein symptomatischer, heute noch aktueller Abstand, ein Umstand, den man verhöhnen könnte, würden dafür nicht Unschuldige teuer bezahlen. Wie gesagt, Geschichte ist immer auch Wahn und Irrsinn und führt zu den daraus resultierenden Verbrechen, die sich einer freien und humanen Urteilskraft auf entsetzliche Weise entziehen.«

Ostrom fällt – Rom zerfällt

Es ist nicht das erste und nicht das letzte Ende religiöser Führerschaft in Rom, aber die Zeichen stehen auf Niedergang, vor allem, weil Rom sich aufführt, als sei alles bestens bestellt. Roms vielleicht wichtigstes Kennzeichen: Es hat nicht die Spur eines Krisenbewusstseins. Luther ist es dann, der Rom zwingt, sich zu überdenken, zu reformieren und zu erneuern, was über den Reformer und Vitalisierer Ignatius von Loyola auch leidlich gut gelingt. Anfang des 14. Jahrhunderts aber findet eine Demontage des Papsttums statt, die an die Demontage einer Fabrik, etwa eines Automobilwerks durch den siegreichen Feind erinnert, mit dem Ziel, die eigene Wirtschaft anzukurbeln.

In Verkennung seiner Machtfülle bestand Papst Bonifatius VIII. (reg. 1294–1303) gegenüber dem französischen König Philipp dem Schönen (reg. 1285–1314) auf dem Anspruch absoluter und höchster Herrschaft über jeden, auch über Kaiser und Könige. So unbescheiden hatte das bis dahin noch keiner formuliert. Der Franzose aber vertrat einen diametral entgegengesetzten Standpunkt. Zwei Kampfhähne hackten in der Folge wutentbrannt aufeinander ein, der Papst überlebte das nicht. Er starb an den Folgen der Misshandlungen durch königstreue Soldaten. Kolporteure sagten, aus Empörung über die ihm zugefügte »Schmach der Ohrfeigen«.

Eigentlich war der Papst durch kirchliches und weltliches Recht gegen physische Gewalt geschützt. Philipp aber hatte beschlossen, Roms fortschreitende Selbsterhöhung einzuschränken, und zwar deutlich: Die Kurie sollte Rom verlassen und unter französische Kuratel gesetzt werden. Nach 1309 residierte sie dann in Avignon, in »Babylonischer Gefangenschaft« für ganze 70 Jahre, in denen die Kurie vor allem französischen Interessen folgen musste. 1377 durfte sie nach Rom zurück. Frieden und Eintracht ließen dennoch auf sich warten. Der neu gewählte Papst genoss nicht das Wohlwollen Frankreichs. Die französischen Kardinäle wählten ein Jahr später mit Clemens VII. einen Gegenpapst, der sich wieder in Avignon niederließ. Das Große Abendländische Schisma begann, es gab im Prinzip nun zwei katholische Kirchen, auch wenn das keine der beiden zugab. Erst 1417 fand mit dem Konzil zu Konstanz der geteilte Himmel wieder zusammen. Aber wie weit war da die Geschichte bereits fortgeschritten! Hundert Jahre vor Luther predigt der Prager Gelehrte Jan Hus (1369?–1415) gegen dieses Papsttum. Dessen Verderbtheit mag ein Aspekt sein, mehr zählt indes die Idee einer Reform, zu der ihn der englische Theologe John Wyclif (1320–1384) angeregt hatte: weg mit dem weltlichen Besitz der Kirche, weg von ihrem Alleinvertretungsanspruch in Glaubensfragen, weg mit dem Papst, er hat keine Legitimation als Oberhaupt der abendländischen Kirche. Die Bibel ist die einzige Autorität in Glaubensfragen – ein Hoch auf die Autonomie des Gewissens. Hus wurde wegen dieser die Reformation vorwegnehmenden Ideen mit dem Kirchenbann belegt. Wegen seiner großen Beliebtheit unterstützten ihn der böhmische Adel und der König. Hus wandte sich gegen die Kreuzzugs- und Ablassbullen Roms. In einer großen Schrift legte er 1413 dar, dass die Kirche entsprechend der Bibel keine Hierarchien kenne, das Christentum habe nur ein Oberhaupt, Christus. Mit dem Versprechen des Kaisers, nach Hause zurückkehren zu dürfen, reiste Hus nach Konstanz. Er sollte seine Sache vortragen und widerrufen. Doch Hus wusste, was er wollte: darlegen, aber nicht widerrufen. Er predigte täglich, und zwar das, was er für richtig hielt, die halbe Stadt hing an seinen Lippen. Die Obrigkeit hatte vom Eifer und Erfolg des Protoreformators bald genug und nahm ihn fest. In seiner Verteidigung lehnte Hus Papst und Konzile ab, sie hätten nichts mit den Inhalten der Bibel zu tun. Am 6. Juli 1415 wurde er hingerichtet – trotz der von Kaiser Sigismund gegebenen Zusicherung freien Abzugs. Wie zum Hohn setzte man den Tschechen auch noch den Hus-Mörder als böhmischen König vor. Mit großer Entschlossenheit begannen sie einen Krieg in eigener Sache. Ihre Wagenburgen blieben lange unbesiegbar, auch gegen große Kontingente. Die Hussiten zogen nach Süden, verwüsteten Niederösterreich, Teile Schlesiens und erreichten auch Luthers späteres Wirkungsgebiet. 1429 wurde Altendresden (heute ein Dresdner Stadtteil) niedergebrannt, wenige Monate danach richteten die Abtrünnigen elbabwärts bis etwa Torgau große Verwüstungen an, dann westwärts in Richtung Leipzig und im Vogtland – für die Deutschen eine traumatische Erfahrung. Als sich Luther später bei einem theologischen Gespräch einen hussitischen Sympathisanten nannte, sorgte das für große Unruhe.

Es dauerte 200 Jahre, bis die Hussiten sich in nichts auflösten. Der Grund lag weniger in der Stärke ihrer Feinde als in der Besserwisserei der beiden hussitischen Flügel, den gemäßigten Utraquisten und den fundamentalistischen Taboriten. Das Papsttum betreffend, drängt sich der Schluss auf, dass es mit Beginn der Gefangenschaft in Avignon in einen sich beschleunigenden Prozess der Auflösung geriet. Der christliche Glaube war nur dann keine Nebensache, wenn es um Geld und Macht ging. Die Päpste eiferten dem Absolutismus der

Könige und Herzöge nach, sie bauten wie diese kolossal und förderten wie diese die Kunst, führten Kriege und konzentrieren sich auf territorialen Machtgewinn. Der Vatikan war ein wachsendes Fürstentum, aber dessen Referenzgröße in Sachen Religion schrumpfte. Man kann das Papsttum jener Zeit mit dem Zustand des Kommunismus vor 1998 vergleichen. Die Dekadenz war hausgemacht. Leider kam dann Luther. Er polarisierte derart, dass sich daraus das lang vermisste katholische Krisenbewusstsein zu Wort meldete. Mit Luthers Kirchengründung wurde die alte, katholische Kirche zu den fälligen Reformen gezwungen. Wäre Luther nicht gewesen, wäre Rom eine von mehreren Größen im zersplitterten Italien geblieben, der Rest der Welt hätte einen eigenen freikatholischen oder quasikatholischen Glauben entwickelt. Roms Einflussnahme wäre ohne Luthers Auftreten wahrscheinlich schon deswegen gesunken, weil sich die aufkommenden Nationalstaaten nicht mehr wie der Ochs am Nasenring hätten führen lassen. Und nach Avignon und Hus erhob sich ein anderer, mächtiger Souverän, der englische König Heinrich VIII. (reg. 1509–1547). England drängte in der Folgezeit die katholischen Supermächte Spanien und Portugal zurück, gründete eine romfreie Kirche und exportierte seinen schlichten wie machbaren Vorstellungskatalog. Heinrich zeigte, wie man als neuzeitlicher Absolutist gegen eine unbotmäßige Kurie vorgehen konnte. Der überzeugte Luthergegner und Protestantenhäscher bescherte der Religionsgeschichte einen merkwürdigen Wandel, der ohne Luther von allergrößter Tragweite gewesen wäre. Heinrich trennte sich von Rom und machte sich selbst zum Oberhaupt der Church of England. Der Anlass war privater Natur. Er wollte sich von seiner sechs Jahre älteren und herzlich ungeliebten Gattin Katharina von Aragon scheiden lassen, weil er sich in Katharinas Hofdame Anne Boleyn verliebt hatte. Sie war nicht nur jung und hübsch, sondern auch raffiniert, widerstand der stürmischen Werbung Heinrichs, was ihn nicht nur verrückt machte, sondern ihm auch Respekt abnötigte. Hinzu kam: Katharina hatte ihm keinen männlichen Erben geboren. Eine Scheidung aber war nur mit Erlaubnis des Papstes möglich. Der standen indes einige Hindernisse im Weg: Katharina war die Tante von Kaiser Karl V. Er könnte die Verstoßung seiner Tante nur als Herabwürdigung seines kaiserlichen Ranges empfinden. Da er seit der Plünderung Roms den Papst in der Hand hatte, konnte dieser die Ehe Heinrichs also nicht annullieren, auch wenn das sonst gängige Praxis war. Weil die römische Nichtigkeitserklärung ausblieb, sollte nun der neuernannte Bischof von Canterbury Thomas Morus die Ehe des Königs aufheben. Der aber zeigte sich widerspenstig. Heinrich ließ sich daraufhin vom Parlament zum klerikalen Oberaufseher ernennen und heiratete seine Geliebte heimlich. Als ihn der Papst exkommunizierte, sagte sich der König von Rom los und gründete die anglikanische Staatskirche – mit ihm als Oberhaupt. Thomas Morus aber wurde wegen seiner Standfestigkeit einen Kopf kürzer gemacht. Ihm folgte später Anne Boleyn, sie hatte ihrem Mann »nur« eine Tochter geschenkt. Historisch gesehen ist Heinrich indes weit gekommen, und zwar unabhängig von Luther. Ohne großes Dogma hat er eine neue papstfreie Kirche gegründet. Sie wird nach und nach ihr eigenes Gepräge finden. Ein Dammbruch, den auch das übrige Europa erlebt hätte – wäre Luther nicht gewesen! Denn der Absolutist will unabhängig sein. Souveränität und politische Hoheitsgewalt, das zählt. Er ist ein neuer Typ Herrscher, wie ihn Machiavelli als wegweisende Staatstheorie formuliert hat. Aus den legitimen absolutistischen Ansprüchen erschafft der englische König seinem Land eine eigene Kirche. Auch wenn er theologisch gesehen nichts gegen die römische Kirche hat, erreicht er konfessionspolitisch viel, ohne konfessionell motiviert gehandelt zu haben. Für Luther muss diese Art der Entfernung von Rom ein opportunistisches Sakrileg gewesen sein. Brisant wie spannend zudem: Der englische König stand, wenn auch nur kurz, als Kaiser des Reiches zur Debatte. Es bleibt Spekulation, ob und wie er sich in dem stürmisch religiösen Deutschland hätte durchsetzen können. Wahrscheinlich wäre sein eigenständiges Vorgehen ein Aufbruchssignal gewesen. Denn unzufrieden, und zwar grundsätzlich und seit langem, waren die deutschen Fürsten mit Rom schon längst vor Heinrich, mit oder ohne Luthers Auftreten. Gut vorstellbar, dass sich in Deutschland weit mehr Fürsten dem antirömischen Kurs ihres Kaisers und Königs von England angeschlossen hätten als dem auf Krawall gebürsteten Luther.

Deutschland aber ging mit Luther eigene Wege. Nicht allein die evangelisch orientierten, sondern auch die papsttreuen Fürsten lösten sich, der eine mehr, der andere weniger, aus dem römischen Oberbefehl und unterwarfen die Kirche ihrer Macht. Unabhängig von Luthers Wirken kam es wohl zu dem, was die Neuzeit rechtlich dann prägt: zur Entstehung des modernen Staates, so wie Machiavelli das in seiner Theorie als zwingend geboten darlegte.

Man muss auch Ereignisse berücksichtigen, deren weltpolitische Natur außerhalb Roms lag, auch wenn die römische Kirche seit Jahrhunderten immer auch Weltpolitik machte. Es sind Ereignisse und Entwicklungen, die tief hinein in die Gefühlslage der damaligen Christen stießen: Mit der Eroberung »Ostroms«, des christlichen Konstantinopels, mussten Europas Christen erkennen, dass auch Ungläubige mächtig sind. Hatten sie gar Gottes Sympathien? Wollte Gott seine Rechtgläubigen strafen? Die Ungläubigen jedenfalls setzten bei der Belagerung Konstantinopels 1453 acht Meter lange Kanonen ein. Deren 500-Kilo-Kugeln schossen die als unbezwingbar geltenden Mauern der osteuropäischen Christenheit in Stücke. Wie konnte der nur christlich begriffene Allmächtige zulassen, dass die Heiden eine solche Waffe besaßen (die aus heutiger Sicht einer Atombombe ähnlich wäre). Dass der mächtige Kirchenbau des Bosporus-Staates, die Hagia Sophia, zur Moschee wurde, muss als tiefe Entzauberung des christlichen Glaubens empfunden worden sein. Die Entzauberung ging weiter. Die Osmanen rückten heran, unaufhaltsam eroberten sie Serbien, die Peloponnes und Albanien, 1477 verheerten sie gar das Hinterland Venedigs. Einte das die Christenheit? Nein. Anstatt sich zusammenzuschließen, bekriegte sie sich. Nicht das reiche Italien, das mächtige Spanien oder das sich konsolidierende Frankreich traten gegen die neue Weltmacht an. Es waren verzweifelte Kleinfürsten und Despoten im Osten Europas. Ihre wenigen Erfolge waren von kurzer Dauer. In Westeuropa aber gingen die Machthaber aufeinander los. Der Kaiser gegen die Franzosen, die Franzosen gegen die Italiener, Venedig und Frankreich paktierten auch mal mit den Osmanen, später auch der Papst. Wer auch immer die Tiara trug, viele der Päpste lavierten zwischen allen Fronten, immer auf der Suche nach dem eigenen, irdischen Vorteil. Später, da Luther bereits alles erreicht hatte, verhielt sich einer der Heiligen Väter, Clemens VII., so hanebüchen skrupellos, dass auch der brav-katholische Kaiser und Lutherhasser Karl V. angewidert mit dem Sacco di Roma 1527 ein Exempel statuierte und seinen Landsknechten bei der Plünderung und Verwüstung der Ewigen Stadt freie Hand ließ.

Konfession und Terror, Religion und Menschenrechte

Aber nicht allein Rom, die ganze Welt wackelte. Sie steckte an allen Ecken und Enden in einem beeindruckenden Gefühlschaos. Die Idee einer allumfassenden Reform an Haupt und Gliedern, an Herz und Verstand wuchs unaufhaltbar – lange vor Luther. Sie zog Kreis um Kreis.

Eine dem Kaiser zugeschriebene Reformschrift, die ›Reformatio Sigismundi‹, zielte auf Veränderungen in vielerlei Hinsicht. Das Traktat entstammte der Feder eines anonymen, bis heute nicht identifizierten Verfassers. Auf Deutsch formulierte er Reformgedanken für die Kirche und das Reich, sie wurden anlässlich des Konzils von Basel (1431–1449) als Flugschrift in Umlauf gebracht. Sie sind Ausdruck einer Sehnsucht nach kirchlicher, sozialer und politischer Erneuerung. Durchaus naiv-sozialreformerisch werfen sie den geistlichen wie weltlichen Herren Versagen vor. Die Armen werden aufgerufen, sich ihre Rechte zu erstreiten. Gefordert wird die Trennung von klerikalem und weltlichem Bereich, der Verzicht der Kirche auf weltliche Machtausübung, die Säkularisierung von Kirchengut, die Einführung der Priesterehe und vor allem die Aufhebung der Leibeigenschaft. In Sachen medizinischer Versorgung werden die Reichsstädte angemahnt, besoldete Stadtärzte anzustellen, denen auch die Beaufsichtigung der gewinnträchtigen Apotheken aufzutragen sei. Der Text stammt aus dem Jahr 1439, er erlebte zahlreiche Neuauflagen und diente den Bauern bei ihren Revolten bis hin zur Lutherzeit als Leitargumentation. Wie reif die Zeit ist, in die Luther stößt, lässt sich an der Klage eines Erfurter Benediktinermönchs messen: Die Leute wollten ja gute Schafe sein, wenn sich ein guter Hirte denn fände.

Hans Böhm (1458?–1476) war ein solcher, ursprünglich war er Viehhirte. Dem habgierigen Adel und der durchtriebenen Geistlichkeit weissagte er ein furchtbares Strafgericht. Im Gegenzug versprach er Pilgern im Namen der Jungfrau Maria vollständigen Sündenablass. Er forderte Gleichheit und Gemeineigentum. Nur so lasse sich die Welt gottgnädig verändern. Seine Predigten trafen ins Schwarze, die Volksseele glühte. In drei Monaten gewann Böhm etwa 50 000 Anhänger. Kirchliche und weltliche Obrigkeiten waren alarmiert. Auf Befehl des Würzburger Fürstbischofs wurde der naive junge Revolutionär verhaftet, im Schnellverfahren als Ketzer verurteilt und auf den Scheiterhaufen gesetzt. Vor allem unter der Landbevölkerung kam es daraufhin zu Massenprotesten, die, wie sollte es anders sein, blutig niedergeschlagen wurden.

Der Beginn des Jahres 1492 brachte den Abschluss der christlichen Rückeroberung Spaniens, der Reconquista. Der letzte Emir von Granada übergab die Stadt an die beiden katholischen Könige Ferdinand II. und Isabella I. von Spanien. Damit endete die achthundertjährige durchaus erfolgreiche und nutzbringende Geschichte der Muslime auf der Iberischen Halbinsel. Die Juden mussten freilich auch hier teuer bezahlen. Spanien sollte nach dem Willen der neuen, christlichen Herren nicht allein von Muslimen gesäubert werden, sondern auch von alteingesessenen anderen, die das Pech hatten, Nichtchristen zu sein. Sie mussten sich taufen lassen oder ihre Heimat verlassen.

Der Vollständigkeit halber: Gläubige Unduldsamkeit war nicht genuin christlich, Muslime pflegten sie auch. Nach der Eroberung der an Italiens Stiefelabsatz gelegenen Zitadelle von Otranto 1480 wurden etwa 800 Christen wegen ihrer Weigerung, zum Islam zu konvertieren, von osmanischen Kriegern geköpft. Die Erinnerung daran wird heute noch, und vielleicht zu Recht, wachgehalten, Reliquien erinnern an die Märtyrer dieser religiös motivierten Schlächterei. Sie werden in der im 11. Jahrhundert erbauten Kathedrale Santa Annunziata aufbewahrt.

Luther betritt die Szene. Sechs Jahre nach seiner Veröffentlichung der 95 Thesen werden 1523 die ehemaligen Augustiner-Mönche Hendrik Vos und Johannes van Esschen in Brüssel dem Scheiterhaufen überantwortet, sie wollen dem neuen protestantischen Glauben nicht abschwören. Ein Jahr später haben die Protestanten einen weiteren Märtyrer. Dominikaner-Mönche misshandeln einen protestantischen Prediger, dann ermorden sie ihn. Luthers Schrift ›Historie von Bruder Heinrich von Zütfens Märtyrtode‹ findet große Anteilnahme und entsprechende Verbreitung, auch im Niederdeutschen. Je mehr sich das Christentum in einzelne Fraktionen aufsplittert, umso unerbittlicher wird verfolgt, gefoltert und gemordet. In Meersburg am Bodensee findet der Prozess gegen den evangelisch gesinnten Frühmessner Johann Hüglin statt. Auch er wird hingerichtet.

Die Wiedertäufer trifft es besonders hart, vor allem nachdem sie im westfälischen Münster ein zugegeben hirnloses Gottesreich mit radikalkommunistischen Praktiken errichtet haben. Einen größeren Gefallen hätten sie ihren Gegnern nicht tun können. Ähnlich wie die Juden erleiden die Wiedertäufer eine breite Ausgrenzung, der Verfolgung und Tod folgen. Das Prinzip dieser Zeit ist die Schroffheit in Glaubensfragen, etwa nach dem Motto: Wer nicht für mich ist, ist gegen mich. Dabei messen die Täufer, genau wie die Protestanten, dem persönlichen, entinstitutionalisierten Glauben eine Kernbedeutung zu. Anders ist aber ihr Verhältnis zur Gewalt. Sie sind Pazifisten und reizen damit die anerkannten Institutionen von Kirche und Staat. Theologisch vertreten sie in Anlehnung an Jesus die freiwillige und bewusste Taufe als Erwachsener. Überdies lehnen sie es ab, politische Ämter zu bekleiden und Eide abzulegen. Und das reicht, um sie kirchlicher- und staatlicherseits zu verfolgen und hinzurichten? Vor allem provoziert wohl, dass die Täufer großen Zulauf haben. Mit ihrer radikalen Gleichheitspolitik sprechen sie vor allem die armen, ungebildeten Bauern und städtischen Handwerker an. Zwingli, Luther und ihre Anhänger lassen die »Schwärmer« verfolgen. »Täufer« wird zum Schimpfwort. Nach einer Disputation zwischen Zwingli und führenden Täufern werden Täuferversammlungen verboten. Einer ihrer Vordenker, der Pazifist und ehemalige Ordensbruder Michael Sattler, flüchtet mit seiner Frau Margarete nach Straßburg, ihnen wird Asyl gewährt. Sattler wird vom dortigen Protestantenchef Martin Bucer aufmerksam verhört. Er will wissen, wie es um die Loyalität gegenüber der Obrigkeit steht. Sattler und einige seiner Glaubensbrüder erklären: Im Zweifelsfall habe ein überzeugter Christ Gott mehr zu gehorchen als den irdischen Machthabern. Dies zeige sich besonders am Kriegsdienst, zu dem ein wahrer Jünger Jesu sich niemals verpflichten lassen könne. Ein anderer, der aus Waldshut stammende Täufer Jakob Groß, pflichtet treuherzig bei, er sei ja bereit, Wache auf der Stadtmauer zu schieben und einen Spieß zu tragen, nur töten könne er niemanden, unter keinen Umständen. Der evangelische Bucer lässt das Evangelium fahren und empfiehlt Straßburgs Obrigkeit die Vertreibung der Gewaltlosigkeitsapostel. Sattler geht nach Horb am Neckar, wird dort festgenommen und nach Rottenburg gebracht, wo ihn die katholischen Behörden vernehmen. Wie er es mit den kaiserlichen Befehlen halte, will man wissen, mit der Heiligen Kommunion, mit Maria, der Mutter Gottes, der Verweigerung des Eides und mit den feindlichen Türken. Sattlers Antworten sind die Letzteren betreffend defätistisch genug, um ihm ein grausames Ende zu bereiten; man schneidet ihm die Zunge ab, mit glühenden Zangen werden ihm Teile seines Körpers entrissen, dann lassen ihn die Behörden »zu Pulver« verbrennen, wie es heißt. Margarete, seine Frau, wird wenig später im Neckar ertränkt. Ähnlich ergeht es den Hutterern. Sie und ihr Gründer Jakob Hutter (1500–1536) bekennen sich ebenfalls zum Täuferideal der Gewaltlosigkeit. Da sie in Tirol nicht geduldet werden, gehen sie nach Mähren, werden vertrieben, kehren nach Tirol zurück und erleiden das traurige Schicksal der Andersgläubigen. Die Kräftigen unter ihnen werden versklavt und an den Genueser Admiral Andrea Doria verschachert. Der setzt die Kriegsdienstverweigerer auf seinen Kriegsschiffen vor allem als Rudersklaven gegen die Türken ein. Viele Hutterer emigrieren schließlich nach Osteuropa und Nordamerika. Die amerikanischen Hutterer sprechen heute noch einen deutschen Dialekt, das sogenannte Hutterische. Die dritte Täuferbewegung, jene von Münster, ist hinsichtlich der eigenen Überzeugungen nicht ganz sauber. Anfang 1534 erlangen die Täufer das Regiment in der westfälischen Stadt, nachdem sich einflussreiche Bürger in der protestantischen Ratsmehrheit der Bewegung angeschlossen haben. Der Prediger Jan Matthys (1500?–1534) und sein »Apostel« Jan van Leiden errichten das »Neue Jerusalem«. Wer katholisch bleiben will oder auch als Protestant die Erwachsenentaufe ablehnt, wird der Stadt verwiesen, sein Besitz eingezogen. Die Gütergemeinschaft nach dem Vorbild der christlichen Urgemeinden wird eingeführt. Der Fürstbischof Franz von Waldeck belagert die verschlossene Stadt. Seine Legitimation: Die Erwachsenentaufe verstoße gegen das Reichsgesetz. Der manisch-depressive Jan Matthys prophezeit in religiöser Fantasterei für Ostern 1534 das leibhaftige Erscheinen Christi. Da er sich irrt, tritt er mit einigen Getreuen unbewaffnet vor die Tore der Stadt und lässt sich niedermetzeln. Daraufhin ernennt sich Jan van Leiden zum König des »Neuen Jerusalem« und führt die Polygynie (Vielweiberei) ein, da die Männer in der Stadt in erheblicher Unterzahl sind. Nunmehr ist es ihnen erlaubt, mehrere Frauen zu ehelichen. Diejenigen, die sich dagegen wehren, werden streng bestraft. Nach über einem Jahr gelingt es dem Fürstbischof schließlich, im Juni 1535 die Stadt in seine Gewalt zu bringen. Wegen des Vorwurfs der Vielweiberei müssen die Frauen die Stadt verlassen. Dass sie dazu gezwungen wurden, zählt nicht. Die meisten Anführer der Täufer werden gefangen genommen und hingerichtet. Eine touristische Attraktion Münsters sind die noch heute an der Lambertikirche hängenden eisernen Körbe, in denen die Hingerichteten zwecks Abschreckung zur Schau gestellt wurden.

Auch Katholiken müssen zurückweichen. Nach dem Nürnberger Religionsgespräch verbietet der Nürnberger Stadtrat 1525 das Abhalten jeder katholischen Messe. Hier sind die Lutheraner die Herren. Und die Herren bestimmen den Glauben des Einzelnen, nicht der Einzelne selbst. In Aachen brechen Unruhen zwischen Katholiken und Protestanten aus, die sich nicht beherrschen lassen und zu bürgerkriegsähnlichen Auseinandersetzungen führen. Sie werden erst nach hundert Jahren und vielen Toten endgültig beendet.

In Marburg treffen Lutheraner und Zwinglianer zusammen. Gerufen hat sie Landgraf Philipp der Großmütige. Er will die Sache der Neugläubigen gegen die Katholiken stärken, die Neugläubigen sollen sich abstimmen und angleichen. Daraus wird nichts. Es geht, zumindest aus unserer Sicht, um haarkleine Unterschiede, um die Frage, ob beim Abendmahl Christus wirklich zugegen ist, wie Luther behauptet, oder ob sich seine Gläubigen lediglich zu einer gemeinschaftlichen, symbolträchtigen Kulthandlung zusammenfinden, wie Zwingli meint. Die Meinungsverschiedenheiten bleiben unüberbrückbar. Jeder glaubt, im Besitz der alleinseligmachenden Wahrheit zu sein. Luther und Zwingli trennen sich ergebnislos. Auch wenn es eher Legende ist, es passt zu Luthers Überzeugungskultur: Er soll ein Messer zur Hand genommen und das Tischtuch zwischen sich und Zwingli zerschnitten haben. Zwingli soll erhobenen Hauptes gegangen sein, er sieht sich zu

Recht nicht als Lutherepigone. Unter Berufung auf die Bibel hat er unabhängig von dem Wittenberger mit der Ablehnung der Heiligenverehrung und des Papstes dem Vatikan die Stirn geboten.

In der Nachfolge Zwinglis, der infolge religiöser Gegen-Unruhen fällt, kommt ein Franzose, Johannes Calvin (1509–1564) nach Genf. Er hatte im Zuge der Auseinandersetzungen zwischen Hugenotten und Katholiken Frankreich verlassen. Im französisch geprägten Genf bekommt er großen Zulauf und verwandelt ab 1541 die Stadt in ein reformatorisches Musterländle. Es ist nicht nur reformatorisch. Der Schriftsteller Stefan Zweig nimmt 1936 eine wahre Begebenheit zum Anlass, um seiner Sorge über den Nationalsozialismus Ausdruck zu verleihen. Und die Analogie zwischen Calvins Glaubensfanatismus und der nationalsozialistischen Unterdrückungsmaschinerie könnte nicht stimmiger sein. ›Castellio gegen Calvin oder Ein Gewissen gegen die Gewalt‹ – so der Titel seiner Monografie – bespricht zwei politische Typen, den Humanisten und den Diktator. Oder, um es ungeschminkt und deutlich zu sagen: den Widerstandskämpfer und den Glaubensfaschisten. Das Buch ist wegen seiner brutalen Aktualität ein kaum lesbarer Text, obwohl die Geschehnisse der Mitte des 16. Jahrhunderts entstammen. Aber wie beängstigend sind die Parallelen! Auch damals ging es um das, was uns heute noch beschäftigt und nicht loslässt: die politisch motivierte Selbsterhebung, der Glaube an eine unumstößliche Wahrheit und die daraus sich durchsetzende Ungerechtigkeit und Unerbittlichkeit gegenüber Andersdenkenden.

Calvin hat in Genf ein »Gottesreich« geschaffen, mit sehr irdischen, durchaus hässlichen Kontrollen bis in die hintersten Gassen und Stuben der Stadt. Selbst das Vergnügen eines Theaterbesuchs wird gebrandmarkt und bald als Ganzes für dämonisch erklärt.

Weil ihm ein etwas wirrer Querdenker und Ausländer namens Miguel Servet einen theologischen Fehler nachgewiesen zu haben glaubt, lässt ihn Calvin in den Kerker werfen. Servet wird in Ketten unter unmenschlichsten Bedingungen gehalten, er hungert, friert, wird, wie er in einem Bittgesuch schreibt, buchstäblich von Flöhen aufgefressen. Er kann nicht mal seine Notdurft etwas abseits seiner Kettengebundenheit verrichten. Er steht buchstäblich in den eigenen Exkrementen. Schließlich hört man ihn an. Mitleid? Nicht die Spur. Christliche Barmherzigkeit? Warum? Er soll von seinen Irrlehren ablassen. Er weigert sich. Dafür wird er den Flammen des reformatorischen Brandstoßes preisgegeben – nach 20 Jahren Reformation. Die katholische Kirche hat sich dafür 1000 Jahre Zeit gelassen. Calvins »unbedingter Hass gegen jeden, der anderes zu lehren wagt als er selbst, ist für seine tyrannische Natur ein absolut instinktives Gefühl. Wenn er aber gerade gegen Servet und gerade im gegenwärtigen Augenblicke mit der schärfsten Schärfe vorzugehen sucht, deren er fähig ist, so hat dies nicht private, sondern machtpolitische Gründe« – so Zweig über den Schweizer Neuchristen. Eine auch im Nationalsozialismus hinlänglich bekannte Verquickung aus arroganter Überzeugung und kleingeistiger Verfolgung Andersdenkender, erst recht, wenn sie es wagen, ihr Andersdenken vorzutragen.

Dann befasst sich ein anderer mit der Causa Servet, einer, der Calvin durchaus Paroli zu bieten vermag: Sebastian Castellio, reformatorischer Theologe und Professor an der Baseler Universität. Zutiefst empört über Calvins Terror-Rigorismus erklärt er, Servet habe als kleiner Kritiker nur seine Meinung gegen den Diktator vertreten, und dafür mit seinem Leben bezahlen müssen. Ein Elefant sei gegen eine Mücke vorgegangen, wirft Castellio Calvin vor. Es geht hier nicht nur um den humanistischen Respekt für einen »mückenkleinen« Menschen, es geht um das allgemeine Prinzip des menschlichen Miteinanders, dass einer wie Calvin in seiner Verachtung für den Anderen mit Füßen tritt: »Die Wahrheit zu suchen und sie zu sagen, wie man sie denkt, kann niemals verbrecherisch sein. Niemand darf zu einer Überzeugung gezwungen werden. Die Überzeugung ist frei«, schreibt Castellio 1551 – heute immer noch wert, den Mächtigen totalitär geführter Länder ins Stammbuch geschrieben zu werden.

Die Hintergründe sind ekelerregend. Vor Servets Hinrichtung hat Calvin eine Niederlage einstecken müssen. Mit seiner Klage wegen Blasphemie gegen den allseits geschätzten Arzt Hieronymus Bolsec hat er sich nicht durchsetzen können. Zu viele in Genf kannten Bolsec als einen gottesfürchtigen wie hilfsbereiten und selbstlosen Mann. Der Verdacht regte sich, Calvin wolle sich nur eines selbstständig denkenden und ihm nicht gewogenen Mannes entledigen, um, wie Zweig schreibt, »in Genf der eine und einzige zu bleiben«. Der Rat erklärte sich für nicht zuständig, weil diese theologische Angelegenheit sein Urteilsvermögen übersteige, und holte Rechtsgutachten der anderen schweizerischen Landeskirchen ein. Damit war Bolsec gerettet, denn die reformierten Kirchen von Zürich, Bern und Basel sahen den Vorwurf der Blasphemie als haltlos an, und der Genfer Rat sprach Bolsec frei. Zweig weiter: »Calvin musste von seinem Opfer lassen und sich damit begnügen, dass Bolsec auf Wunsch des Magistrats aus der Stadt verschwand [...] Diese offenbare Niederlage seiner theologischen Autorität kann nun einzig ein neuer Ketzerprozess in Vergessenheit bringen. Für Bolsec muss Servet herhalten, und bei diesem abermaligen Versuch stehen die Chancen Calvins unendlich günstiger. Denn Servet ist ein Fremder, ein Spanier, er hat nicht wie Bolsec Freunde, Bewunderer und Helfer in Genf, außerdem ist er in der ganzen reformierten Geistlichkeit schon seit Jahren durch seine frechen Angriffe auf die Trinität und seine herausfordernde Art verhasst. An einem solchen Außenseiter ohne Rückendeckung kann viel leichter das abschreckende Exempel statuiert werden; von der ersten Stunde an war dieser Prozess darum ein durchaus politischer, eine Machtfrage für Calvin, eine Belastungsprobe und die entscheidende Belastungsprobe für seinen Willen zur geistigen Diktatur.« Spitzfindig wie zielgenau macht Castellio sich daran, Calvin als Unmenschen zu entlarven. Und folgert einfach wie einleuchtend: »Einen Menschen töten, heißt niemals, eine Lehre verteidigen, sondern: einen Menschen töten.« Der Konflikt ist gefährlich, es sieht nicht gut aus für Castellio, Calvin ist der mächtigste Mann der Schweiz, zugleich paranoid und hysterisch wie Jahrhunderte später der »Führer« (und seine Gefolgsleute), der jede ihn möglicherweise demontierende Kleinigkeit fürchtet. Setzt sich Castellio durch? Trotz seiner unbestrittenen Autorität in Glaubensfragen ist es ihm nicht möglich, die freie und ruhige Existenz eines klar und frei denkenden Gelehrten zu führen, der keine politischen Ambitionen hat. Calvin trachtet nach Castellios Ruin. Zwar gelingt es ihm nicht, ihn zu erledigen, doch der Humanist stirbt abgespannt und aufgerieben von dem Kampf, bevor ihn Calvin ins Feuer bringen kann.

Wir sehen: Panik vor einem auch friedfertigen Freidenkertum, das leicht und schnell dem »Bösen«, dem Teufel zugeschrieben wird. Inflationär wird auch Luther den Teufel anführen. Nach dem Motto: Alles, was sich nicht hundertprozentig fügt, ist böse. Wenn Luther mit seiner Bibelübersetzung nicht weiterkommt oder auch nur unter Verdauungsbeschwerden leidet, stets hat der Teufel die Hand im Spiel. Er will den Pferdefüßigen sogar selbst und ganz real erlebt haben. So überlegen Luther auftritt, so argwöhnisch wird das kleinste Widersachertum als feindliches, als objektiv böses Element erkannt und ins Feld geführt. Es gilt bis heute: Diejenigen, die eine manifeste Überzeugung haben, fürchten häufig den am meisten, der auch nur ein wenig aus der Reihe tanzt. Auch wenn sich die Macht einer breiten Zustimmung sicher sein kann, wird jeder noch so unbedeutende Kritiker gnadenlos verfolgt.

Im Streit zwischen Castellio und Calvin schlägt Luther einen Kompromiss vor. Es ist ein fauler. Er unterscheidet zwischen jenen, die nur weltanschaulich-sakral anders denken, und jenen, die auch die soziale Ordnung verändern wollen. Gegen diese – etwa die Wiedertäufer oder die Bauern – billigt er der Obrigkeit das Recht auf Unterdrückung zu. Sehr weit entfernt von der katholischen Inquisition ist er da nicht mehr. Letztlich geht es um ein Kernanliegen der Neugläubigen: den frommen Eifer, dem sich jeder zu beugen hat, und der auch den Einsatz des Schwertes rechtfertigt.

In unstillbarer konfessioneller Abneigung und aus Furcht vor dem jeweils anderen haben sich zwei große Lager in Deutschland formiert. 1538 gründen die protestantischen Reichsfürsten den Schmalkaldischen Bund. In Reaktion darauf gründen die katholischen Stände die Katholische Liga. Es sind Schutz- und Trutzbündnisse mit militärischem Charakter. Ziel ist die Verteidigung wie Durchsetzung des eigenen Glaubens. Kaiser Karl V. führt gegen die Schmalkaldener Krieg, ihm sind die Lutheraner ein Dorn im Auge, bedrohen sie doch die Einheit des Reiches. Er siegt 1547 bei Mühlberg und sieht sich auf dem Höhepunkt der Macht. Sein Hofmaler Tizian aber scheint geahnt zu haben, dass Triumphe wackeln können. Vielleicht war er sich auch über den Trotz der Lutheraner im Klaren. Karl ist zwar sicher, die Abweichler endgültig geschlagen zu haben, Tizian indes malt ihn als melancholisch hinausblickenden Reiter ohne die sonst übliche Großmannspose. Auf dem sogenannten Geharnischten Reichstag soll das Ende der Protestanten reichsrechtlich bestätigt werden. Karl kann sich nicht durchsetzen. Denn alle, auch die katholischen Reichsstände fürchten, der Kaiser wolle hier nicht nur die alte konfessionelle Monokultur wiedererrichten, sondern eine starke Zentralmacht durchsetzen – mit ihm an der Spitze. Und das hätte auch zum Machtverlust der mit ihm verbündeten Katholischen Liga geführt.

Als sein alter Weggefährte Moritz von Sachsen die Seiten wechselt und sich mit anderen Fürsten gegen Karl verbündet, ist dessen Demütigung tief: Moritz ruft Karls Rivalen, den französischen König Heinrich II. ins Land, Karls Truppen werden eins ums andere Mal geschlagen, er selbst entgeht nur knapp der Gefangennahme. Schließlich wird im Augsburger Religionsfrieden 1555 die Macht der Protestanten in Stein gemeißelt. Karl V. wirft das Handtuch. Er dankt erschöpft ab.

Die mörderischen Schlachten des Dreißigjährigen Krieges wetterleuchten bereits am Horizont. Mit den französischen Religionskriegen (1562–1598) zwischen Katholiken und Hugenotten bewahrheitet sich die These von der irrationalen Kraft des »rechten« Glaubens. Obwohl das französische Königtum vergleichsweise mächtig und von Rom unabhängig ist, brechen gleichsam aus dem Nichts kommend ausgerechnet hier die ersten bluttriefenden konfessionellen Handgreiflichkeiten aus.

Die Hugenottenkriege sind eine blutige Mahnung zum Frieden. Jeder deutsche Territorialherrscher hätte nun nichts mehr als ein Überschwappen französischer Zustände fürchten müssen. Es scheint dafür zu spät zu sein. Die Gegner sind nicht mehr versöhnungsfähig. Man mag gesellschaftliche und wirtschaftliche Ursachen anführen, doch es bleibt ein eher hilfloser Versuch, diese Gefechte ursächlich zu erklären. Es bleibt dabei: Der Glaube, die Ideologie, die innere Überzeugung im Gleichschritt mit Gleichgesinnten versetzt Berge. Glaube und Menschenverachtung waren und sind oft genug ein Paar Schuhe. Hinzu kommt der Virus des Machthungers. Das alles mündet nicht immer, aber in dieser Zeit besonders virulent in religiösen Fanatismus – bis heute eine unheilbare Neurose, die sich aus sich selbst zu regenerieren scheint. Die handfesten Erklärungsmodelle aus Ursache und Wirkung für religiös gesteuertes Abschlachten leuchten nur einige Stellen geschichtlicher Aufklärung aus, ein Großteil bleibt ein ungelöstes Rätsel.

Luther befeuert diese Zeit unzähliger Opfer. Er hat das Evangelium der Liebe gepredigt und den Text dazu in allgemeinverständlicher deutscher Sprache jedermann zugänglich gemacht. Kaum aber ist er mit seiner Arbeit fertig, stürmt er die Wartburg hinunter und mischt sich in die Niederungen der Realpolitik. Ein Mönch, der die Welt mit mönchischer Beschränktheit betrachtete, schickt sich an, mit der Macht seines Wortes der Welt zu sagen, was sie zu tun hat. Man mag das drehen und wenden, die Frage bleibt: Hätte Luther der Welt nicht eher gedient, wenn er auf der Wartburg geblieben und als Gelehrter den Weg eines Erasmus oder Mirandola gegangen wäre? Als Weggefährte der Humanisten hätte er in Christi Namen dem Frieden und der Menschenwürde das Wort führen und der Gewalt entgegentreten können. Was aber tut er? Er gießt Öl in ein Feuer, das ohnehin schon hoch genug lodert. Das Evangelium der Liebe scheint ihm nicht eben nahegestanden zu haben. *Der* Sündenfall der Reformation. Hat er Kommendes nicht einschätzen können? Zumindest aus heutiger Sicht bleibt schwer begreiflich, dass er das christliche Diktum der Gewaltlosigkeit so sehr marginalisiert, obwohl die Zeit durchaus Friedensverkünder hatte, und Luther sie kannte.

II
Reformatoren vor der Reformation

Frühe Renegaten

Jahrhunderte vor Luther sind Vordenker aufgetreten und haben Ideen geäußert, die sozusagen lutherischer nicht sein konnten. Einzelne Denkfabriken wie Paris, Oxford, Bologna und Florenz waren gut miteinander vernetzte Zentren. An manchen gehörte es zur Tradition, die Papstkirche kritisch zu betrachten. Davon wusste Luther nur wenig. Er hatte ein schwaches geschichtliches Wissen. Selbst Wilhelm von Ockham und Jan Hus waren ihm nur vage bekannt. Die vielen anderen, die sich früher reformorientiert geäußert haben, kannte er gar nicht. Er war Professor in Wittenberg, und das liege, wie er selbst sagte, am Rande der Zivilisation, geistig-intellektuell und wissenschaftlich an Europas Außengrenze. Was Luther in Gang gesetzt hat, betrifft sein unmittelbares Umfeld, zunächst ist es der Ablass, der ihn in die Öffentlichkeit drängt, dann sein Bibelstudium. Die Versuche anderer, die Macht der Kirche auf politischer, theologischer und staatstheoretischer Ebene einzuschränken, waren ihm nicht nur wenig bekannt, sie interessierten ihn auch kaum. Dass er dennoch ins Rampenlicht der europäischen Geschichte treten konnte, liegt nicht nur an seinem Mut und medialen Geschick, sondern weit mehr an den Sedimenten der Geschichte, die Schicht für

Schicht übereinander gehäuft, den Boden fruchtbar gemacht haben, auf dem dann Luther säte. Es ließen sich ganze Regale mit einer Geschichte der Kritik an Rom und dem Papsttum füllen. Mit einem Wort: Die Reformation wäre – vor allem über den neu erfundenen Buchdruck und die ihm zugehörige Verbreitung neuer Gedanken – gekommen, wie und in welcher Form auch immer.

Im Investiturstreit des 11. und 12. Jahrhunderts ging es vor allem um die Einsetzung (Investitur) der Bischöfe, bei der die weltlichen Herren mitreden wollten. Bischöfe hatten bereits damals wichtige weltliche Ämter inne, funktional waren sie also Geistliche *und* Weltliche, und als Weltliche dem Kaiser und nicht dem Papst untertan. Der aber sah das anders. Jedes Amt des Bischofs sei kirchlich, behauptete er. Kein Weltlicher habe das Recht, einen Geistlichen ins Amt zu setzen. Kaiser Heinrich IV. (reg. 1084–1106) war darüber sehr ungehalten. Ein mit großer weltlicher Machtfülle ausgestatteter Bischof musste vor allem ihm, dem Kaiser, loyal unterstehen. Deswegen sei es auch Usus, dass er als Vertreter der weltlichen Macht die Bischöfe einsetzte. Der Papst verhängte den Kirchenbann gegen ihn und Heinrich musste klein beigeben. Sein Gang 1076/77 in das winterliche, am Rande des Appenin liegende Canossa wurde zum Symbol weltlicher Unterwerfung. Damals hatte ein Bannfluch des Papstes noch große Macht. Vordergründig mochte Kaiser Heinrich seinen Krieg gegen Rom verloren haben, im weiteren Verlauf der Geschichte aber markierte Canossa auch den Beginn einer breiten Auseinandersetzung um die beiden Schwerter, das geistliche und das weltliche. Auch der Staufer Friedrich II., römisch-deutscher Kaiser (reg. 1220–1250), ein auf die Neuzeit weisender Herrscher, musste noch unterliegen. Da halfen die einleuchtenden Argumente einer für damalige Verhältnisse ausgreifenden Medienkampagne wenig, die durchaus sozusagen lutherisch-theologisch geführt wurde. Solange Friedrich und seine Erben einen Kampf auf großmachtpolitischer, sprich europäischer Ebene führten, konnte die Kirche nicht verlieren, weil einzelne Herrscher Europas in einer päpstlichen Niederlage den Machtzuwachs eines weltlichen Rivalen, vor allem des Kaisers, fürchteten. Die französischen Könige fühlten sich notorisch unter Druck gesetzt. Argwöhnisch wachten sie darüber, dass der Kaiser nicht zu mächtig wurde. 1268 war der letzte Stauferkaiser tot. In seinem Selbstbehauptungswillen hatte er gegen das päpstliche Rom verloren. Knapp 20 Jahre später wendete sich das Blatt. Nun machte Frankreich gegen Rom mobil. Der gerissene König Philipp IV., genannt der Schöne (reg. 1285–1314), führte Krieg gegen England und Flandern. Er verlor eine Schlacht nach der anderen, er brauchte Geld und bat die Kirche zur Kasse, eine Kirche, zu der Frankreich traditionell ein gutes Verhältnis pflegte. In Verkennung seiner Lage stemmte sich Papst Bonifaz VIII. gegen den souveränen Franzosen, forderte nicht nur Steuerfreiheit für seine wirtschaftlich überpräsente Kirche, sondern die Gängelhoheit über jeden weltlichen und geistlichen Herrscher. Bonifaz kam jedoch dafür in Gefangenschaft und starb bald danach, wahrscheinlich infolge von Misshandlungen. Nach einem acht Monate dauernden Intermezzo namens Benedikt IX. bestieg Klemens V. (reg. 1305–1314) den Papstthron, ein Franzose und Gefolgsmann Philipps, der sich in Rom so unsicher fühlte, dass er seinen Amtssitz nach Avignon in Südfrankreich verlegte. Für siebzig Jahre wird das Papsttum hier in »babylonischer Gefangenschaft« bleiben. Papst Klemens hatte gegen den machthungrigen König keine Chance. Auf Philipps Wunsch schaffte er den steinreichen Templerorden ab. Der riesige Ordensbesitz fiel dem König zu. Übrigens kein Grund für Klemens, die Konsequenzen zu ziehen und die eigenen Kosten zu drosseln. Dessen Konkubine, sagt man, verbrauchte mehr Geld als das Heilige Land.

Nicht nur in Reaktion auf diese dekadente und unglaubwürdige Kirchenregentschaft wurde Kritik geübt. Marsilius von Padua (1275?–1343?), Rektor an der Sorbonne in Paris, war nur mäßig an Kirchenpolitik interessiert. Als Staatsrechtler ging es ihm vor allem um den einen großen und unumstößlichen Grundsatz: Frieden, politischen wie sozialen, den er durch die Macht des Papstes bedroht sah. Wem steht Macht zu?, war seine Frage. Frieden sei nur mit weltlicher Souveränität zu erreichen, durch die Machtansprüche vor allem der Kirche hingegen gefährdet. Friede heiße zunächst, von klerikaler Herrschaft frei zu sein. Der weltliche Machtanspruch der Kirche, vor allem der Kurie, entbehre nicht nur jeder biblischen Basis, sondern sei schlechterdings der Grund für immerwährenden Ärger. Die Kirche habe kein Recht, eine Parallelmacht zum weltlichen Souverän zu sein, kein Recht auf einen Staat im Staat. Und sie sollte so etwas wie Basisdemokratie üben. Vor Ort hätten Gemeinden und ihre Priester zu entscheiden, nicht die Bischöfe, und diese ihrerseits sollten dem Papst nicht weiter unterstellt bleiben. Marsilius führte einer regional frei gestaltenden Kirche das Wort. Der Papst als fernliegende Zentralmacht nannte solche Lehre Ketzerei und exkommunizierte ihn. Marsilius musste nach München fliehen, wo er beim römisch-deutschen König, dem späteren Kaiser Ludwig dem Bayern, unterkam.

Ihm zugesellt ist der französische Philosoph und Theologe Johann von Jandun (1280?–1328), ebenfalls ein Gegner kirchlicher, insbesondere kurialer Einflussnahme. Jeder Priester habe sich an kaiserliche Bestimmungen zu halten, meinte er, so wie auch Christus nicht nur befohlen habe, dem Kaiser Steuern zu zahlen, sondern folgerichtig auch den Staat und seine Gesetze zu achten und anzuerkennen.

Ein Engländer flüchtete mit nach München. Wilhelm von Ockham (1285?–1347), ein Franziskaner, mehr Philosoph als

Theologe. In seiner wohlbegründeten Wissenschaft weist er sich bereits als Theoretiker der Neuzeit aus. Gott habe nichts mit den Einrichtungen dieser Welt zu tun. Dafür sei er zu groß, aus Größe zu frei, Verstand sei eine menschliche Eigenschaft, Gott gebärde sich verstandesunabhängig, also auch »unverständig«, er hätte nach Gutdünken etwa auch als Esel zur Welt kommen können. Theoretisch wäre es sogar möglich, dass Gott in seiner unermesslichen Freiheit auch sündige. Ohnehin unfassbar, müsse jeder Gedanke an ihn erlaubt sein. Entsprechend müßig sei es daher, bestimmte Gottesvorstellungen zu verwerfen oder einzufordern. Das war sehr frei gedacht und von großer, geradezu revolutionärer Brisanz: Der Papst hatte in diesen Überlegungen keinen Platz. Und Luther wird sich 200 Jahre später als Ockhamisten bezeichnen.

Im sogenannten Armutsstreit wurde der Papst zusätzlich attackiert. Ockham ging es vorerst nur um den eigenen Orden. Dessen Gründer, Franz von Assisi, sei arm gewesen, mithin gebühre seinen Anhängern eine entsprechende Lebensweise. Seine Überlegung fand ihren Weg bis in die oberen Etagen. Der Ordensgeneral der Franziskaner selbst, Michael von Cesena (1270?–1342) sah das auch so oder ähnlich. Sein Orden sei lange kein Bettelorden mehr. Das sollte anders werden. Darüber hinaus müsse sich die Kirche selbst an einem weit größeren Ideal messen lassen, an Christus und seinen Aposteln, die, wenn überhaupt, nur wenig Eigentum besessen hätten. Das sind schwere und lutherisch anmutende Angriffe. Dass sie nicht an die Öffentlichkeit kamen, liegt zum einen am noch nicht erfundenen Buchdruck, zum anderen daran, dass diese Dispute intern, also scholastisch und auf Latein geführt wurden. Auch hier zürnte der Papst, Johannes XXII. Er mag dafür verschiedene Beweggründe gehabt haben, im Kern indes ging es schlicht um eine ganz konkrete Frage: Wie soll die Kirche mit den vielen Schenkungen umgehen? Häufig waren das Besitzübertragungen – insbesondere Immobilien –, weil Nachkommen fehlten. Innerhalb der Kirche gab es selbstverständlich keine Erbteilung, die viel beklagte Zerschlagung der Güter durch die Ansprüche mehrerer Erben wurde damit vermieden. Unabhängig von ihrer großen Wirtschaftskraft häufte die Kirche sozusagen schuldlos großen Landbesitz an. Cesena wurde nach Avignon zitiert, begegnete hier dem berühmten Ockham und zog den an Realpolitik mäßig Interessierten auf seine Seite. Ockham arbeitete sich ein und kam zu zwei Schlussfolgerungen: Eine konsequente Christus-Nachfolge bestehe in entsprechender Armut, die der Papst nicht vorlebe, er sei also vom wahren Glauben abgefallen. Im Mai 1328 mussten Cesena, Ockham und andere Glaubensgenossen Avignon verlassen. Sie sahen sich an Leib und Leben gefährdet und flohen nach Pisa. Dort trafen sie auf Kaiser Ludwig den Bayern (reg. 1328–1347), der aus anderen als theologischen Gründen mit dem Papst im Clinch lag. Der tüchtige und seiner Leutseligkeit wegen beliebte Bayer war ein gläubiger Mensch, zugleich ein Praktiker, der aus handfesten Gründen den Ausbau der Klöster vorantrieb. Die Reichsabteien Tegernsee, Benediktbeuern und Ebersberg sowie weitere fünfzehn Klöster standen, nicht ganz uneigennützig, unter seinem und nicht unter päpstlichem Schutz. Sie waren seiner Gerichtsbarkeit unterstellt und dienten mit ihrem Geld und ihrer strategisch günstigen Lage der Stärkung seiner landesherrlichen Stellung. Die aber stand im Widerspruch zur päpstlichen Zentralmacht, die sich wiederum an der Seite des französischen Königs hielt, dem traditionellen Gegner des Kaisers. Der Konflikt eskalierte, Papst Johannes XXII. bestritt die Rechtmäßigkeit von Ludwigs Herrschaft und exkommunizierte ihn, worauf Ludwig den Papst der Häresie beschuldigte, ihn für abgesetzt erklärte und einen neuen Papst ernannte (zeitweise waren es derer sogar drei). Bei dem Häresievorwurf spielten die Forderungen nach kirchlicher Armut eine Rolle. Der Taktiker Ludwig stellte die geflohenen Dissidenten unter seinen Schutz. Mit ihren kritischen Argumenten sollten sie ihm die nötige Munition im öffentlich ausgetragenen Machtkampf liefern. Anfang 1330 trafen Ockham und seine Gefährten in München ein, wo vor allem Ockham zu einem Vorkämpfer der Papstgegner wurde. Es gelang indes nicht, den Franziskanerorden gegen den Papst zu gewinnen, der Orden blieb Rom treu und wählte Michael von Cesena zugunsten eines loyalen Ordensgenerals ab. Johannes' Nachfolger Papst Benedikt XII. bestätigte die Ansprüche seines Vorgängers. Die meisten Abweichler blieben bis zum Ende ihrer Tage in München. Ludwig der Bayer, Ockham und andere starben als Exkommunizierte. Ockhams ideologische Nähe zum späteren Luther zeigt sich jenseits seiner mutig vorgetragenen Beweisführung vor allem in der Überzeugung, dass der einzelne Christ mit seiner eigenen Urteilskraft sein Verhältnis zu Gott frei bestimmen möge. Das irdische Reich sei der Vernunft überlassen, das überirdische dem Glauben. Staat und Kirche seien mithin zwei Paar Schuhe. Das war ganz klar gegen den Anspruch der Kirche gerichtet. Seit der sogenannten Konstantinischen Schenkung aus dem 8./9. Jh. behaupteten die Päpste, beide Schwerter zu führen, das geistliche wie das weltliche. Kaiser Konstantin der Große habe dem Heiligen Vater auch das weltliche geschenkt – so die kirchliche Verlautbarung. Damit sei der Papst unumschränkter Herrscher und jeder weltliche Herr, auch der Kaiser, ein Vasall, der den päpstlichen Weisungen bedingungslos zu folgen habe. Und als sei das nicht genug: Der Papst stehe schlicht und einfach über dem gesamten Erdkreis. Der bekannte, im 13. Jahrhundert eingeführte Urbi-et-orbi-Segen trägt der Angelegenheit Rechnung, fußt er doch auf der Fortsetzung einer altrömischen, von Ovid formulierten Reichsidee: »Andere Völker haben ein Gebiet mit festen Grenzen: Nur bei dem römischen deckt sich die Stadt (Rom) mit dem Erdkreis.« Aus diesem geostrategischen Fakt hat die römische Kirche neben der Zweischwerterlehre einen zusätzlichen, einen universalen Machtanspruch konstruiert. In den neu aufkommenden Zeiten freier wie weltlicher Denkmodelle wäre diese Selbsterhebung allerdings nicht mehr praktikabel gewesen. Die ganze Sache bekommt indes eine pikante Note. Mitte des 15. Jahrhunderts wurde die Schenkung als Fälschung entlarvt, als Erfindung eines Unbekannten, höchstwahrscheinlich eines gelehrten Geistlichen. Manche Forscher vermuten ihn in Rom, in unmittelbarer Nähe zum Heiligen Vater, andere orten ihn im fränkischen Deutschland. Egal, wer der Urheber war, egal, wann die Donatio zu Papier gebracht wurde, sie ist mit dem geistigen Kontext der Reformationszeit unvereinbar.

Kurz nach Ockhams Tod erhob sich ein anderer Renegat, der Oxforder Dozent, Philosoph und Reformator John Wyclif (1330?–1384). Kaum einer ähnelt Luther mehr. Die Parallelen gehen so weit, dass seine Gemeinde ausgerechnet Lutterworth geschrieben wird (wenn auch anders, nämlich »latter« ausgesprochen). Doch Wyclif war stiller und kenntnisreicher als der Wittenberger. Er begriff die Strudel der Politik und hielt sich zurück. Er predigte seiner Kirche nicht nur ein urchristliches Armutsideal, sondern auch, ganz modern, die Subordination unter den Staat. Er säte die ersten, großen Samen der Reformation. Wie Luther konnte sich auch Wyclif des Beistandes seines Herren, des englischen Königs Eduard III., versichern. In dessen Auftrag warf er der Kurie nicht allein Lasterhaftigkeit vor, er missbilligte auch den Priesterzölibat. Sein Gottesverständnis weist auf Luthers Prädestinationslehre: »Alles, was geschieht, geschieht mit absoluter Notwendigkeit, auch das Böse geschieht mit Notwendigkeit, und Gottes Freiheit besteht darin, dass er das Notwendige will.«

Nach dem Tod seines königlichen Beschützers drohte dem Kritiker indes der Prozess. Aus Furcht vor einem Volksaufstand ließ man ihn aber unbehelligt. Wie später bei Luther fanden Wyclifs Lehren breiten Anklang, sie befeuerten den Aufstand der englischen Bauern, die, ähnlich wie dann 1525 ihre deutschen Standesgenossen, große soziale Missstände von der Bibel ausgehend beklagten. »Als Adam grub und Eva spann, wer war da der Edelmann?«, so Wyclifs Parteigänger, der Priester John Ball.

Ihr Anführer Wat Tyler (gest. 15. Juni 1381) verlangte eine neue, gerechte Besteuerung, die Aufhebung der Leibeigenschaft und die Enteignung der Klöster. Tyler fand ein ebenso gewaltsames Ende wie der Bauernführer Thomas Müntzer. Während einer Verhandlung mit dem blutjungen, erst 14 Jahre alten englischen König Richard II. brach ein Handgemenge aus. Tyler hatte sich das Sakrileg erlaubt, vor den Augen des Monarchen seinen Mund mit Wasser zu spülen, was den Königstreuen als Herabwürdigung ihres Herrschers erschien. Der Bürgermeister von London und ein Diener griffen zum Schwert und hieben auf ihn ein. Der schwerverletzte Tyler flüchtete, stürzte dabei vom Pferd, man packte und enthauptete ihn. Führerlos geworden, wurde die Bauernrevolte schnell unterdrückt.

Wyclif führte, nun ohne seine Position in Oxford, sein Pfarramt in Lutterworth fort und vollendete seine dem einfachen Bürger zugedachte Bibelübersetzung ins Englische. Auch ihm galt über alles Theologische hinaus zuvorderst das Wort der Schrift. Kurz nach Fertigstellung starb er 1384 friedlich in seinem Pfarrhaus. Dreißig Jahre nach seinem Tod wurden seine Schriften ins Feuer geworfen, man erklärte ihn zum Ketzer, befahl, seine Gebeine auszugraben und zu verbrennen.

Seine Anhänger, die rötlich gekleideten, in Armut lebenden Lollarden, betrachteten die Bibel als einzig verbindliche Glaubensregel. Sie waren strenger Verfolgung ausgesetzt. Ihr populärer Vertreter, der vitale wie charismatische Sir John Oldcastle, wurde 1417 auf dem Scheiterhaufen verbrannt.

Ebenda endete auch Jan Hus (1370?–1415), Universitätsrektor von Prag, der schönsten Stadt des damaligen Abendlandes. Der Tscheche nannte Wyclif seinen geistigen Ziehvater. Er geißelte den weltlichen Besitz der Kirche und forderte die Enteignung der Klöster, was quer durch die Gesellschaftsklassen Zustimmung erfuhr, ebenso wie die in tschechischer Sprache gepredigte Autonomie des Gewissens. Auch ihm, dem Schriftgelehrten, war die Bibel die einzige Autorität in Glaubensfragen und die Kurie nichts als eine politisch motivierte Erfindung, der Papst ein Bischof wie andere Bischöfe auch. Einziges kirchliches Oberhaupt sei Jesus, jeder Priester Gleicher unter Gleichen, dessen Qualität hänge nicht an der Prälatur, sondern von der Heiligkeit der Lebensführung ab. Arm solle er sein und nichts außer Almosen besitzen. Predigen dürfe, wer wolle, sei er Laie oder Priester. Liturgische Gewänder, Altartücher, Teppiche und Kelche seien unnütz und deren Kosten verloren. Die Bibel sei für jeden da, und zwar in seiner Muttersprache. Die Abkehr vom Lateinischen hatte auch handfeste Gründe und weltliche Befürworter. 1348 hatte der böhmische König und spätere Kaiser Karl IV. (reg. 1355–1378) die Reichsuniversität in Prag gegründet, hier verkehrten die besten der neuen Köpfe, hier züngelten die Flämmchen des Humanismus. Karls Kanzler Johann von Neumarkt hatte den ersten Versuch unternommen, eine allgemein verbindliche neuhochdeutsche Sprache zu begründen, zunächst für seine Kanzlei, dann folgten deutsche Übersetzungen von Gebeten und Texten der Kirchenväter. Aus diesem harmlosen Anspruch auf die eigene Sprache sollte sich jedoch ein die Zukunft überschattender Konflikt nationaler Selbstüberhöhung in Böhmen entwickeln. Das eher friedliche Zusammenleben der deutschen

Ober- und der tschechischen Unterschicht mündete in einen nicht endenden Kampf zweier sich zunehmend feindlich gegenüberstehender Volksgruppen, dessen Ausläufer bis in die jüngste Geschichte spürbar geblieben sind.

Der Papst (es gab gerade ihrer zwei) forderte von Hus, sich in Konstanz dem dort tagenden Konzil zu stellen. Mit einem Geleitversprechen des deutschen Königs und späteren Kaisers Sigismund versehen, wollte Hus – seiner Sache sicher – seine Lehre verteidigen und traf Anfang November 1415 ein. Drei Wochen predigte er in Konstanz unbehelligt gegen Reliquienkult und Bilderverehrung, es ging auch um den Ablass, der laut Hus keine Gnade Gottes gewähren könne.

Sigismund ist eben in Konstanz eingetroffen, auch sein Onkel Herzog Ludwig (VII.) von Bayern. Der Pariser Theologe Peter von Ailly hält eine Predigt vor den hohen Herren und zeiht Hus der Ketzerei. Nun geht alles sehr schnell. Man nimmt Hus fest. Hus soll widerrufen. Der will nicht und wird stehenden Fußes für schuldig befunden. Eine Gelegenheit zur Verteidigung bekommt er nicht. Die Vertreter der Kurie plädieren für Haftstrafe. Sigismund, dem sein Geleitversprechen egal ist, wendet sich an seinen Onkel, den Herzog: »... nehmt ihn und tut ihm an unserer Stelle, wie es einem Ketzer gebührt.« Ludwig verlangt nach dem Stadtvogt von Konstanz. Der soll den Uneinsichtigen exekutieren. Auf dem Weg zur Hinrichtungsstelle trägt Hus eine weiße Bischofsmütze, darauf sind zwei Teufel gemalt, zwischen denen das Wort Heresiarcha, Häretiker, steht – Hus als Erzbischof aller Ketzer.

Er bleibt gefasst, ruhig ruft er Christus an und bittet ihn (nicht aber seine Henker) um Erbarmen. Oben auf dem Schafott fragt man, ob er beichten wolle. Gern, sagt Hus, obwohl es dort sehr eng sei. Der Beichtvater aber versagt dem Ketzer die letzte Kommunion. Hus lakonisch: „Ich bin kein Todsünder." Er steigt auf den Schemel, der Henker bindet ihn an den Pfahl, legt Holz und Stroh und zur Brandbeschleunigung noch etwas Pech dazu. Dann zündet er an. Des Ketzers Schriften brennen mit.

König Sigismund wurde ein Jahr später böhmischer König. Ein Schlag ins Gesicht der Hus-Anhänger. Es kam zu den 15 Jahre währenden Hussitenkriegen, eine Vorwegnahme der Hugenottenkriege mit den dem Fanatismus geschuldeten Gräueltaten, von denen sich Böhmen über Generationen hinaus nicht erholt. Fünf Kreuzzüge wurden gegen die wehrhaften wie fanatischen Taboriten geführt. Nicht nur Böhmen und Mähren fielen der Verwüstung anheim, auch deutsche Nachbarländer – bis die Hussiten zuerst durch Zugeständnisse, später auch durch innere Zerrüttung unterlagen. Hundert Jahre später sind die aufständischen Böhmen in Deutschland immer noch ein Schreckgespenst, Luther aber nennt sich einen Hussiten.

Weit radikaler als Hus und von seiner fragwürdigen Führerschaft durchdrungen war ein letzter, die Massen bannender Wegbereiter christlicher Reformierung: der Italiener Girolamo Savonarola (1452–1498). Seine Eltern wollten einen Arzt aus ihm machen. Doch er brach das Medizinstudium ab und trat mit 22 Jahren ins Dominikanerkloster von Bologna ein. Als vom Leben Enttäuschter richtete er sein Augenmerk auf die vermeintliche Verderbtheit der Welt mit ihrem Elend, ihrer Bosheit und ihrem sittenlosen Treiben. »Ihr Kirchenführer«, rief er aus, »ihr geht nachts zu euren Konkubinen und morgens zu euren Sakramenten.« Die Wirkung solcher Brandreden ließ nicht lange auf sich warten. Bis zu 15 000 Gläubige besuchten seine Gottesdienste. So wurde er in ganz Norditalien bekannt und von den Medici nach Florenz berufen. Seine Stellung entsprang einem Machtkalkül. Die Herren der Arnostadt ernannten ihn zum Prior von San Marco und ließen den Fanatiker gewähren; zu ungehalten waren die Florentiner über ihre Situation und den gezeigten Überfluss des Medici-Clans. Eine Revolution wurde befürchtet. Die sollte Savonarola vermeiden helfen und von den eigentlichen Problemen ablenken. Und er lenkte ab. Ganz Florenz sei ein Sodom und Gomorrha und werde untergehen, geiferte der »Zorn Gottes«. Florenz komme nur davon, wenn es zum Gottesstaat werde. Heerscharen junger Leute zogen als »Kinderpolizei« durch die Stadt, fahndeten nach den eitlen Dingen, nach Spiegeln, Salben, Flakons und Tiegelchen, Masken, Perücken, falschen Bärten, nach Würfeln, Harfen und Gitarren. Glücksspieler und Prostituierte wurden von der Straße verjagt, unschicklich gekleidete Frauen zurechtgewiesen. (Johannes Calvin wird später etwas milder zwar, aber ähnlich leblos und ledern seine Genfer einzwängen.) Die Florentiner Kinder sammelten für die Armen und traten bei den nach Geschlecht getrennten Prozessionen als Ordnungskräfte auf. Am Platz vor der Signoria, dem Sitz der Stadtregierung, fanden die Schlusskundgebungen statt. Auf einem riesigen Scheiterhaufen wurden die nutzlosen Objekte der Eitelkeit verbrannt. Viele junge Leute schworen ihrem bisherigen Leben ab, kein Fechten und Tanzen, keine Feiern mehr, vom Kartenspiel ganz zu schweigen. Kunst, wie sie gerade in Florenz entstand, wurde heidnisches Blendwerk. Sandro Botticelli, der Maler des neuen Menschen, eines Menschen von nie da gewesener, irdischer Schönheit, wurde von diesem Fanatismus angesteckt und schwor seiner bisherigen Kunst ab. Er malte nur noch Bilder mit frommen Inhalten. Heute kennt man sie kaum.

Mit dem Einmarsch französischer Truppen schien das Ende der Medici gekommen. Der französische König Karl VIII., ein glanzloser, noch sehr junger Mann, war der Idee verfallen, ein Nachfolger Karls des Großen zu sein. Europa und die abendländische Christenheit sollten sich unter seiner Führung erneuern. Dazu bedurfte es der Unterwerfung Italiens, ein wichtiges Machtzentrum war Florenz. Piero de Medici machte dem Gegner weitreichende Zugeständnisse, zahlte eine unvorstellbar hohe Summe Tribut und ließ 40 000 Franzosen in die Stadt. Florenz, es hatte ebenso viele Einwohner, war empört. Der Medici-Clan wurde vertrieben, dessen Palast geplündert. Savonarola suchte den Franzosenherrscher auf und sagte ihm auf den Kopf zu, er müsse die Stadt verlassen, es sei Gottes Wille. Der folgte tatsächlich, vielleicht imponierte ihm der schwarz gewandete Prophet mit den wasserblauen Augen und der hervorstechenden Nase oder er hatte ohnehin den Plan, weiter Richtung Rom zu ziehen. Die Florentiner aber glaubten an ein Wunder, vollbracht von Savonarola. Gelegenheit für den Tugendwächter, sich zum Herrn der Stadt zu machen, des »neuen Jerusalem«. Er erließ neue Gesetze. Statt der allmächtigen Medici bestimmten nun 3000 Bürger die Geschicke der Stadt. Der dunkle Prophet selbst nahm kein Amt wahr, er stützte sich lediglich auf die Macht seines gesprochenen Wortes. Das richtete er auch gegen den korrupten Borgia-Papst Alexander VI., der seinerseits nach anfänglichem Zögern den Fanatiker der Ketzerei beschuldigte. Das hatte politische Gründe. Der französische König schickte sich an, gegen Rom zu marschieren, von hier aus wollte er Neapel gewinnen. Würde sich Florenz nun aber unter dem Druck des Bannfluchs Rom zuneigen, wäre das sozusagen ein Angriff aus dem Hinterhalt. Also sollte Savonarola, der Getreue des Franzosen, demontiert werden. Der König aber ging derart ungeschickt vor, dass sein Feldzug ein Debakel wurde. Zurück in Frankreich starb er, Savonarola hatte seinen Gönner verloren. Und in Florenz wüteten Hunger und Pest. Des Moralapostels Gegner wurden lauter. Der Papst exkommunizierte Savonarola und drohte mit der letzten und schärfsten Waffe, dem Interdikt: Nicht allein Gottesdienste, Taufen, Trauungen und Begräbnisse könnten in der Stadt verboten werden, sondern auch jede Geschäftsbeziehung eines Christen mit einem Florentiner. Allgemeine Erschöpfung und Enttäuschung griffen um sich. Savonarolas Stern sank. Eine päpstliche Kommission traf ein, und Savonarola wurde festgenommen. Unter Folter wurde ihm das Geständnis abgepresst, er habe sich nur aus Ruhmsucht gegen Papst und Kirche aufgeschwungen. Am 23. Mai 1498 wurden er und zwei seiner Getreuen gehenkt und verbrannt.

1922 schrieb ein Geistesbruder Savonarolas, der noch heute populäre russische Lyriker Sergej Jessenin, über die im Westen vorgefundene »Dekadenz«: »Hier gibt es fast nichts außer Foxtrott. Hier gibt es nur Fressen und Trinken und wieder Foxtrott ....« Ein Lied, das 500 Jahre früher Savonarola in ähnlicher Weise angestimmt hatte. Wie viele seines bis heute vertretenen Schlages war er dem stereotypen Irrlauf des subjektiven Idealisten verfallen. Ohne Maß und Grenze, immer mit maximaler Lautstärke. Es kam, wie es kommen musste: 1512 kehrten die protzigen Medici nach Florenz zurück. Die Stadt hatte keine Einwände.

Im Jahr 1517 tritt der Wittenberger Held vor die Welt. Sie hat sich gewandelt, ist anders, ist neuer geworden, sie ist es, die aus Luthers Thesen eine alles überdeckende Generalabrechnung mit den alten Verhältnissen macht. Auch sie ist ein Held der Reformationsgeschichte, wahrscheinlich deren größter. Kleriker, Intellektuelle, Fürsten, Städter und Bauern nehmen nun auf, was Jahrhunderte vorher nur einen insular beschränkten Kreis beschäftigt hat. Der eben erfundene Buchdruck multipliziert das mit großer Umtriebigkeit und nie da gewesener Schnelle. Binnen Kurzem kennt ganz Westeuropa Luthers kräftige Feder. Und die alte Kirche hält nur mäßig dagegen. Auch sie ist ein Held oder vielmehr ein Antiheld.

Kirche zwischen Soll und Haben

Das politische Relief Europas zeigt zu Beginn des 16. Jahrhunderts viele Unebenheiten, das insulare England, das aufstrebende Frankreich, das selbstbewusste Burgund, die ausgreifenden iberischen Kolonialmächte Spanien und Portugal, das zerklüftete Römische Reich deutscher Nation, das bienenstockartige Italien mit seinen vielen Zentren, deren eines der Kirchenstaat ist, und an dem sich alle Welt nolens volens reibt. Der Kirchenstaat ist einerseits gefürchtet und gehasst wie eine arrogante Großmacht, andererseits eine Schiedsinstanz wie heute die UNO. Nach der Entdeckung Amerikas ist es ein Papst, der in einem Vertrag den Seemächten Spanien und Portugal eine Demarkationslinie zur Aufteilung der Welt setzt. Dem Papst wird das hohe Schiedsamt anvertraut, nicht dem Kaiser, einem König oder einer Fürstenvereinigung. Kirchenstaat, »Status Pontificus« – der Name ist Programm. Ein Staat, der jenseits aller Grenzen überall ist: urbi et orbi. Keiner greift derart selbstverständlich in die innere Verfassung anderer Länder ein und beansprucht derart umfassend die Steuerung jedes Einzelnen. Mit den Mitteln des Glaubens, der alles überdeckenden Weltentschlüsselung, und einer bis heute funktionierenden irrationalen Suggestivkultur reklamiert die Kirche vor allem eines: Gehorsam – sowohl in den hohen Sphären der Kunst und Wissenschaft wie auch im banalen Alltag.

Als wäre das nicht genug, besitzt die Kirche als multinationaler, mit der Hanse vergleichbarer Konzern zahllose Niederlassungen, mit Landbesitz und Immobilien, sie hat, einer Bank ähnlich, Hypotheken auf Haus und Grund, mit denen sie ihre Kreditvergabe sichert. Ihr Einfluss mag unterschiedlich sein. Länder wie Spanien, Frankreich und England sind von Königen beherrschte Territorien. Deutschland und Italien hingegen sind keine Nationalstaaten, sie sind in große und kleine Gebiete zersplittert, hier hat der multinationale Konzern Kirche seine größte Macht und seine größten Besitztümer.

In Deutschland gehörte etwa ein Drittel an Grund und Boden den reichskirchlichen Bistümern und Abteien. In Bayern lag die Quote gar bei 50 Prozent. Die Kirche versorgte nicht allein sich selbst, vor allem Rom, sondern auch das Umland. Sie baute Straßen und Brücken, stiftete Schulen, Hochschulen und Hospitäler und betreute die sozial Schwachen. Die Stätten des Glaubens waren zugleich Wirtschaftshöfe. So gehörten z. B. der Pfarrei St. Johannis in Lüneburg rund 100 niedere Geistliche an.

Der außerkirchlichen Sozialpyramide entsprach die innerkirchliche. Die niederen Geistlichen gehörten zur breiten Masse; sie konnten schlecht lesen und schreiben, mussten sie auch nicht, sie sollten Hand anlegen, produzieren, den Boden bestellen, brauen, keltern, bauen und helfen – selten predigen. Ihre in fehlerhaftem Latein vorgetragenen Gottesdienste verstanden sie selbst kaum, wenn sie denn überhaupt eine Liturgie hielten. Ihr Einkommen lag etwa bei einem Viertel des Lohns eines Maurergesellen – das ging kaum übers Existenzminimum hinaus. Manchmal stockten die notleidenden Betbrüder ihren Lohn per Nebenerwerb, z. B. in der Gastwirtschaft, auf. Man kann hier von einem klerikalen Prekariat sprechen. Die hohen geistlichen Ämter waren dagegen lukrativ. Fast ausnahmslos eine Domäne des Adels, der etwa zwei Prozent der Gesamtbevölkerung ausmachte. Die einkommensreichen Pfründen dienten der Versorgung jener Adelsnachkommen, die kein Erstgeburtsrecht hatten und anderweitig untergebracht werden mussten. Sie wurden Erzbischöfe, Bischöfe, Domherren, Äbte und Äbtissinnen und hatten auf ihren Territorien die gleichen Herrschaftsrechte und Aufgaben wie weltliche Potentaten – nicht etwa aus Spitzbüberei, sondern aus tradierter Selbstverständlichkeit, so wie auch der Papst selbstverständlich ein weltlicher Fürst war, der das Schwert auch buchstäblich in der Hand führte.

Die deutsche »Nation« – damals die Ständevertretung der Fürsten – listete in ihren zahlreichen Klagen, den »Gravamina«, Ämterschacher, Misswirtschaft und Rechtswillkür und die hochrabiate Geldbeschaffung Roms auf. Roms geil anmutende Weltlichkeit wird dann ein großes Antriebsaggregat der Reformation werden. Über Reformen wurde schon lange vor der Reformation gesprochen; über die Jahrhunderte hatte sich das Bewusstsein eines massiven Reformstaus entwickelt. Dreihundert Jahre vor Luther hatte Kaiser Friedrich II. sein Regierungsprogramm »Reformatio imperii« genannt. Dem Kaiser Sigismund wurde eine »Reformatio Sigismundi« zugeschrieben. Auch innerkirchlich wurde das Thema lebhaft debattiert. Reformiert werden sollten die Liturgie, die Klöster und die Bistümer. Es gab die frühen Reformen (10./11. Jh.) von Cluny (in Burgund), von Gorze (in Lothringen) oder von Hirsau (im Schwarzwald). »Reform« als Schlagwort geisterte auf weltlicher wie geistlicher Ebene, als Erlösungsgedanke bei Kaiser, Königen, Klerikern wie Intellektuellen umher – jeder meinte, es müsse etwas geschehen. Und dann? Alles blieb beim Alten. Das gesamte Mittelalter befand sich in ständigem Stau. Man kritisierte das System und hielt es aufrecht. Nicht allein die Kirche war träge, ein Gutteil der Gesellschaft auch, etwa die Patrizier der großen Städte. Die Entscheidungen für die Amtsinhaber einer kirchlichen Pfründe fällten auch sie. Die städtischen Kirchenpfleger, die neben den Stadträten zur ortsansässigen Oberschicht gehörten, hatten zusammen mit den einflussreichen und gut verdienenden Pfarrern die Kontrollaufsicht über ihre Kirche, die nach Schenkungen gläubiger Bürger über große Stiftungen verfügte. Weltlichkeit und

Geistlichkeit gingen gern den gleichen Weg. Vielleicht erwuchs der Kirche aus dieser Verquickung ihre schamlose Geschäftstüchtigkeit. Sie reichte bis zu Einnahmen für Kirchenamtshandlungen wie Messen, Taufen, Begräbnisse usw. Auch die kirchliche Rechtsprechung musste bezahlt werden, etwa im Fall eines Ehebruchs oder einer Ehe-Annullierung wegen Kinderlosigkeit. Selbst das Konkubinat der Mönche wurde versilbert. Die kirchliche Aufsicht hielt sich für den Regelverstoß mit einer Geldbuße schadlos.

Eine äußerst rentable Quelle war die Simonie, eine Zahlung für die Übernahme eines Kirchenamtes. Je einflussreicher das Amt, umso höher die Ablöse. Sie diente der Aufbesserung der stets klammen pontifikalen Kasse. Die besonders prominent Albrecht II. von Brandenburg versorgte. Er bekleidete gleich mehrere hohe Ämter. Man nannte das damals Pluralismus. Simonie und Pluralismus waren eigentlich verboten, aber der geldhungrige Papst Leo X. drückte beide Augen zu. So konnte der Brandenburger zweifacher Erzbischof werden, von Halberstadt *und* Mainz. In seiner Eigenschaft als Kurfürst von Mainz war er zudem Erzkanzler des Reiches, Primas aller deutschen Erzbischöfe und Markgraf von Brandenburg war er auch. Um der Kurie die Gebühren seiner Amtsübernahmen zu bezahlen, lieh er vom Augsburger Bankhaus Fugger 30 000 Gulden, was etwa zehn Millionen Euro entspricht. Gerade 1000 Gulden brachte er selbst auf. Zum Vergleich: Der Monatslohn eines Bauhandwerkers lag bei etwa 2 Gulden.

Um seinen riesigen Schuldenberg abzutragen, bot Papst Leo dem ehrgeizigen Albrecht einen Ablass an. In heutigen Worten: Die Gläubigen kauften sich eine Art Freibrief für ihre Sünden und verbrachten dafür weniger Zeit im Fegefeuer – versprach die Kirche. Man mag es nicht glauben, aber die Sache funktionierte exorbitant gut. Es war die von dem Dominikanermönch und Ablassprediger Johann Tetzel (1465?–1519) eingetriebene Massenbarschaft, die Luther dann auf den Plan rief.

Von den großen Bankhäusern vielleicht abgesehen, war niemand geschäftstüchtiger als die Kirche mit ihren reichen Einnahmemöglichkeiten, etwa über Wallfahrten, erhaltene Schenkungen, Erbschaften, gewerbliche Unternehmen, Sündenerlässe oder Ämtervergaben. Letztere machten zu Luthers Zeit in Deutschland 30 Prozent aus; im Kirchenstaat, der damals ganz Mittelitalien umfasste, gar 50 bis 60 Prozent.

Bis auf einige Plutokraten wie die Medici oder die Fugger war kaum jemand so reich wie der Heilige Vater und keiner so verschwenderisch. Dahinter steckt im Grunde auch der Geist der Renaissance, die Selbsterhebung des Einzelnen, geschöpft aus dem freien Denken einer wiederbelebten Antike. Der Mensch tritt hinaus ins Freie, in die Welt, die sich anschickt, sich selbst und nicht mehr nur Gott zu gehören, der Mensch wird sich seiner Möglichkeiten in dieser Welt bewusst, er glaubt an Gott, aber auch an sich selbst. Das hat in der Praxis nichts mit dem Individualismus unserer Tage in einer Demokratie zu tun. Im Denken der Renaissance ist der Einzelne erst einzigartig, wenn er oben steht. Bewusst oder unbewusst gehörten die Päpste und ihre Stellvertreter zu den Vertretern des Auf- und Ausbruchs. Zugleich hielt sich die mittelalterliche Überschirmung des Individuums mittels ausgesuchter Kirchengebote noch lange, mindestens bis ins 19. Jahrhundert. Auch Luther stand unter dieser Überschirmung, eine Ausbruchsfigur zwar, aber keine des hinausstrebenden Humanismus. Sein Individualismus ist nur theologisch, kulturell bleibt er dem engen Mittelalter verbunden. Er lehnt die päpstliche Selbstherrlichkeit ab, zugleich aber auch das Bild des neuen Menschen. Luthers Mensch hat nichts zu entscheiden, Gott hat alles schon entschieden.

Die Renaissance-Päpste haben andere, modernere Vorstellungen. Wenn Luther im Menschen ein Vehikel Gottes sieht, ist den Päpsten »Gott« das Vehikel, das Mittel zum Zweck. Für sie ist Kirche die Institution Kirche, und die ist immer schon weit prominenter in Erscheinung getreten als »Gott«. Luther ist für sie ein Mönch, ein von Zweifeln und Ängsten zerfressener Schwächling, sie selbst stehen für Macht und Stärke, für die neue Staatstheorie Niccolò Machiavellis, derzufolge jedes Mittel recht ist, sich als Fürst und Herrscher zu behaupten. Dahinter steckt die sehr weltliche Erkenntnis: Ich bin eine Ich-AG und selbstverständlich Immoralist. Machiavelli geht es nicht darum, wie die Welt sein sollte, sondern wie sie ist. Er zeichnet einen Herrscher, der aus der Realität seine Schlüsse zieht, und zwar praktische, ohne Theologie. In der Welt gibt es Herrscher und Beherrschte, das sind natürliche Verhältnisse, das ist keine Frage der Ethik. Das gilt auch für die Päpste. Sie *sind* Fürsten, die Kurie *ist* ein Staat, ein Reich *dieser* und nicht jener Welt. Ein Papst ist Diplomat, steuert zwischen allen Machtzentren, zwischen Kaiser, Königen und Fürsten – er will das, was die anderen auch wollen: Macht, und zwar weltliche Macht, und Einfluss. Und er handelt entsprechend frei – jenseits der Kernlehren des Evangeliums.

Selbstbedienungsladen Papsttum

In der Geschichte des Papsttums müsste man lange suchen, um eine nur halbwegs korrekte, lutherisch-korrekte, nach Grundsätzen des Neuen Testaments gehaltene Amtsführung zu finden. Selbst ein verantwortungsvoller, zumindest nachdenklicher Papst wie Nikolaus V. (reg. 1447–1455) formulierte kurz vor seinem Tod, die Autorität der Kirche könne nicht allein durch geistige Anstrengung umgesetzt werden. Für den Glauben der ungebildeten Masse sei Prachtentfaltung eine notwendige Demonstration der Stärke, ein legitimes Mittel der Indoktrination. Dass diese Prachtentfaltung pervertiert wurde, ist keine Frage. Zeitgemäß war sie aber, weist sie doch auf eine wachsende Gottesferne und auf das zunehmende Gewicht des Geldes.

Für Geld betrieb der Rovere-Papst Sixtus IV. (reg. 1471–1484), der Erbauer der Sixtinischen Kapelle, eine Vetternwirtschaft (Nepotismus) ohne Maß. Er berief 34 ihm willfährige Kardinäle. Bis dahin zählte das Heilige Kollegium 25. Kardinal sein hieß, mit Benefizien und Pfründen bedacht zu werden, mit großen Lehen des Kirchenstaates, hieß zugleich, dem Papst für die Übernahme der Ämter Riesenbeträge zu zahlen. Es ging, man möchte sagen natürlich, nur um Geld. Sixtus handelte und wucherte mit Korn, erlegte dem Volk neue, zusätzliche Abgaben auf und führte mit bezahlten Söldnern Krieg.

Das System Rodrigo Borgia des Skandal-Papstes Alexander VI. (reg. 1492–1503) bestand natürlich auch aus Geld und aus einer im Übermaß gehaltenen mafiotischen Vernetzung und Bevorzugung einzelner Protegés. Alexander gab der üblichen Korruption ihre vielleicht markanteste Ausformung. Der Borgia hatte seinen Papstnamen mit Bedacht gewählt, er war ein Bewunderer Alexanders des Großen, des mehrfachen Staatengründers. Dementsprechend setzte er die Gründung eines eigenen Imperiums auf die persönliche Agenda, die schon sein Onkel, Papst Kalixt III. (reg. 1455–1458), im Auge hatte. Kalixt war der erste Spanier auf dem römischen Thron. An sich stand jedem neugewählten Pontifex die Berufung eines Beistands aus der familiären Umgebung zu, in diesem Fall umso mehr, als Kalixt ein Fremder, kein Italiener war. Kalixt besetzte fast jeden freien Posten mit einem seiner katalanischen Angehörigen. Rodrigo war nur einer davon, und gerade mal 25 Jahre alt. Kalixt kannte den Lebenswandel seines leutseligen Neffen. Der hatte mehrere Mätressen und sieben Kinder. Der Onkel sah darüber hinweg, denn der Clan der Borja (so die spanische Schreibweise) sollte die niedere Adelsprovenienz überwinden und mächtig werden. Rodrigo erwies sich als besonders tüchtiger Finanzexperte und wurde dafür mit Ämtern überhäuft: Er war dreißigfacher Titularbischof, Kardinal und Vizekanzler der Kurie und mächtigster Mann nach seinem Onkel. Er bewohnte nicht nur den vielleicht prächtigsten Palast der Stadt mit 300 Bediensteten, er war auch einer der reichsten Männer Italiens. Lange blieb sein Onkel nicht an der Macht, er starb drei Jahre nach der Thronbesteigung. Dumm für die Borgia, ihre Macht war noch nicht gefestigt. Vor allem im Kampf mit dem alteingesessenen Orsini-Geschlecht hatten sie schlechte Karten. Rodrigo drohte der Verlust seiner Würden. Er zog sich zurück und machte im Stillen weiter, vor allem viel Geld. Vierunddreißig Jahre musste er warten, vier Päpste überleben, bis auch er die Tiara aufsetzen konnte. Der Mailänder Ascanio aus dem mächtigen Geschlecht der Sforza half ihm, kaufte die kurialen Wähler mit seinem und Rodrigos Geld – man spricht von mehreren, mit Silbermünzen beladenen Eseln. Der Sforza war überzeugt, der neue Amtsinhaber werde sich leicht steuern lassen. Doch der war keine Knetmasse, wusste genau, was er wollte: Er verschacherte ein Kirchenamt nach dem anderen, es waren tausende ... Er musste. Als Papst kam er bar seiner früheren Einkünfte, sozusagen mit leeren Händen, wie es das Gesetz befiehlt, auf den Stuhl Petri. Nun, da er Papst Alexander VI. war, sollten diese Hände wieder voll werden. Und der Familienclan musste versorgt werden, vor allem sein skrupelloser und brutaler Sohn Cesare Borgia. Der Vater hatte den 23-Jährigen von seinem Kardinalsamt entbunden – Cesare war das Kirchenamt zu fade –, ein unerhörter Vorgang. Cesare wollte ein Feldherr sein und für die Borgias Land gewinnen. Er bekam dafür Vaters Segen. Mit Hilfe des französischen Königs eroberte er die Romagna, besetzte Rimini, Pesaro, das Fürstentum Piombino, Elba, Teile der Marken und Umbriens, er strebte ein Königreich in Mittelitalien an. In ihrer Maßlosigkeit verkalkulierten sich Sohn und Vater jedoch. Ganz Rom war über die Unersättlichkeit dieser Nichtrömer, dieser spanischen Emporkömmlinge, empört. Als sein Vater plötzlich starb, stand der kriegstüchtige Cesare, dem Machiavelli sein Hauptwerk gewidmet hat, mit einem Mal ohne mächtige Rückendeckung da und musste erleben, wie ein Ergebener nach dem anderen von seiner Seite wich.

Der nachfolgende Papst sprach ihm jedes Recht auf die erworbenen Territorien ab. Vier Jahre nach seines Vaters Tod starb der erfolgreiche Herzog bei einem Scharmützel. Machiavelli müsste enttäuscht gewesen sein: Cesare Borgia hat sich kaum als Fürst gezeigt, eher als Abenteurer.

Bei seiner Krönung hatte Alexander über sich verkünden lassen: »Rom hat groß einen Cäsar gemacht. Nun hebt Alexander kühn es zum Gipfel empor, Mensch jener, dieser ein Gott!« Theologisch gesehen eine Farce. Die Reformatoren werden das später dankbar in ihrer Publicityschlacht anführen. Eine Gotternennung hatte nichts mehr mit dem Papsttum zu tun.

Gut vorstellbar, dass gerade Alexanders Amt nicht nur gottlos, sondern derart verweltlicht war, dass es als Institution – ohne Luthers Auftreten – über die Zeiten zu einer glaubensfernen oder glaubensirrelevanten politischen Territorialmacht degeneriert wäre. Der Kirchenstaat wäre mutmaßlich über seine religiöse Indolenz ein Staat unter anderen italienischen Staaten geworden. Ein katholisches Landeskirchentum hätte sich in Analogie zu jenem in Frankreich und England in ganz

Europa, vor allem in Deutschland, durchsetzen können. Die Reformation wäre, so gesehen, obsolet geworden.

Papst Julius II. (reg. 1503–1513) aus dem Geschlecht der Rovere machte nicht etwa eine Kehrtwende, er war zwar ein Borgia-Gegner, führte aber das Erbe der Machterweiterung fort. Er kämpfte für militärische Siege, theologische Siege interessierten ihn kaum. Auch Julius war steinreich und trat mit Kindern und Mätressen auf. Auch er war Nutznießer des viel gescholtenen Nepotismus, wurde von einem Onkel, Papst Sixtus IV., zum Kardinal erhoben. Er beanspruchte neue Territorien, die allerdings anderen weggenommen werden mussten. Unzählige Feldzüge und langwierige Kriege führte »der Schreckliche«, mit allen Mitteln, mit Bann und Interdikt, vor allem aber mit dem weltlichen Schwert, das ihm näherstand und als Herrschaftsmittel vertrauter war als das Kreuz. Italien wurde *das* Schlachtfeld dieser Zeit, hier tummelten sich alle, der Kaiser, dessen Rivale, der französische König, deutsche Fürsten und Ritter, Söldnerheere aus aller Herren Länder und erstmals die dem Papst ergebene Schweizer Garde.

Wenn der Papst mit einem der Heerführer nicht verbunden war, bekämpfte er ihn. Die auf französischer Seite stehenden Kardinäle erklärten ihn auf einem Konzil für abgesetzt. Julius ließ sie in einem Gegenkonzil verfluchen. Er knüpfte und löste Bündnisse, mal waren die Franzosen auf seiner, dann auf der gegnerischen Seite, mal waren es die Venezianer oder andere Stadtstaaten, Grafschaften und kleine Territorien. Krieg gehörte zum Geschäft. Die verwitwete Gräfin Mirandola hielt ihre Burg für wehrhaft genug, um sich standhaft gegen Julius zu verteidigen. Der aber wagte sich mit seinen 68 Jahren in die vorderste Kampflinie, wo ihm die Kanonenkugeln um die Ohren pfiffen – man kennt das, von Alexander dem Großen bis hin zu Stalin. Die Kugeln der Gräfin trafen auch: die beiden Knappen an seiner Seite, ihn nicht – später ließ Julius die

Geschosse als Gottesbeweis in der Wallfahrtskirche Loreto an die Decke hängen.

Er entriss den Gegnern ein Gebiet nach dem anderen, bis der Kirchenstaat seine größte Ausdehnung erreichte, etwa ein Drittel Italiens. Größe! Dafür kämpfte er. Michelangelo sollte ihm ein riesiges, marmornes Grab errichten. Dem selbstverliebten, nach Unsterblichkeit trachtenden Julius schwebte die Baukultur der römischen Kaiser vor, etwa das Mausoleum des Augustus oder Hadrians mächtige Engelsburg. Während Michelangelo in Carrara den Abbau des Marmors überwachte, machte dessen Rivale Bramante dem Papst einen Vorschlag, der weit vielversprechender erschien als ein marmornes Totenquartier: ein neuer Dom. Die 1200 Jahre alte, von Konstantin dem Großen erbaute Sankt-Peter-Basilika sollte einer weit größeren weichen – die an kultureller Ignoranz kaum zu überbietende Vision Bramantes sah das größte Bauwerk der Welt vor. Julius war nach anfänglichem Zögern Feuer und Flamme: Einem großen Herrscher gebührte ein triumphales, ihn verewigendes Bauwerk. Die Idee des Petersdoms, wie wir ihn heute kennen, war geboren.

Als Julius 1513 starb, war der Neubau noch Fragment, vier 50 Meter hohe Säulen ragten in den Himmel, zwei davon aus der größtenteils zerstörten alten Basilika. Jahrzehnte später durfte der 71-jährige Michelangelo den planlos geführten Bau fortsetzen. Er fand nur Chaos vor. 17 Jahre arbeitete er daran. Als er mit 89 Jahren starb, war die riesige Kuppel fast fertig, sie wurde noch etwas umgebaut, etwas erhöht und erhielt 1590, 25 Jahre nach Michelangelos Tod, den Schlussstein. Der Dom selbst war lange noch nicht fertig. 1605 wurde der verbliebene Teil der alten Basilika abgerissen, zehn Jahre später stand dann der Petersdom, wie wir ihn heute kennen. 1626 wurde er geweiht, der größte Sakralbau des Abendlandes. Er bietet 12 000 Menschen oder knapp zwei Fußballfeldern Platz. Allein

1514 haben die Baukosten 80 000 Dukaten verschlungen – damit hätte man ein Dutzend normaler Kirchen errichten können. Wozu das Ganze? Vordergründig als Sinnbild einer göttlichen, einer christlichen Herrlichkeit. Die Motive aber sind immer noch wegweisend: Sie weisen auf die absolute Autorität des Papstes, auf die ungeteilte Macht über die Christenheit hin. Das fertiggestellte Bauwerk hat denn auch diese eine Funktion: ein mächtiges politisches Symbol, das Symbol der Gegenreformation.

Typisch für die Renaissance war Julius' Ende: Selbst an der Schwelle des Todes ließ er sich noch acht verschiedene Weine kredenzen. Auch er hatte immense Reichtümer angehäuft, immerhin sollten sie nicht seinen gierigen Angehörigen überlassen werden, sondern seinem päpstlichen Nachfolger; immerhin zeigte er sich so weise, die Simonie, den Kauf des Papstamtes, zu verbieten, was einer gewissen Ironie nicht entbehrt, war er doch selbst per Bestechung an die Macht gekommen.

Julius' Nachfolger, Leo X. (reg. 1513–1521), musste sich mit Luther auseinandersetzen. Er hat mit dem Mainzer Erzbischof Albrecht jenes Agreement getroffen, das wegen seiner Instinktlosigkeit die Ablehnung des Ablasses provoziert und damit die Reformation heraufbeschwor. Leo war ein Medici, Giovanni mit Namen. Seine Familie, seit 200 Jahren in stetem Macht-Crescendo, hatte mit Textilien angefangen und war zur unumschränkten Herrscherin von Florenz geworden. Sie steht nicht allein für Prunksucht und Skrupellosigkeit, damit wäre sie der ganz normale Wahnsinn einer wandlungsfrohen Epoche, sie steht nicht nur für höchste Maßlosigkeit, die sie aus dem leidlich bekannten Natterngezücht italienischer Hegemonialbestrebungen noch heraushebt. Sie steht, um es kurz zu machen, für Großmachtpolitik mit den Mitteln des Geldes. Der Einfluss der Familie reichte bis zu den Thronen der mächtigsten Fürsten. Man denke nur an die erfolgreiche französische Königinmutter Maria Medici. Giovanni de' Medici, Sohn Lorenzos des Prächtigen, war, wie damals üblich, als Zweitgeborener vom Erbe ausgeschlossen. Zum Ausgleich wurde er mit hohen Kirchenämtern versorgt. Seine Erziehung oblag einem bekannten Humanisten, dem Schriftsteller Angelo Poliziani. Sie war die denkbar beste und fruchtete denkbar wenig, man kennt das seit Nero und seinem Erzieher Seneca.

Siebenjährig hatte Giovanni seine ersten Pfründen aus der Hand des französischen Königs erhalten. Mit vierzehn war er bereits Kardinal, ein Skandalon, das geheim gehalten werden musste. Mit achtzehn wurde er Domherr von Florenz. Jedes neue Amt bedeutete neue Einkünfte. Die Mönche des Klosters Passignano seien erwähnt, die sich gegen die hohen Abgaben wehrten und mit Waffengewalt bezwungen werden mussten. Kardinal Giovanni hatte bereits an einem Konklave teilgenommen – erfolglos, sein Gegner, der Borgia Alexander VI. besetzte für elf Jahre den Heiligen Stuhl. Dessen Nachfolger Julius II. war allerdings ein Freund des Hauses, der Medici führte für Giovanni einige Feldzüge, bis der als Leo X. den Papstthron bestieg.

Die Käuflichkeit der Ämter nahm nun noch absurdere Züge an, etwa 1500 davon verschacherte Leo, unter anderem zwei an Albrecht von Brandenburg. Leo war ein manischer Taktiker. Er unterstützte bei der Kaiserwahl 1519 zunächst den französischen König Franz I., dann den sächsischen Kurfürsten Friedrich. Weil ihm aber der spanische König, der spätere Kaiser Karl V., den Schutz der Medici und des Papsttums zusicherte, befürwortete er schließlich dessen Wahl.

Er war auch ein manischer Hedonist. Ganz unverhohlen bekannte er nach seinem Amtsantritt, er wolle das Leben nun genießen: »Lasst uns ein fröhliches Papsttum leben!« Eine unersättliche Lust an allem Schönen wird ihn eskortieren: schöne Zusammenkünfte, schöne Worte, schöne Taten und

Skandale, schöne Häuser, Statuen, Tafeln, Gedichte und Jagden – ohne ein tieferes Erkennen oder Erkennen-Wollen dessen, was man Gottes Werk nennen mag. Die Porträts zeigen ihn als verfetteten Phlegmatiker, der kolumbianische Maler Fernando Botero hat ihn im 20. Jahrhundert in Anlehnung an das bekannte Raffael-Gemälde nachporträtiert: ein aufgedunsenes, schläfriges Riesenbaby. Zeitgenossen berichten, dass er sich schwer atmend bewegte und gestützt werden musste. Bei den kunstvollen Vorträgen der Humanisten nickte er regelmäßig ein. Besonderen Genuss bereitete ihm die Betrachtung seines Hofnarren beim Verzehr großer Essensmengen. Leo hinterließ einen exorbitanten Schuldenberg. Um die unermesslichen Ausgaben zu finanzieren, hatte er bis zu 25 Prozent Zinsen akzeptiert, die die Gläubiger nun einforderten. Als er starb, fehlte es sogar an neuen Kerzen für die Bestattung. Leos Nachfolger, der weltfremde ehemalige Erzieher Karls V., verbot als Papst Hadrian VI. (wie Julius zuvor) den Ämterhandel, allerdings war der Zeitpunkt denkbar ungünstig. Der Papst war bankrott und suchte naiverweise ein gutes Verhältnis zu Karls Rivalen, dem König von Frankreich. Ehe Hadrian erkannte, dass er zwischen den Stühlen saß, starb er nach einem halben Jahr Regierungszeit.

Wir schreiben das Jahr 1523. Luther ist in Europa Tagesgespräch. Zwingli ist bereits aktiv, und hat mit Luther die ersten theologischen Differenzen. 1527 wird die erste protestantische Universität in Marburg eröffnet. Der neue Papst, Clemens VII. (reg. 1523–1534), ist wieder ein Medici, Giulio, ein Vetter Leos. 1513 hat ihn Leo zum Erzbischof von Florenz ernannt. Es folgten eine Reihe weiterer Ämter bis zum Kardinal und päpstlichen Ratgeber. 1523 wird er zum Papst gewählt; er nimmt sein Amt ernst, ist aber vollkommen unfähig. Im Rivalenkonflikt zwischen dem allerchristlichsten König von Frankreich und dem allerkatholischsten König von Spanien verzettelt er sich in völliger Verkennung seines Machtvolumens im Ränkespiel der Diplomatie. Er glaubt, er halte die Fäden in der Hand und könne zwischen Frankreich und Habsburg nach Opportunität die Fronten wechseln. Dabei provoziert er derart blöde, dass Kaiser Karl V. wutentbrannt seinen völlig verrohten Truppen die Plünderung Roms (Sacco di Roma) erlaubt. Sie dauert ein halbes Jahr und nimmt einen geradezu apokalyptischen Charakter an. Sechs Jahre später will der englische König Heinrich VIII. sich von seiner ersten Frau trennen und verlangt eine Eheannullierung, Clemens sagt, er könne das nicht (»non possumus«). Natürlich hätte er können, zumindest theologisch; Heinrichs Ehe ist kinderlos, solche Dispense sind päpstliches gang und gäbe. Clemens aber fürchtet den Kaiser. Er kann, politisch gesehen, tatsächlich nicht. Heinrichs kinderlose Gattin ist Karls Tante. Heinrich VIII., ganz Typ der neuen Zeit, bricht kurzerhand mit der katholischen Einheit. So kommt es über Nacht und ohne Luthers Dazutun zur Abspaltung einer großen Kirche von Rom, die sich mit fortschreitender Entwicklung ein reformatorisches Antlitz verleiht. Gut möglich, dass dieses Schisma ohne Luther den Sprung nach Europa geschafft hätte. Es waren die englischen Theologen Wyclif und Ockham, die einen Großteil lutherischen Gedankenguts Jahrhunderte früher vorweggenommen haben. Freilich muss eingeräumt werden, dass auch diese Abspaltung zu äußerst blutigen, bis in unsere Tage währenden Auseinandersetzungen geführt hat.

Und Papst Clemens? Er steht Luther teilnahmslos gegenüber. Obwohl der verzweifelte Kaiser als überzeugter Katholik den Ernst der Lage erkennt und Maßnahmen anmahnt, verweigert Clemens die Einberufung eines Reformkonzils. Auch das beschleunigt den Fortgang der Reformation. Es sind aber nicht allein die destruktiven Elemente, die Luther zuarbeiten.

Es gibt auch konstruktive Kräfte, die hier ins Spiel kommen: die großen, ungemein zahlreichen Köpfe der Renaissance und des Humanismus.

Renaissance und Humanismus – sanftes Gewitter in stürmischen Zeiten

Nach Betrachtung dieser die Neuzeit prägenden Päpste fragt man sich, wie solch unwürdige Würdenträger die Sphären des neuen Denkens berühren konnten. Wo verortet man das Papsttum einerseits und die Renaissance andererseits? Schließen sich beide nicht etwa aus?

Die humanistische Bewegung geht in alle, auch in fragwürdige Richtungen, und stellt desungeachtet über bald zwei Jahrhunderte die größten Weichen für einen bis in unsere Tage reichenden Weg. Und: Zeiten des Umbruchs reißen viele mit. Versonnene Gelehrte, suchende Mönche, neugierige Bischöfe und Professoren, einzelne Clanhäupter italienischer Sippen, skrupellose Herrscher und eben auch Päpste. Das sind keine Trittbrettfahrer, sondern neue, nicht eben vorbildliche Menschen, die das Diesseits dem Jenseits vorziehen. Nicht nur Gelehrte, auch die dekadenten, innerlich indolenten Päpste senken den Blick vom Himmel auf die Erde, herunter zum Horizont, und hier steigen eine Menge antiker Archetypen aus den Tiefen der Geschichte auf. Ohne Zweifel, es sind strahlende Urbilder, sie werden idealtypisch überhöht, denn vieles in der antiken Kultur ist düster und dumpf. Doch ihre großen Momente und Figuren erscheinen auf entscheidende Weise lebensnäher als das angstblinde Christentum, selbst in den idealtypischen Formen. Auch in der Antike finden wir

Glaubensbilder, die eine hässliche Ausgeliefertheit des Menschen an die Götter offenbaren. Aber diese Götter sind dann doch anders, sie haben nichts oder sehr wenig mit einem allmächtigen Gott, mit Christus und seiner Heiligeneskorte gemein, sie sind Götter mit sehr menschlichen Eigenschaften. Das aber hat »die Alten« zu einer Weltbetrachtung geführt, die dem Menschen als real existierendem Fakt eine ganz zentrale Position gegenüber dem großen Ganzen einräumt. Und ebendies wird in der Renaissance bewusst. Man staunt, und dieses Staunen hält an. Wird Gott dabei vergessen? Nein. Aber der Mensch tritt hinzu, und was der Mensch mittels sinnlich-rationaler Wahrnehmung entdeckt, betrachtet und erklärt, wird nun immer wesentlicher. Wenn man die Renaissance auf ein einziges Wesensmerkmal reduzieren will, dann ist es die Neugierde. Und über die Antike entdeckt die Neugierde eine metaphysische Größenordnung, die fast häretisch anmutet. Die Klassik, nichts anderes als die Fortsetzung der Renaissance mit anderen Mitteln, erinnert später an diese Größenordnung, da der Mensch als erkundendes Wesen Gott mehr und mehr ähnelt. Friedrich Schillers Idealismus bringt das Göttliche und Menschliche zusammen – gegründet auf diese verlorene, immer noch lebendige Antike: »Da die Götter menschlicher noch waren, waren Menschen göttlicher.« Das hätten viele Renaissancehäupter unterschrieben. Zumindest die Vermutung, es könne so gewesen sein, treibt sie um. Zu lange hat die mittelalterliche Scholastik die Antike tot, zumindest halbtot gehalten, jetzt soll sie wiedererweckt werden. Und so nennt man das »Wiedergeburt«, Renaissance oder Rinascimento, kein sonderlich origineller, aber zutreffender Name.

Auch das Mittelalter kannte natürlich die Antike. Die großen Kirchenväter setzten sich mit ihr seit jeher auseinander – was hat die Renaissance also derart Neues, dass man sie als einen Initialfunken der Neuzeit bezeichnen kann?

Man muss sich hierzu nur Sandro Botticellis Gemälde ›Der Frühling‹ aus den 1480er-Jahren ansehen. Dem Bild fehlt jede christliche Note. Botticelli zeigt hier nicht allein eine appetitliche Allegorie der ersten Jahreszeit, sondern einen Gesamtkosmos aus Natur, menschlicher Kultur und Hinwendung zum Ganzen, mit einem Wort, eine Darstellung der Lust an der ganzheitlichen Vereinigung. Kosmologische Erotik hat das die Kunstgeschichte genannt. Gerade Botticelli weist aber auch auf den wackligen Boden der Tatsachen zurück. Er bleibt mitnichten ein großer Reformator der Kunst, er kehrt um und geht zurück, er schließt sich dem christlichen Hassprediger Savonarola an, der alles Helle, Leichte und Diesseitige verteufelt, und malt dann nur noch Heiligenbilder. Wie Luther scheint sich auch Botticelli nicht aus der mittelalterlichen Schwere, aus einer angstbesetzten Religiosität lösen zu können.

Der sieben Jahre jüngere Leonardo da Vinci ist da freier und weiter. Glaubenszweifel oder die Angst vor einem ungnädigen Herrgott sind ihm fremd. Sein in einem Kreis stehender vitruvianischer Mensch scheint wie am Ende eines langen Tunnels zu stehen, da man, Proportionen hin oder her, nichts als den nackten, der Antike abgeschauten Menschen an sich sieht. Nur verständlich, wenn sich der »Vitruvianer« bis heute als Logo von Krankenkassen wiederfindet, auf Postern und Wandbehängen, auch auf der italienischen Ein-Euro-Münze.

Nicht nur Gott steht im Brennpunkt, sondern auch der Mensch. Nicht nur Gott ist ein großer Erfinder, sondern auch der Mensch. Leonardo ist dafür der beste Beweis, ein visionärer Planer und Konstrukteur von Flugzeugen, Fallschirmen, Maschinengewehren, selbst von U-Booten. Er beschäftigte sich mit Thermik, Akustik, Mechanik, Optik und Hydraulik. Er ist vor allem neugierig. Alles, was in irgendeiner Form beweglich oder dynamisch ist, interessiert ihn. Und genau dieses

Interesse, diese Neugierde macht ihn nicht nur zu einem Visionär des Menschenmöglichen, sondern auch des ungebundenen, unbegleiteten Menschen. Die Antike hat darin keinen Widerpart zum Göttlichen gesehen. Deren Götter sind hinsichtlich Mentalität und Charakter auch nur Menschen. Man errichtet ihnen Tempel und Standbilder, sie verfügen über märchenhafte Techniken, können fliegen, Blitze schleudern, Meere ansteigen lassen, sich unsichtbar machen oder verwandeln. Sonst aber sind sie großzügig wie kleinlich, aufrichtig oder verlogen, mutig und feige. Sie führen das ganze Theater menschlicher Eigenheiten auf. Das ist, verglichen mit dem Christentum, einer gewissen Abstraktionsunfähigkeit und geistigen Naivität geschuldet, aber nach den spitzfindigen Abstraktionen scholastischer Stubengelehrter ist die Entdeckung dieser antiken Gottheiten eine Entschlüsselung der individuellen Menschennatur, und das nimmt sich aus wie eine Offenbarung. Denn was macht der antike Mensch mit seinem Glauben? Er blickt sich mit seinen Göttern selbst an, er schafft sich so sein eigenes Sanktuarium. Das entdeckt und feiert die Renaissance. Das Mittelalter hatte Aristoteles und etwas Platon gelesen, abgeschrieben und interpretiert, aber auf glaubensorientierte Verwendbarkeit eingeschränkt. Der Mensch an sich war da kein Thema. Nun wandelt sich einiges, der Mensch muss neu überlegen und kommt zu dem Schluss, dass es mit der alten, dumpf brütenden Angst vor Gott ein Ende haben muss. Anders lassen sich die neuen Herausforderungen nicht bewältigen. Er entdeckt zu viel, das Geld, die Zeit, und mit der Uhr den Zeitmangel, den Buchdruck, das Schießpulver, er findet neue Kontinente, neue Handels- und Seewege. Die Welt ist in so großem Wandel, dass der Mensch nicht mehr ängstlich hoffend nach oben oder schaudernd nach unten in den gräulichen Höllenschlund blicken kann. Er wird zum faustischen Naturell. Dafür sind die Renaissance-päpste ein beredtes Beispiel. Sie zeigen die Kraft des eigenen und nicht mehr des göttlichen Willens. Auch wenn der Petersdom zur Ehre Gottes errichtet sein soll, er verherrlicht vor allem die faustische Leistungsfähigkeit und Eigenwilligkeit des Menschen. Jesus, der im Viehstall Geborene, würde sich als irdisches Zuhause sicherlich keinen Petersdom, diesen babylonischen Kolossalbau, sondern viel eher eine kleine Autobahnkapelle aussuchen. Aber das ist ein anderes Thema.

Es sind ja nicht die Päpste, Kardinäle, Bischöfe und Pfarrer allein, die sich neumenschlich verhalten, es sind auch die zu Wohlstand gekommenen Weltlichen. Deren Leitfaden liegt im praktischen Handeln mittels der Ratio. Genau deshalb versteht Luthers Vater den Weggang seines Sohnes ins Kloster nicht. Es entstehen die Begriffe des Geldhandels, die uns bis heute begleiten: Konto, Girokonto, Disagio, Kredit, Skonto usw. Vom Tisch der Geldwechsler, der *banca*, leitet sich der Begriff Bank ab. Als Zeichen der Zahlungsunfähigkeit eines Wechslers wurde dieser Wechseltisch zerstört; der zerbrochene Tisch, »Banca rotta«, gab dem Bankrott seinen Namen. Auf den Geschäftsbüchern eines toskanischen Kaufmanns (Francesco Datini) steht der Wahlspruch: »Im Namen Gottes und des Geschäfts.« Auch ein Merkmal der neuen Zeit.

Im Namen eines klaren, der vorurteilslosen Neugierde geschuldeten Erkenntniswillens bläst die Gelehrtenwelt den Staub von den antiken Buchdeckeln, und liest neu, nämlich vorurteilslos, was da eigentlich besprochen wird: der Mensch und sein aus Vernunft und Wissen geschöpftes Weltbild. Papst Pius II., alias Enea Silvio Piccolomini, ein aufgeklärter Gelehrter, der auch Erotisches verfasst hat, ist der Meinung, dass die Wissenschaft, welche bewirke, dass der Unterrichtete über dem Ununterrichteten stehe, den Ersteren gottähnlich mache. Da ist er, der neue Mensch. Der allgemeine, heute schwammig anmutende Begriff dazu heißt Humanismus, kaum im Sinne von Menschlichkeit, viel eher im Sinne von »Mensch im Zentrum«. Der mag sein, wie er will, letztlich macht er sich mehr denn je die Erde untertan, er beginnt Erde und Kosmos zu vermessen, er hat sich Gott gegenüber zumindest insofern emanzipiert, als er neben Gott stehend, sozusagen auf Augenhöhe, seinen eigenen Willen und seine eigene Moral und Unmoral hat. So gesehen kommt das »neue« antike Schrifttum gerade recht.

Das verdanken wir unter anderem den Türken. Sie eroberten 1453 die Christenhochburg Byzanz, das ehemalige Ostrom. Viele Gelehrte flüchteten nach Italien, im Gepäck noch unbekannte Manuskripte und Kopien antiker Schriften. Man liest und atmet auf: diese Freiheit!

Die Reformation wird sich gegen diese Freiheit wenden. Luthers Mensch ist nicht frei. Er ist von Gott gelenkt und von Gott bestimmt, nicht aus sich, aus eigenem Können und eigener Moral. Moral ist Luther egal, unbedingter Glaube – darum geht es. Gott hat alles fest im Griff, der Mensch ist ein Nichts – eine Rückkehr zum trüben, gotischen Mittelalter.

Die egozentrischen Renaissance-Päpste hätten darüber den Kopf geschüttelt. Sie verstehen und inszenieren sich als absolut frei, als »absolutistisch«. Mit ihnen verblassen die Konturen des mittelalterlichen Menschen, der neue soll ein am eigenen Schopf sich hochziehendes, selbstvertrauendes Wesen sein. Ein Ausgangspunkt dafür ist die von Cosimo de Medici gestiftete »Platonische Akademie« in Florenz. Kein Gebäude, sondern ein Gesprächszirkel, wie ihn die Antike kannte, ein Debattierklub. Hier werden die aus der Scholastik stammenden freien Künste gelehrt und reformiert, die »artes liberales«. Man hat neue Schwerpunkte: Die alten Sprachen sollen ordentlich beherrscht werden, vor allem Griechisch, aber auch Hebräisch. Diese Studium hat schon lange einen Namen: »studia humanitates«. Die Lehrer und Studenten nannte man

»Humanisten«. In Italien und sukzessive im restlichen Europa beginnt, auch innerhalb der Kirche, ein Prozess, der die tradierte Bildungskultur als falsch verschraubt und formalisiert empfindet. Man entdeckt nicht nur neue Länder und Wissensgebiete, nicht nur Platon und Aristoteles neu, sondern darüber hinaus die Kunst der Griechen, ihre Poesie und Geschichtsschreibung und darin diesen Menschen und seine Losgelöstheit aus der alten Oberaufsicht. Als Luther Rom besucht, rutscht er auf Knien, inbrünstig betend, die 28 Stufen des Laterans hoch, der tiefgläubige Mönch hat keine Antenne für das Neue, er will sie nicht sehen, die Zeit Leonardos, Michelangelos und Raffaels. Er nimmt nicht mal die Sittenlosigkeit der Christenhauptstadt Rom wahr, obwohl sie sich an jeder Straßenecke zeigt. Später will er sie erkannt haben, aber wahrscheinlich hat er damals vor der Wirklichkeit seine gläubigen Augen fest verschlossen. Zwischen ihm und dem gleichaltrigen Raffael könnte der Unterschied nicht größer sein. Schon äußerlich steht Raffael als Typ des femininen Feinschmeckers dem knochigen, ausgezehrten Luther entgegen. Raffael ist jung, reich und vornehm, meist von einem Trupp Bewunderer umgeben. Wenn er den Papst trifft, hat er zuweilen eine seiner zahllosen Geliebten bei sich. Er und seine Helfer sollen des Papstes Gemächer mit neuen Fresken ausschmücken. Unter anderem das Unterschriftenzimmer, die Stanza della Segnatura. Ein Fresko, ›Die Schule von Athen‹, zeigt knapp 60 Geistesgrößen mit den Zentralfiguren Platon (ein Abbild Leonardos) und Aristoteles und rundherum das Gestirn einer großartigen, meist vorchristlichen Nachdenklichkeit: der Lehrer der Gelassenheit Zenon, der lebensfrohe Epikur, der Urvater Sokrates, der Alles-fließt-Einheitsverkünder Heraklit (ein Abbild Michelangelos), der Aussteiger Diogenes, der Mathematiker Pythagoras, der opportunistische Feldherr Alkibiades, selbst der islamische Gelehrte Averroes ist darunter und versteckt rechts hinten Raffael selbst. Eine über die Jahrhunderte führende Dokumentation der Superhirne. Eine Figur daraus verwendet heute, dunkel verfremdet, die Hard-Rock-Formation »Guns N' Roses« als Tonträgercover: den eifrig notierenden Schüler.

In Florenz tagt 1439 ein Konzil anlässlich der Bedrohung von Byzanz durch die bereits weit nach Europa vorgedrungenen Türken. Es geht auch um die Überwindung des oströmischen Schismas, mit dem Ziel, die beiden christlichen Lager wieder zu vereinigen. Hier lernt Cosimo Medici den ausgewanderten Griechen Georgios Gemistos, alias Plethon (1360?–1452) kennen. Der hat sich lange in Adrianopel, in unmittelbarer Nähe zum osmanischen Hof aufgehalten. Jetzt ist er als Delegationsmitglied der byzantinischen Ostkirche dabei. Der Medici ist von dem charismatischen Gelehrten beeindruckt – auch wenn keiner die Sprache des anderen spricht. Plethon bezeichnet den islamischen wie den christlichen Staat als historischen Irrweg. Die Zukunft gehöre einem die klassische Antike wiederbelebenden Staat, der sich unter anderem an platonische Prinzipien mit Zeus als oberstem Gott halten solle. Er befürwortet darüber hinaus die freie Selbsttötung, macht sich Gedanken zur Urreligion, die er als einzig unverfälschte ansieht. Er hat mächtige Gegner und bleibt doch unbehelligt. Vielleicht, weil die meisten seiner Schüler seine Thesen nicht teilen.

Etwa Basilius Bessarion (1403–1472), ebenfalls auf dem Konzil. Er hält am christlichen Gott fest, zeigt sich aber als weltlicher Forschergeist, bewandert in Mathematik, Astronomie, Geschichte, Rhetorik und Poesie. Er sammelt griechische Handschriften und überträgt sie ins Lateinische. Der Übersetzer ist auf einem Bild des Malers Vittore Carpaccio (in der Scuola di San Giorgio in Venedig) dargestellt, ein Gelehrter mit wachen Gesichtszügen, den leicht entrückten, nachdenklichen Blick hinaus gerichtet ins Licht, Licht des Heiligen Hieronymus, des Schutzpatrons der Übersetzer. Die helle und offene Studierstube ist keine enge Mönchszelle des Mittelalters mehr. Es gibt zwar im Hintergrund einen Altar, vorn frei im Raum sitzend einen kleinen weißen Hund als Symbol der Glaubenstreue, aber auch als treuer Alltagsbegleiter. Ein Regal mit handgeschriebenen Folianten, auf dem Gesims antike Statuetten, neben Büchern wissenschaftliche Instrumente, vor allem eine damals häufig dargestellte Armillarsphäre, das Messinstrument des Universums: Symbole der ausgreifenden Wissenschaft. Das Bild ist immer noch eine Heiligendarstellung, es mag noch kein Beweis für eine Veränderung der historischen Realität sein, sehr wohl aber ein Reflex auf den allgemeinen (Sinnes-)Wandel. Wie anders hingegen Luthers Schreibstube auf der Wartburg, nichts von Bessarions hinausweisenden Requisiten, sondern ein roh gezimmerter Verschlag, der so gut wie gar nichts »Schönes« aufweist. Eng und ungelüftet, eine sichtbar gewordene Unbehaustheit – kein Wunder, dass der Bibelübersetzer erzählte, hier sei ihm der Teufel erschienen –, Hinweis auf Luthers (auch weltanschauliche) Gefangenschaft.

Auf dem Konzil von Florenz geht es vor allem um die Überwindung des morgenländischen Schismas. Bessarion begleitet den Kaiser von Ostrom, beide hegen die Hoffnung auf eine Abwehr der Türken mithilfe Roms. Und Rom zeigt sich aufgeschlossen. Die Betonköpfe in Konstantinopel aber sind gegen westliche Hilfe, sie fürchten ihre Vereinnahmung durch den Papst – und nehmen damit die Eroberung ihrer Stadt in Kauf.

Bessarion – mittlerweile italienischer Kardinal – macht sich als Förderer von Kunst und Wissenschaft verdient, sammelt griechische Handschriften und wird durch Übersetzungen und zahlreiche Schriften ein Vermittler griechischer Gelehrsamkeit, insbesondere der noch wenig bekannten platonischen Philosophie, die aus dem sinnlich Erfahrbaren hinaus ins Göttliche verweist und eine Befruchtung des christlichen Glaubens verspricht. Vier Jahre vor seinem Tod vermacht Bessarion über 700 vor allem griechische Handschriftenbände der Republik Venedig.

Ein anderer Anhänger Plethons ist Marsilio Ficino (1433–1499), eine Zentralfigur in Cosimo Medicis virtueller Akademie, ein vielseitiger Geist. So hat er zum Beispiel Gesundheitsratgeber geschrieben, einen extra für offenbar ungesund lebende Gelehrte. In seiner ›Platonischen Theologie‹ zeigt er eine christliche und antike Gottbetrachtung. »Ad fontes«, zurück zu den Quellen, heißt es allenthalben, nicht nur bei Ficino. Die Bibel wird neu entdeckt. Bislang hat sich der normale Gläubige an das Schrifttum der Kirche gehalten, an religiöse Kompendien, Ratgeber und Erbauungstexte. Die Heilige Schrift, wie sie heute ein christlicher Haushalt kennt, war vergessen. Auch hier also »ad fontes«. Das biblische Latein stellt sich im Vergleich zu den neu verfügbaren Texten als fehlerhaft heraus. Angesehene, auch von der Kurie berufene Gelehrte unterscheiden anhand verschiedener Editionen das Original von der Bearbeitung oder gar Fälschung. Und das Altgriechische will weiter gelernt und erforscht werden. Bereits zum Ende des 14. Jahrhunderts wurde es in Florenz studiert, nicht erst nach dem Fall Konstantinopels 1453. Auch hier gehen Luther und die seinen einen längst beschrittenen Weg. Luthers Liebling Paulus ist von Ficino sehr modern unter die Lupe genommen worden. Er hat historisch und psychologisch in dessen Briefe hineingeschaut, ohne auf einen Konflikt mit der Kirche zu spekulieren. Sieht Luther in Paulus das reine Sprachrohr Gottes, relativiert Ficino ihn als Menschen, der aus seinem Kontext heraus zu verstehen sei. Ficinos Platonübersetzungen sollen der Gelehrtenwelt als Handreichungen und Diskussionsgrundlage dienen. Es geht auch um Gelehrtenhickhack, wer nun »christlicher« gedacht habe, Aristoteles oder Platon, in erster Linie aber um möglichst saubere Denkarbeit. Ficino ist Wissenschaftler, sein Rationalismus hat wenig mit Kirchenpolitik zu tun – ein Vorläufer des Erasmus von Rotterdam, der das neue Denken und den alten Glauben zu einer vernünftigen Kongruenz führen will.

Luther wird später jede Annäherung an die beiden großen Griechen verteufeln, so wie er auch Erasmus selbstgewiss bis zur Borniertheit zurückweist. In diesem Sinne ist es bezeichnend, dass es ein Reformator ist, der Fundamentalist Savonarola, der Ficinos undogmatisches Weltbild bedroht, nicht die Kirche, die sich bis zu Luther durchaus freidenkend verhält, hat sie doch zum Beispiel mit dem aufkommenden Heliozentrismus zumindest anfangs keine Annäherungsprobleme.

Ficinos Freund, der jung verstorbene, sehr gläubige Philosoph Giovanni Pico della Mirandola (1463–1494) geht den gleichen Weg der Neugierde, er lernt Arabisch und als einer der Ersten seines Schlages Hebräisch und Aramäisch, um die alten Quellen für den Glauben zu erforschen. In Rom will der erschreckend gebildete junge Mann auf einem Kirchenkongress seine Philosophie mit dem Ziel erläutern, alle bisherigen Erkenntnisse unter dem Dach des Christentums zu vereinen. Was schwebt ihm vor? Er will das gesamte Wissen seiner Zeit harmonisieren, die *concordia mundi*, die Übereinstimmung der Welt, beweisen. Gottes Schöpfung kann nicht anders als harmonisch und *in tutti*, mit allem, verzahnt sein. Theologie, alle Wissenschaft, selbst die Kabbala, der Koran, Naturmagie und Zahlenmystik – alles gehört zusammen und ist eins. Das will er in Rom als weltumspannende Ökumene vortragen. Er hat die wichtigen Fachleute eingeladen, ihre Anreise gedenkt der Wohlhabende selbst zu bezahlen. Die kurialen Theoretiker sind argwöhnisch, sie fürchten um ihren Einfluss. Schnell fällt das Wort Ketzerei. Mirandola aber setzt gleich 900 Thesen dagegen. Leicht und schnell fließen sie dem Hochbegabten aus der Feder. Ketzerei? Unmöglich! Schließlich könne jeder Mensch nicht anders als unvollkommen über Gott urteilen. Papst Innozenz VIII. ist die Sache ungemütlich geworden, er lässt alle Thesen verurteilen und Mirandolas Eine-Welt-Kongress abblasen, ja, er droht mit dem Bann. Pico flieht nach Paris, wird festgenommen, kommt unter den besonderen Schutz des französischen Königs, der ihn nach Florenz ausreisen lässt. Pico, der »Fürst der Eintracht«, ist so bekannt, dass ihn der Medici als Zierde seiner Akademie bereitwillig aufnimmt. Der neue Borgia-Papst Alexander VI. rehabilitiert den Querdenker. Mit 31 Jahren stirbt Pico an einem Fieber. Er hat sich, ähnlich wie Erasmus, keiner Strömung angeschlossen, er traut dem Humanismus nicht, der ist ihm zu modisch, zu einer literarischen Stilübung verkommen. Ein Humanist ist er gleichwohl – unvergesslich in seiner großen Rede ›Über die Würde des Menschen‹, »eines der edelsten Vermächtnisse der Kulturepoche«, wie Jacob Burckhardt später urteilte. Sie beginnt mit dem wegweisenden, der Antike entnommenen Wort: »Ein großes Wunder ist der Mensch«, eine singuläre Erscheinung auf der Welt. Weder göttlich noch irdisch muss er per Gottes Zuweisung auf dem ganzen Erdenkreis ein freies Wesen sein. Frei sein heißt, nur bedingt irdisch sein. Jedes andere Wesen, jede Pflanze und jedes Tier hat von Gott einen bestimmten irdischen, also unfreien Existenzkreis zugesprochen bekommen, aus dem es kein Entweichen gibt. Nur der Mensch ist imstande, sich überallhin zu wenden, weil er reflektiert und seine Erfahrungshorizonte Schritt für Schritt hinaus verlagert. Oder auch nicht. Er kann zum Tier entarten oder pflanzenartig vegetieren oder aber kraft seiner Reflexion so weit hinaufsteigen, dass er engelsgleich wird. Wie ein Chamäleon passt er sich, so er möchte, auch Gottes Größe an. Das ist aber seine eigene Entscheidung. Und diese Freiheit verleiht ihm eine unkündbare Würde.

Nach Picos Tod verdüstert sich der Himmel über Florenz. Savonarola jagt den Mentor Medici aus der Stadt, dessen Akademie droht das Ende. Wie später Luther hat Savonarola nur Verachtung übrig für intellektuelle »Spekulationen«. Die Debattierkultur der Akademie fällt zusammen, zumindest die öffentliche. Erst nach Savonarolas Hinrichtung 1498 treten die Gelehrten wieder ans Tageslicht – freilich ohne Mirandola. Und bald auch ohne dessen Freund Ficino, der ein Jahr nach Savonarola friedlich stirbt.

Deutsche Wegweiser

Die neuen Gedanken streuen weit hinaus. Genau betrachtet, ist es nicht die Antike, die ein neues Menschenbild vorlegt, sondern umgekehrt: Der neue Mensch wandelt sich und entdeckt seine Ähnlichkeit mit jenem der Antike. Auch in Deutschland erhebt sich ein unübersichtlicher Ameisenhaufen nachdenklichen Treibens. Der Bischof von Worms beruft den Niederländer Rudolf Agricola (1444?–1485) nach Heidelberg. Die beiden kennen sich vom Studium in Italien. Was er in acht Jahren den Humanisten in Florenz und Ferrara abgeschaut hat, bringt Agricola nach Deutschland. Neben den neuen Ideen, die der glänzende Redner seinen Studenten und Geisteskollegen vorträgt, vermittelt er auch ein neues Lebensgefühl, wie es Petrarca in seiner Lyrik darstellt. Agricola selbst schreibt auch Gedichte und eine Abhandlung zur Logik. Weite Teile der aus der Scholastik sich lösenden Lehrprogramme gehen auf seinen Einfluss zurück. Als leidenschaftlicher Orgelspieler hat er Verbindung zu dem Komponisten Jacob Barbireau. Ein Brief an diesen erfreut sich (unter dem Titel ›De formando studio‹) großer Wertschätzung und gilt als erste pädagogische Schrift des deutschen Humanismus, auf den sich Jahrzehnte später der ebenfalls erzieherisch denkende Philipp Melanchthon berufen wird.

Der vornehme, in seiner Lebensführung weltmännische Johannes Reuchlin (1455–1522), Großonkel Melanchthons, von Haus aus Diplomat und Emissär an den großen Höfen, hat viel gesehen, und macht sich, von Agricola beeinflusst, seine Gedanken. Auch er steht den Mirandola-Ideen einer universellen Synthese der Religionen und Philosophien nahe. Er hat sich als Pensionär auf humanistische Studien verlegt, er kennt den Diskussionsstand der europäischen Geisteselite, sieht einige Defizite und wendet sich dem Hebräischen zu, das in Deutschland – außer den Juden – niemand kennt. Sein »Fehler«: eine weitgehend entdämonisierte Auslegung der jüdischen Kabbala. Der Heilige Stuhl bekundet Interesse, in Deutschland aber gerät er in inquisitorische Schwierigkeit. Vor allem Kölner Dominikaner beschuldigen ihn der Ketzerei, er könne gar kein Hebräisch, er sei nur von Juden bestochen. (Der Vorwurf wird viel später Lessing wegen seines »Nathan« auch gemacht.) Letztlich kommt Reuchlin mit einem blauen Auge davon, doch in der Folge zieht er sich aus der öffentlichen Debatte konsterniert zurück und stirbt bald darauf. Auch er hat nicht konfliktorientiert, sondern neugierig gedacht. War er ein Freund der Juden? Kaum. Wie alle Humanisten rät er – wenn auch gelassen – zu ihrer religiösen Umschulung.

Die anonym veröffentlichten und von Ulrich von Hutten mitverfassten ›Dunkelmännerbriefe‹ sind eine populäre Spottschrift auf die Kölner Dominikaner, die den arglosen Reuchlin schon deswegen bedrohen, weil er statt der geheiligten lateinischen Bibelübersetzung das hebräische Original konsultiert. Die Briefe gegen die dunklen Dominikanermänner sind so interessant, weil sie nicht nur die pharisäerhafte Selbstgewissheit einer herrschenden Mönchskaste zum Ausdruck bringen, sondern darüber hinaus Einblicke in ihre Alltagskultur erlauben, eine an Boccaccio erinnernde Unanständigkeit, eine teilnahmslose, scheinfromme Verschlagenheit. Zugegeben: Hier werden die übertriebenen Inhalte einer Spottschrift herangezogen. Sie lassen sich indes gut belegen. Zu häufig sorgt die Lebensführung des Durchschnittsgeistlichen nicht nur für Spott, sondern auch für Verachtung, Wut und Protest. Ganz ungezwungen besprechen die dunklen Ordensmänner die Dinge des täglichen Wohlergehens, sie trinken und essen gut, sie schlafen lange und nicht immer allein, sie kennen die passenden Spruchweisheiten Salomos: Nutze das Leben mit deinem Weibe, solange das vergängliche Leben noch währt. Oder: Wenn zwei beisammen liegen, wärmen sie einander, wie kann ein Einzelner warm werden? Ein Dominikaner springt nackt aus dem Fenster, um seine Haut vor dem gehörnten Gatten zu retten. Und so weiter. Auch der Ablass wird höhnisch besprochen, die ganze Malaise kirchlicher Schacherei. Die Mönche schenken ihr kein Quantum angebrachter Nachdenklichkeit. Und gemessen an dem fantastisch schlechten Latein der Mönche könnte der Unterschied zur neuen Generation und ihrem Erkenntnishunger nicht größer sein.

Es gereicht Luther zur Ehre, dass er, als Gutachter in der Causa Reuchlin bestellt, keine Verfehlungen des Humanisten erkennen kann, im Gegenteil: Die verteufelten Hebräischkenntnisse seien für die Auslegung und Übersetzung der Bibel dringend vonnöten.

Reuchlin ist vom Kaiser zum Dichter gekrönt worden, er wird auch seiner humanistischen Verdienste wegen geadelt. Die Ehrungen, einhergehend mit einer sich ausbreitenden

Mäzenatenkultur, sind keiner selbstlosen Wertschätzung geschuldet, die humanistischen Denker und Künstler dienen nicht nur dem Prestigebedürfnis der Mächtigen, sie sind auch, ganz praktisch, als Fachleute gefragt, vor allem soll der Anfang einer Bildungsreform gemacht werden. In Wien gründet der Lyriker Konrad Celtis (1459–1508) mit Zustimmung des Kaisers ein der Florentiner Akademie nahestehendes »Collegium Poetarum«. Celtis gilt als Horaz der Deutschen. Er hat neben politisch korrekter Kirchenlyrik, seinem antiken Vorbild ähnlich, Amouröses und Schlüpfriges in Verse gefasst. Er gab als Erster die ›Germania‹ des Tacitus heraus. Das ist insofern bemerkenswert, als die Geschichtsschreibung noch arg darniederliegt. Nun kommt sie in Gang. 1505 veröffentlichte Jacob Wimpfeling in lateinischer Sprache eine erste deutsche Geschichte. Beatus Rhenanus folgt ihm 1531 mit seinen ›Rerum Germanicarum libri tres‹. Noch zaghaft entwickelt sich ein Bewusstsein für das gesamte Deutschland, das noch lange ein zerstückeltes Territorium bleibt, wo »teutsch« oder »deudsch« gesprochen wird.

Es sind einige Herrscherfiguren, die zunächst mit ihren Familiengeschichten die Landesgeschichte voranbringen. Aventin hat einige Chroniken bayerischer Landesgeschichte geschrieben. Cuspinian hat für den Kaiser seine ›Austria‹ verfasst, eine Geschichte der Habsburger. In den ›Cäsares‹ unternimmt er den propagandistischen Versuch, die Habsburger in eine heroische, bis zu Julius Cäsar zurückreichende Ahnenreihe zu stellen.

Es geht auch realer, praktischer zu. Der Mensch ist nun auch das Objekt der sich wandelnden Bildungseinrichtungen. Die Kirche bleibt zwar der Bildungsstifter Nummer eins, doch werden Lesen und Schreiben eine bürgerliche, auch in städtischen Schulen vermittelte Fertigkeit. Handwerker, Händler, Beamte etc. werden mehr und mehr fürs Leben ausgebildet und nicht mehr für den Glauben. Diese Laienbildung geschieht im Interesse der Fürsten. Beim Ausbau ihrer Verwaltungsapparate benötigen sie nun verstärkt nichtkirchliche Beamte. Diese kommen überwiegend aus dem städtischen Bürgertum. Ein (Kultur-)Kampf um die Schule setzt ein, um die Laienausbildung – notwendigerweise: Der Handel und damit das Unternehmertum nehmen zu, der Mittelstand, Zünfte, Gilden und Verbände, gleich welcher Art, werden zum Adrenalin der Wirtschaft und des Geldverkehrs. Nüchternes Kalkulieren ist schon der Hauptgrund für den Aufstieg der Hanse gewesen oder der Geldmetropolen wie Florenz, Paris und Augsburg. Der Fernhandelskaufmann ist, entwicklungsgeschichtlich betrachtet, der Erste, der lesen, schreiben und rechnen kann – und können muss.

Die ersten gedruckten, also erschwinglichen Lehrbücher kommen auf den Markt. Die Zahl der Schulabsolventen steigt. Gab es um 1400 etwa 2000 Studenten in Deutschland, sind es 100 Jahre später 20 000. Alles noch kirchlich imprägniert, die Neugründung einer Universität bedarf der päpstlichen Zustimmung, und die Kirche trägt immer noch die Hauptlast der Finanzierung, etwa mittels Umwidmungen kirchlicher Stiftungen. Aber der Wandel ist da. Die Landesfürsten wollen ihre eigenen qualifizierten Berater. Die Theologie ist noch die Königsdisziplin, doch haben die juristischen Fakultäten den stärksten Zulauf, wo man sich peu à peu vom Kirchenrecht aufs weltliche Recht konzentriert.

Auch innerkirchlich ist der Einfluss des Humanismus vor und während Luthers Lebzeiten nicht mehr zu übersehen. Vom Bischof bis hinunter zum Abt werden humanistische Studien betrieben, humanistische Kameradschaften gegründet. In Basel bereinigt ein Theologe (Heynlin vom Stein, ein Lehrer Reuchlins) die Bücher der antiken Kirchenväter und Philosophen von alten Fehlern. Ein Deutschordenspriester

(Johannes Böhm) verfasst volkskundliche Schriften über die deutschen Stämme und über die Völker Afrikas, Asiens und Europas. Im westfälischen Münster wird die Domschule im Jahr 1500 nach neuen Lehrplänen umgestaltet. Das Kloster St. Ulrich in Augsburg hat eine Druckerei für humanistische Schriften eingerichtet. Es beschäftigt den Benediktiner und Humanisten Veit Bild, der sich im Austausch mit Reuchlin das Hebräische beibringt. Der Augsburger Stadtsyndikus Peutinger, Berater der Kaiser Maximilian I. und Karl V., pflegt reiche Kontakte zu anderen Humanisten und wird trotz seines Austauschs mit Protestanten vom dortigen Bischof gefördert. Der Hamburger Domherr Albert Kran schreibt Kirchengeschichtliches über Skandinavien, Niedersachsen, Bremen und Hamburg. Der Bischof von Basel holt humanistische Gelehrte zu sich. Der Bischof von Worms gründet mit Konrad Celtis die »Rheinische Gesellschaft« der Humanisten. Der Bischof von Wien ist Oberhaupt der humanistischen »Donaugesellschaft«. Der Benediktiner-Abt Johannes Trithemius (1462–1516), Verfasser historischer Werke und Reformer seines Ordens, vergrößert die Bibliothek des Klosters Sponheim von 48 auf mehr als 2000 Bände – damals vielleicht die größte Bibliothek Deutschlands. Viele der führenden Humanisten vertiefen sich in die reichhaltigen Bestände. Reuchlin bewegt das zu der Aussage, dort redeten nicht bloß Abt und Mönche, sondern auch Hunde und Steine griechisch.

Der in Deutschland geborene und in den Niederlanden lernende Konrad Mutian alias Mutianus Rufus (1470–1526), ein Schulkollege des Erasmus, geht nach Italien, wo er Ficino und Mirandola kennenlernt. In seinem regen Briefwechsel zeigt er ganz unterschiedliche Interessen: antike Philosophie, Mythologie, Jüdisches und Christliches, ob Zeus, Moses oder Christus – alle sind legitime Teilaspekte einer allgemeinen göttlichen Weisheit. Luthers schmale, allein aus der

Schrift deduzierte Frömmigkeit mag ihm da zu weit weg von den Bedürfnissen eines suchenden Menschen erschienen sein.

Der Erasmus-Übersetzer, Sprichwortsammler und gelehrte Freigeist Sebastian Franck (1499–1543?) verfasst für die neue Generation der Wissbegierigen Titel wie: ›Chronika und Beschreibung der Türkei aus der Hand eines 22 Jahre in türkischer Gefangenschaft gewesenen Siebenbürgers‹; oder: ›Weltbuch – Spiegel und Bildnis des ganzen Erdbodens‹; oder: ›Chronica des ganzen Deutschen Landes, aller deutschen Völker Herkunft …‹; oder ›Das Kriegsbüchlein des Friedens wider den Krieg‹. Und nicht zuletzt: ›Von dem gräulichen Laster der Trunkenheit‹. Franck ist Schriftsteller, Gelehrter, Verleger und Drucker. Am bemerkenswertesten ist der Wechsel seiner Lebenskonzepte. Er wechselt sie vor allem aus Abneigung gegen jede dogmatische Lehre. Als Priester konvertiert er zum evangelischen Glauben. Und löst sich wieder. Frei und selbstbewusst heißt es in seinem Lied ›Von vier zwieträchtigen Kirchen, deren jede die anderen verhasset und verdammet‹: »Ich will und mag nicht päpstlich sein, ich will und mag nicht lutherisch sein. Ich will und mag nicht zwinglisch sein. Kein Wiedertäufer will ich sein.« Er hat auch eine ganz eigene Theologie, eine Moraltheologie: Es geht nicht ums Kreuz, sondern um die Nachahmung Christi. Heute noch wahr und aktuell. Das kann man auch jedem Pfarrer, Kirchenvorsteher oder Laienprediger unserer Tage noch zurufen, wenn man sich die vom Kreuz beherrschten Altarräume unserer Kirchen ansieht. Und Gott selbst? Der ist, im Sinne Mirandolas, unfassbar, undefinierbar. Was von ihm gesagt wird, ist Schein und Schatten.

Unter all den Neudenkern sticht der bereits mehrfach erwähnte Niederländer Erasmus von Rotterdam (1466?–1536) hervor, er ist nicht nur heute, sondern bereits damals der bekannteste Theoretiker der neuen Weltanschauung. Sein guter Ruf reicht bis Rom, bis hinüber nach Spanien, nach Frankreich und England, überall hat er Anhänger. Stefan Zweig meinte 1934, Selbstständigkeit im Denken war ihm eine Selbstverständlichkeit.

Als Bewunderer der Antike bringt Erasmus das neue Denken auf den Punkt: die Gegenwart im Spiegel der Vergangenheit erhellen; an Leben und Lehre der Alten die Defizite der christlichen Gegenwart bewusst machen, deren Bildungsmangel und Inhumanität im Vergleich mit den »Heiden« erkennen.

Man muss nur eines seiner Bücher zur Hand nehmen, etwa seine reich kommentierte antike Sprichwörtersammlung (›Adagia‹), um zu sehen, wie weit diese Zeit dann doch war, mit ihrer Exaktheit des Denkens und undogmatischen Beurteilungen des allgemeinen Lebens, die uns Heutigen eine immer noch aktuelle wie anregende Freiheit des Denkens zeigen.

Erasmus schätzt bewegliche Menschen, weil sie die Masken derjenigen aufsetzen, mit denen sie es zu tun haben. Mach es wie der Polyp, zitiert er ein antikes Wort, passe dich deiner Umgebung an. Und er erklärt, weltfremde Leute seien oft streng und unbeugsam. Sie verlangten in ihrer aufdringlichen Ahnungslosigkeit, jeder solle sich überall genau an feste Prinzipien halten.

Luther ist ein solcher Prinzipienreiter, er verachtet die maskierte Wendigkeit des Erasmus und wirft ihm Unbeständigkeit vor. Erasmus aber lobt den Wechsel in die Haut des Anderen, weil er damit den Anderen und das Andere verstehen will, ihm geht es sehr wohl um Werte, aber weit mehr um Vielfalt. In Deutschland ist er eine feste Größe, und man sagt ihm nach, er habe das Ei gelegt, das dann Luther ausgebrütet habe. Erasmus wurde als unehelicher Sohn eines Priesters und seiner Haushälterin geboren. Wie Luther trat er in ein Augustinerkloster ein. Wie dieser verließ er es, wird aber als freischaffender Schriftsteller ein Kind der alten Kirche bleiben. Als etwa 30-Jähriger unternimmt er zahlreiche Reisen nach Italien, England und in die Schweiz. Er pflegt eine umfangreiche Korrespondenz mit den wichtigsten Persönlichkeiten des Kontinents. Anfangs schätzt der ausschließlich lateinisch Schreibende den lauten, vielen Zwischentöne abholden Luther. Beide sind von sauberer Geistesbeschaffenheit und den weltlichen Verführungen gegenüber resistent. Erasmus werden gute Posten angeboten, sogar der rote Kardinalshut wird ihm angetragen. Das schmeichelt ihm, aber er belächelt es auch. Seine Welt ist eine andere, die der Unabhängigkeit, und in dieser Unabhängigkeit zählen Mitte und Maß. Bedauerlicherweise werden aber die Zeiten, auch dank Luther, immer maßloser, lassen alle Mitte zum Teufel gehen. Bei all dem hell flackernden Licht des lauteren Humanistenlebens: Die Welt verroht. Korrupte Päpste, brutale Kunstförderer, der Rom in einer Gewaltorgie erstickende Kaiser, selbstherrliche Könige, skrupellose Heerführer, wie die Condottieri Colleoni oder Federico da Montefeltro, sadistische Mönche, wie sie uns der ›Hexenhammer‹ offenbart, fanatische Gelehrte, die in den Juden Kindermörder sehen, große Mäzene, die Medici, Sforza, Borgia – fast alle rücksichtslose, menschenverachtende Figuren –, mit einem Wort: Die Renaissance ist so schön wie brutal. Da hat Erasmus, dieser auch äußerlich feine und zierliche Herr, einen schweren Stand. Vor allem gegen den vierschrötigen Luther, der als Entweder-oder-Naturell kein Mann des Ausgleichs sein will und das Wort immer machtvoller wie maßloser führt. Erasmus bleibt dem Katholizismus aus Überzeugung verbunden. Er will keine Revolution wie Luther, nichts ist ihm fremder und törichter als die Revolution, er will den schrittweisen Wandel. In seinen Äußerungen zur Kirche zeigt er sich mindestens so spitz und verletzend wie Luther, aber er gedenkt mit der Feder zu siegen und nicht, wie Luther, mit der Axt.

Der ist 1521 in Worms vor den Kaiser geladen, es geht ums Ganze, Luther soll widerrufen, des Kaisers Verständnis liegt bei null, Luthers Landesherr Friedrich von Sachsen, dem Kaiser durchaus nahestehend, ist ratlos. Einerseits kann er seinem lauten Mönchlein folgen, andererseits ist ihm dessen Heftigkeit und Unbedingtheit zuwider. Er bittet Erasmus, den hoch Geschätzten, zu einem Gespräch, und so treffen zwei scheue, zurückgezogene Naturen aufeinander. Friedrich der Weise, der Unentschlossene, erhofft sich von Erasmus ein klärendes Wort. Wie Erasmus weiß Friedrich, dass diese Kirche auf den Prüfstand gehört, Luthers Kritik mag berechtigt sein, aber ist er dafür der richtige Mann? Erasmus soll aus dem Dilemma helfen. Der legt sich ungern fest, es gibt eben immer und zu allem Vor- wie Nachteile. Das hält wach, macht klug und führt ins Weltbürgertum. Erasmus verachtet verschworene Parteigänger. Sie sind oder sie werden blind. Dagegen hilft nur eine bessere Bildung, die Vermittlung der guten Wissenschaften, darin läge der Kern des Friedens und der Freiheit, sagt er dem Kurfürsten. Und ringt sich trotz seiner Reserviertheit zu der Feststellung durch: Nicht Luther trage die Schuld an dem Konflikt, sondern die Agitatoren auf beiden Seiten, jene, die den Ablass hysterisch verdammten, wie jene, die wegen jeder Lappalie Ketzerei schrien. Luther müsse vor einem Gremium aus unparteiischen Gutachtern gehört werden. Danach und daraus solle entschieden werden. Die guten Worte kommen zu spät. Die Situation ist zu verfahren. Der Bruch ist unvermeidlich. Zwei Jahre später, 1523, wird in Brüssel der erste Protestant als Ketzer verbrannt, dann folgt der Bauernkrieg. Erasmus verurteilt Luthers flammende Gegnerschaft zu den Aufständischen, Luther schreibt eine Abhandlung über den unfreien Willen, Erasmus über den freien – es wird eine erklärte

Gegnerschaft. Erasmus hat gegen Ignoranz, Aberglauben und die Dummheit angeschrieben und ist gelesen worden, er hat gegen den Krieg angeschrieben und ist gelesen worden, er hat sich Gedanken zur Fürsten- und Kindererziehung, sogar zu Frauenrechten gemacht und ist gelesen worden – und ist dennoch in den Wirren einer sich hysterisierenden Zeit untergegangen. Er hat viel Anerkennung bekommen, aber wenig Einfluss genommen. Sein Credo: Er habe keine Freude an festen Standpunkten. Die Heilige Schrift lasse sich vielseitig auslegen, sie sei mitnichten so eindeutig, wie Luther das laut hinaustrompete. Doch die Fronten verhärten und seine Schriften werden von katholischer Seite verboten, von protestantischer Seite abgelehnt. Er stirbt als ein beinahe Vergessener.

Erasmus hat sich nicht immer seinem Denken entsprechend verhalten. Er schreibt nicht nur unabhängig, sondern zuweilen peinlich devot an Papst Leo X., von dem er doch eigentlich kaum glauben kann, er könne die Übel der Kirche richten. Er hat sich einem Weggefährten gegenüber wenig humanistisch verhalten: dem »Stürmer und Dränger« Ulrich von Hutten (1488–1523), der vielleicht tragischsten Figur dieser Zeit. Gemessen an seiner Tatkraft und seinem schwärmerischen Idealismus bricht sich hier der humanistische Geist am denkwürdigsten die Beine, vor allem wegen Erasmus. Früher standen sich die beiden nahe. Hutten hat in Erfurt und Wittenberg studiert, hat sich maßgeblich und sehr »erasmisch« an den ›Dunkelmännerbriefen‹ beteiligt. Er ist ein Schöngeist, schreibt über die Kunst des lateinischen Verseschmiedens. Sein Ruhm reicht bis Paris. Es hilft ihm nur nichts. Der von Geldnöten Geplagte muss sich in Italien als Landsknecht verdingen. Später kämpft er mit dem Condottiere Franz von Sickingen für einen deutschen Patriotismus und für die Souveränität des Kaisers gegenüber Papst und Adel. Er schreibt gutes Latein und schlechtes Deutsch: »Ich hab's gewagt mit Sinnen, und trag des noch kein Reu. Mag ich nicht dran gewinnen, dennoch muss man spüren Treu.« Das ist nicht sehr elegant, aber voller Idealismus und Hoffnung: »O Jahrhundert! O Wissenschaften!«, ruft er aus. »Welche Freude, jetzt zu leben ...« Er lebt alles andere als freudvoll. Sein Vater hat ihn enterbt, nicht im Streit, sondern wegen seiner schwachen, geradezu armseligen Konstitution. Er predigt Gesundheit und ist schwer krank, er schreibt Sachtexte zur Behandlung der Syphilis, die jetzt erst, vielleicht seit der Entdeckung Amerikas, große Verbreitung findet, und unter der er leidet wie viele andere, auch einige Päpste. Er ist in ganz Europa unterwegs, meist zu Fuß und arm wie ein Bettler. Als begeisterter Anhänger Luthers verteidigt Hutten dessen Reformbestrebungen. Eine Zeit lang ist er ebenso populär wie der Wittenberger, er ist ihm auch in seiner kämpferischen Diktion und seinem unbestechlichen Einzelgängertum ähnlich. Er erlebt und kommentiert als 30-Jähriger den Reichstag zu Augsburg im Oktober 1518, den er als Treffen saufender und fressender Herren in teuren und goldbehangenen Kostümen beschreibt. Die fetten Kleriker sollten endlich arbeiten, schimpft er, sie sollten ihr Auskommen dem Bauern gleich im Schweiße ihres Angesichts erwirtschaften. Und wie Luther geht er gegen Rom an, das auf das schuftende Deutschland herabschaue und es bis zum Geht-nicht-Mehr schröpfe. Er will die Wahrheit, auch wenn ihn seine Gegner mit dem Tod bedrohen. Er kommt auf die Bannliste, die übrigens Luther anführt. Er muss sich verstecken und kommt bei Franz von Sickingen unter. Politisch ist Hutten vielleicht weitsichtiger, zumindest praxisorientierter als Luther, er wirbt für ein breites Herrschafts- und Entscheidungsbündnis aus niederem Adel und den aufstrebenden Städten, an deren Spitze der Kaiser stünde – noch kann sich kein Mensch ein politisches System ohne einen Kaiser oder König vorstellen. Er geht so weit, für die Umsetzung seiner Ziele eigene Soldaten zu rekrutieren, was freilich misslingt, er hat einfach zu wenig Macht und Geld. Er hofft auf des Kaisers Unterstützung, geht nach Brüssel, wo er den in Spanien weilenden Karl vermutet – und wird nicht vorgelassen. Er hat vor, einige Äbte und päpstliche Legaten zu verhaften, die Aktion misslingt gründlich. Einer seiner Knechte wird dafür hingerichtet. Im Herbst 1522 greift Sickingen als Führer der oberrheinischen Ritterschaft den Erzbischof von Trier an, vermutlich um nach einem Sieg selbst ein säkularisiertes Kurfürstentum Trier zu gründen, wird aber von den Gegnern auf seiner Burg Nanstein bei Landstuhl eingeschlossen und bei der Belagerung tödlich verwundet. Sickingens Parteigänger Hutten muss fliehen, kommt nach Basel, wo er sich von Erasmus Hilfe verspricht. Der aber weist ihn zurück. Hutten ist dem Vorkämpfer für Milde, Humanität und Ausgleich wahrscheinlich zu überzeugt, zu fordernd, vielleicht auch zu sehr heruntergekommen. Huldrych Zwingli nimmt sich des von Krankheit und Entbehrung Gezeichneten an. Auf einer kleinen Insel im Zürichsee findet der Todgeweihte Ruhe. Erasmus aber kann sich nicht enthalten, dem Rat von Zürich die Ausweisung des Flüchtlings dringend zu empfehlen. Als Hutten 1523 stirbt, denkt der Reformator Luther noch maßvoll. Keiner solle mit Gewalt und Totschlag fürs Evangelium streiten, wie es Hutten empfohlen und auch getan hat. Mit dem Ausbruch der Bauernkriege 1525 hat Luther sich dann fürs Hauen und Niederstechen der Aufständischen ausgesprochen, jenes Standes, der eigentlich Luthers größte Anhängerschaft hätte werden können.

Volksfrömmigkeit? Glaube, Aberglaube und religiöse Anpassungen

Bei all den Geistesfürsten und ihren humanistischen Höhenflügen – wie sieht es mit dem Durchschnittsmenschen jener Zeit aus?

Zunächst: Jeder neunte Einwohner Deutschlands ist Kleriker. Köln zum Beispiel hat 30 000 Einwohner, knapp 120 Kirchen und Kapellen und 22 Klosteranlagen. Auf ein Gotteshaus kommen mithin 250 Gläubige – die Klöster und ihre Insassen nicht mitgerechnet. Heute hat Berlin knapp eine Million eingetragene Christen und 300 Gottesdienststätten. Auf ein Gotteshaus kommen etwa 3300 Christen. Man kann also getrost von einer religiösen Überschirmung der Lutherzeit sprechen, wie sie heute kaum mehr vorstellbar ist. Not, Ungerechtigkeit, Benachteiligung oder Unterdrückung begleiten den damaligen Menschen, aber religiös verpackt. Kaum ein gesellschaftliches, wirtschaftliches oder gesundheitliches Problem, das nicht durch das Prisma des Glaubens angeschaut wird. Jedes problemorientierte Argument ist religiöser Natur.

Die Analphabetenrate ist hoch, die Leute besuchen die Kirche nicht nur, um zu beichten oder dem Gottesdienst beizuwohnen, sie finden in den zahlreichen bildlichen Bibeldarstellungen auch »Lesestoff«: Die sequenzielle Darstellung, wie sie die Kunstgeschichte spätestens seit der Trajanssäule in Rom und heute im Comic kennt, ist ein Stück gesuchter Ablenkung, die Fort-Bildung des Analphabeten. Mit dieser Kultur vor Augen findet der damalige Mensch aber nicht oder nur langsam zur wirklichen Welt, wie sie der Humanismus sich wünscht. Die damals zugängliche Bilderwelt hat vor allem einen Gegenstand immer im Gepäck: die aus dem Mittelalter herrührende, sehr treffsichere Angst. Sicher nicht unbegründet. Katastrophen aller Art sind ständige Begleiter, aber die Angst ist auch ein antihumanistischer Selbstläufer. Im alltäglichen Aberglauben an Hexen, böse Zauber oder magische Praktiken finden sich zusätzliche angstbesetzte Wahnvorstellungen. Groß ist die Macht der Psychosen, auch Massenpsychosen, klein die normative Kraft des Faktischen. Die Angst ist ein ständiger Begleiter, sie ist Teil der Alltagskultur. Aus Angst geht Luther seinen Weg. Dunkle Prophezeiungen, etwa zum Weltende, finden eine an Gier grenzende Aufnahmebereitschaft. Man lebt nicht nur in Angst, man kultiviert sie, sie ist nicht nur Kern des Glaubens, sondern auch Kern einer allgemeinen Irrationalität. Man sucht nach Rettung und glaubt, sie in Erweckung oder Läuterung zu finden. Wallfahrten sind ein Mittel, zu dem gern gegriffen wird. Das führt so weit, dass selbst die Kirche um Schadensbegrenzung bemüht ist. Es sind Theologen, die beklagen, dass Gläubige, analog zu den Jesusjüngern, ihre Arbeit plötzlich niederlegen und auf Wallfahrt gehen, vor allem, wenn sich die Nachricht eines Wunders verbreitet. Der Wunderglaube ist das Resultat einer aus Angst genährten Hoffnung. Im Jahr 1496 sollen 140 000 Gläubige an einer 14-tägigen Marien-Wallfahrt nach Aachen teilgenommen haben. Knapp 120 000 Pilger sollen um 1520 zur Schönen Maria nach Regensburg gekommen sein, das damals mutmaßlich 12 000 Einwohner zählte.

Man besucht weiterhin die Wallfahrtsklassiker Rom oder Santiago de Compostela. In Venedig, wo die sechs bis acht Wochen dauernden Überfahrten in das ferne Palästina beginnen, gibt es spezialisierte Pilgerherbergen, auch speziell für die Deutschen, es gibt Agenturen, die Kontrakte mit Reedern anbieten. Für viele Pilger endet das religiöse Abenteuer allerdings mit Schiffbruch oder Sklaverei. Mit den hysterisch vorgetragenen Kreuzzugsgelübden gehen blutige Pogrome gegen Juden einher. Mit dem Auftreten der Pest im 14. und 15. Jahrhundert werden sie zu *den* Sündenböcken. Der Hass auf die »Gottesmörder« und »Brunnenvergifter« mündet in den sogenannten Pestpogromen.

Ist bei der Wallfahrt nicht der Weg, sondern das Ziel wesentlich, lebt die Prozession vom menschengesäumten Weg, vom Zur-Schau-Tragen eines Kultgegenstandes oder Symbols. Mit Lust und Schauder zeigt man Jesus als Schmerzensmann oder als Toten. Basel kennt 35 Prozessionen pro Jahr. Leiden und Tod sind eine zentrale Botschaft. Hans Holbein d. J. malt 1521 »Christus im Grabe«, den Leichnam Jesu (heute im Kunstmuseum Basel). Erschreckender, endgültiger kann kein Mensch tot sein, kein Christus kann hier wiedererwachen. Dostojewski lässt in seinem Roman ›Der Idiot‹ die Hauptfigur, Fürst Myschkin, sagen, dieses Bild habe die Kraft, den Glauben auszulöschen. Der Autor selbst hatte 1867 die schmale Holztafel in Basel gesehen und wegen dieser, nur noch brutal zu nennenden Manifestation der Unumkehrbarkeit des Todes beinahe einen epileptischen Anfall erlitten. Niemand vermag hier noch an Auferstehung zu glauben, doch das erfuhr eine Zustimmung, die den Menschen von damals kennzeichnet: leidenschaftliche Todesnähe. Die Messe ist in weiten Teilen eine Gedächtnisfeier auf den Tod Christi. Die frohe Botschaft hat da wenig Platz, die zu erwartenden postmortalen Strafen umso mehr. Die visionären Schreckensbilder von Hieronymus Bosch sind keine Einzelerscheinung, die Angst vor der Folter des Fegefeuers und der Hölle spielt bei den meisten eine alles überwuchernde Rolle. Das Paradies interessiert kaum, und wenn doch, ist es ohne die Schlange, den verbotenen Apfel und die Ausweisung ins Elend undenkbar. Alles menschliche Leben sei falsch und wertlos, predigen Bettelmönche und verlangen ein Leben in evangelischer Armut. Sie finden viel Gehör.

Nicht nur Luther leidet aus seinem qualvollen Verhältnis

zwischen persönlicher Existenz und religiösen Angstvorstellungen unter der Aussicht auf ewige Strafe, sondern die ganze Epoche. Wobei Holbein, das sei ihm zugutegehalten, zugleich auch die Ambiguität dieser Zeit in seinem Werk vereinigt. Andere seiner Bilder zeigen eine lebendigere Seite, etwa sein realistisch-nüchternes Selbstbildnis von 1542 oder das »barocke« Bild des breit im Leben stehenden englischen Königs Heinrich VIII.

Das Stiftungswesen nimmt zu. Kapellen, Altäre, Altarbilder oder Messen werden gestiftet, auch Predigtämter. Es gibt strukturschwache Gegenden mit wenig oder keiner Kirche. Ganze dörfliche Gemeinschaften schaffen sich ihre eigene sakramentale Versorgung, indem sie selbstständig einen meist gut bezahlten Messpriester berufen. Im Thurgau und in Graubünden wurde um 1520 rund ein Viertel aller hauptamtlich tätigen Priester über bäuerliche Stiftungen finanziert. Reiche Bürger oder Patrizier stiften ganze Klöster, nicht nur, um die eigenen Töchter und Söhne gut unterzubringen, sondern aus ihrer tief verwurzelten Angst vor der erdrückenden Zornesgewalt Gottes.

Reliquien – sie sind so gut wie alle falsch – werden in Katalogen aufgelistet und zu Höchstpreisen verkauft. Luthers Landesherr, Friedrich der Weise, besitzt über 19 000 Reliquien mit einem Ablasswert von etwa zwei Millionen Jahren.

Die vielfach erwähnte Volksfrömmigkeit vor allem der Deutschen hat in der Geschichtsschreibung breiten Raum. Man muss sich aber zugleich vergegenwärtigen: Das Christentum ist nicht die einzige Plattform ahnungsvoller spiritueller Suche. Neben der üblichen Kirchennähe finden sich auch allerlei quasireligiöse und nicht eben »fromme« Alleingänge, die auch in das Bild der transzendentalen Bindung gehören. Da werden nachts in einem Kreis böse Geister beschworen, Heilmittel werden ein- und ausgegraben, Leichen exhumiert und Teile davon gesiedet oder zu Pulver zerrieben. Auch eine Form des Voodoo findet sich: Bilder aus Wachs, Blei oder einem anderen Material werden verstümmelt oder mit Pfeilen bestückt, um so der abgebildeten Person zu schaden. Überall lauert das Böse. Es findet sich konkret in Hexen und Juden, Wölfen, schwarzen Katzen und Eulen, Steinen und Gefäßen, an bestimmten Orten und zu bestimmten Nachtzeiten, es findet sich abstrakt in allerlei Geistern und Beschwörungsformeln. Glaube und Aberglaube gehören oft zusammen. Auch Pfarrer greifen zu heidnischen Bildern, wenn sie Unwetter beklagen, etwa den Hagel, der die Ernte vernichtet hat.

Althergebrachtes Heidentum spielt eine Rolle auch bei den Luthers, die man getrost zum »gehobenen Mittelstand« zählen darf. Die Bergarbeiterfamilie spricht von hinterhältigen und arglistigen Kobolden, Geistern und Teufeln. Martins Vater erzählt anlässlich eines tödlichen Unfalls im Schacht, ein Teufel habe einem Untertagekameraden den ganzen Rücken aufgerissen. Die Mutter ist beim Tod eines ihrer Kinder überzeugt, die Nachbarin – die Hexe! – habe ihre Zauberhände im Spiel gehabt. Vor allem mit der Verbreitung der Reformation fallen Ungezählte der Hexenverfolgung zum Opfer, manche Wissenschaftler sprechen von 60 000 Hinrichtungen, andere halten eine Million für möglich. Luther selbst sagt über Zauberinnen: »Sie schaden vielfaltig, sie sollen getötet werden, nicht allein, weil sie schaden, sondern auch, weil sie Umgang mit dem Satan haben.«

Die Hexenverfolgungen sind nicht allein religiös motiviert, sondern auch psychologisch. An den »peinlichen Verhören« beteiligen sich nämlich vor allem die weltlichen und weniger die kirchlichen Instanzen. Oft fallen besonders schöne oder besonders hässliche Frauen der Folter und Hinrichtung zum Opfer. Auch Kinder sind Opfer, selbst Vier- bis Fünfjährige. Seltsam: Der Hexenwahn ist eine westeuropäische Erscheinung. Osteuropa, Russland und der Balkan kennen ihn nicht. Die Hexe ist hier kein eindeutig umrissenes Wesen wie etwa in Deutschland. Die slawische Baba-Jaga (wohl aus Baba = Vettel und dem Vornamen Jadwiga = Jaga) hat zwar eine Vorliebe für Kinder à la Hänsel und Gretel, steht aber auch für Weisheit und sogar für das Bild der Urmutter. Die orthodoxe Kirche mag in Eva eine Sünderin sehen, sie bleibt, zusammen mit Adam, aber ein Gottesgeschöpf. Luther denkt da anders: Weil sich Eva von Satan hat verführen lassen, ist der Mensch aus dem Paradies vertrieben worden, damit ist die Menschheit ihres Heils verlustig. Eva als vom Satan gesteuerte Verführerin kann – lutherisch gesehen – also als Urhexe gelten. Überdies gibt es im orthodoxen Osten noch keinen die Hexenhatz begünstigenden Buchdruck, wie etwa den auflagenstarken ›Hexenhammer‹ des Heinrich Kramer (Institoris) von 1486. Er behauptet, Frauen seien für die schwarze Magie anfälliger als Männer. Schwarze Magie heißt, mit Zaubermessen Schaden zufügen. Dafür werden allerlei, der vorchristlichen Glaubenswelt entliehene Dämonen angerufen, deren Herr der Teufel ist. (Heute kennt eine satanische, die Magie des Heidentums suchende Subkultur noch allerlei Okkultistisches mit Hexen- und Zaubersabbaten, mit eigenen, auf Rockkonzerten aufgeführten Quasi-Zeremonien, die wohl dem Widerwillen gegen einen durchrationalisierten Mainstream geschuldet sind.) Institoris weiß, »die Frau« ist der Feind der Freundschaft, ein notwendiges Übel, eine begehrenswerte Katastrophe, eine häusliche Gefahr oder ein Übel der Natur. Unterstellt wird ihr ferner sexuelle Unersättlichkeit, die bis zum Intimverkehr mit Dämonen oder dem Teufel reiche.

Es gibt aber auch Zauberinnen, die »ernst genommen« werden. Maria Marquart berät einmal Georg Fugger. Sie scheint erfolgreich gewesen zu sein. Für ihre Beratertätigkeit schenkt der nüchterne Bankier ihr einen Kristallstein. Frau Marquart konnte Gestohlenes oder Verlorenes wiederfinden, impotente Männer heilen und Hexen erkennen. Sie kann in die Zukunft sehen und Nutztiere wie Kühe oder Pferde mittels eines an der Stalltür befestigten Krautes heilen – ein alter Verbindungszug zum Heidnischen. Trotz ihres seriösen Rufs wird auch Maria Marquart mehrfach angezeigt, 1589 entgeht sie nur knapp dem Scheiterhaufen. Zu dieser Zeit ist die Reformation schon weit fortgeschritten. Sie verursacht auf beiden konfessionellen Seiten eine Wiederbelebung des Glaubens und Aberglaubens, der nun mehr denn je in den Hexen eine Bedrohung der Christenheit sieht. Hinzu kommen die häufigen Epidemien wie Malaria, Lepra und die Pest. Sie gelten als Vorboten des Weltendes.

Der damalige Mensch hat ein fantastisch schlechtes, man möchte sagen, universal schlechtes Gewissen, alles ist sündig, nicht nur das Fleisch, sondern auch der Mensch an sich, und nicht nur der, sondern auch die Welt als Ganzes. Nicht Gott oder Christus ist der »Fürst dieser Welt«, sondern Satan. Und ist man erst einmal tot, geht die Sühne in ihre nächste Phase. Die Strafen in Hölle und Fegefeuer setzen dem allgemeinen Angst- und Schreckenstaumel dann den Punkt auf.

Wie zur Erlösung werden im Gegenzug zügellose Feste gefeiert. Narrenfestspiele und Narrenaufzüge gewinnen zu Luthers Zeit an Verbreitung. Die Figur des Till Eulenspiegel erscheint, Sebastians Brants ›Narrenschiff‹ avanciert zum europäischen Bestseller. In Kirchen wird zuweilen das Heilige und die kirchliche Hierarchie verspottet. Bei diesen Festen, meist alkoholisierte Spottmessen, heißt es zum Beispiel: »Ich will hintreten zum Altar des (Weingottes) Bacchus« statt »zum Altar Gottes«. Das sogenannte Eselsfest war ursprünglich zunächst eine Erinnerung an die Flucht nach Ägypten: Ein junges Mädchen kommt als Jungfrau Maria mit einem Kleinkind auf einem Esel reitend in einer Prozession zur Kirche, wo eine heilige Messe gefeiert wird. Daraus entwickelte sich – sozusagen als Parodie – ein ausgelassenes Narrenfest, in dessen Mittelpunkt eine persiflierte Messe mit erotisch-zweideutigem »Messgesang« steht. Der Esel mit seinem großen Geschlechtsteil dient hier der Verherrlichung der Sexualität.

In den Rechenschaftsberichten der Kleriker wird geklagt, es werde immerzu getanzt, auch im Gotteshaus, oder aber ganze Dorfgemeinschaften kämen nicht zur Messe.

Der Glaube an Gott bleibt zwar vorherrschend, doch ein latenter, zuweilen gelebter Atheismus lässt sich gleichwohl nicht leugnen. Bereits im 12. Jahrhundert hatten die sogenannten Goliarden (umherziehende arbeitslose Kleriker) mit ihren Liedern provoziert, in denen atheistische Positionen in Versen aufleuchten, wie zum Beispiel »ich bin begieriger nach Wollust als nach dem ewigen Seelenheil«. Dem freidenkenden Stauferkaiser Friedrich II. (1194–1250) wurde das Wort von den drei Betrügern Moses, Christus und Mohammed in den Mund gelegt, die Ritterepik und der Minnesang zeigten auffallend wenige Bezugspunkte zum Glauben, die »heidnische« Astrologie als Welterklärungsmodell gewann als »weiße Magie« mehr und mehr Bedeutung. Stellvertretend für andere sei Biagio Pelacani (1347–1416) erwähnt, der die Existenz Gottes für unbeweisbar hielt.

Es sind aber auch einfache Leute, vom Schicksal Gebeutelte, die sich trotzig und enttäuscht von Gott abwandten. Eine Anekdote erzählt von einem Priester, der einen Kranken damit tröstet, dass Gott gerade im Leiden seine Freundschaft zeige. Woraufhin der Kranke entgegnet, dann wundere ihn nicht, dass Gott so wenige Freunde habe. Religiöse Bockigkeit und konsequentes Neinsagertum auch im Fall einer im Jahr 1318 festgenommenen Frau namens Aude Fauré aus dem südfranzösischen Dorf Merviel: Neun Mal vernahm sie der Inquisitor. Aude habe nicht einmal mehr beten können aufgrund ihrer tiefen Glaubenszweifel, heißt es in den Protokollen. Nachdem der Inquisitor sich gewissenhaft überzeugt hatte, dass kein anderer als sie selbst sich die Glaubenslosigkeit eingeflüstert haben konnte, legte er ihr eine Buße aus Beichten und Fasten auf. Das gelbe Ketzerkreuz blieb ihr erspart.

In vielen Chroniken findet sich die Klage, der gemeine Mann nehme nur ein Mal im Jahr das Abendmahl, selbst zu Ostern verschmähe er die Kommunion. Nach dem spontanen Bekenntnis einer Gemeinde zur Reformation lässt die Dorfgemeinschaft die umgeweihte Kirche einfach leer stehen. In manchen Gegenden scheint sich die Reformation durchgesetzt zu haben, weil die vermeintlich Gläubigen sich ein glaubensfreies Leben erhofften. Es ist ein häufig notiertes Erscheinungsbild, dass an Sonn- und Feiertagen entweder weitergearbeitet oder ziemlich weltlich gefeiert wurde. Und ständig beklagt man das übermäßige Trinken, Fluchen und die Hurenwirtschaft. Der angeprangerte Zustand gründet sich dabei nicht nur auf die Sittenlosigkeit des Klerus, im Gegenteil: Oft provoziert der Moralismus der Pfarrer das ungebührliche Verhalten. Ein Prädikant in Geislingen bei Ulm jammert, es fänden sich Leute, die seit sechs, sieben Jahren zu keiner Predigt mehr erschienen seien. »Geh einer, wo er will, so hört er nur weltliche und schändliche Lieder singen.«

Wir wissen von Luthers Eltern, dass sie keine übereifrigen Kirchgänger waren, und dass der Vater eine leise Verachtung gegenüber dem geistlichen Stand hegte. Man kannte das Bild der unsittlich lebenden Mönche und Nonnen, zum Beispiel die Geschichte des Klosters Helmershausen, da die Mönche die kirchlichen Inspektoren festsetzten, fesselten und derart misshandelten, dass einer der Visitatoren an den Folgen der Misshandlung starb. Die renitenten Mönche verpfändeten dann die eingelagerten Kirchenkleinodien und vertrieben sich die Zeit in Wirtshäusern, der Vorsteher veräußerte gar die

Grundstücke seines Klosters und zog bereichert und vergnügt von dannen. Bezeichnend auch Martin Luthers Brief an die Christen zu Riga (1523?): Die Obrigkeit solle ihr Werk tun, »als wäre kein Gott da«. Auch er kann vor der Weltlichkeit der Welt mit ihrer zunehmenden Eigenständigkeit nicht mehr die Augen verschließen.

Ganz unreflektiert trägt ein italienischer Kaufmann der neuen Denkart Rechnung, indem er Gott als Kompagnon ein Konto einrichtet. Der soll am Gewinn der eigenen Firma beteiligt sein. Und am Verlust. Gott soll also auch im eigenen Interesse für gute Bilanzen sorgen.

III

Luthers Werden

Höhenunterschiede

Sie sind früh da. Zunächst zu Hause. Cranachs Porträts der Eltern Luthers zeigen stark abgearbeitete Menschen, mit jenem Ausdruck, der in späteren Beurteilungen als protestantische Härte angeführt wird. Und hart wird Luther erzogen, wenn er etwa wegen des Diebstahls einer Nuss verprügelt wird.

Der Vater – eine in Stein gemeißelte Größe, Richtmaß und Standortbestimmung. Eine erste Form von Luthers Gottesbild des unbarmherzigen Richters. Gleichwohl ist dessen Rolle des harten Patriarchen auch der allgemeinen Unterwürfigkeitskultur der Zeit geschuldet. Oben die einen, unten die anderen, und jeder hat seine Sicht. Und vielleicht ist Luther weniger von seinem Vater traumatisiert, als mehr vom Missverhältnis zwischen Patriarchat und Adoleszenz. Der Adoleszent sieht anders in die Welt als der Patriarch. Die Welt des Heranwachsenden ist bedrohlich und unsicher. Die seines Vaters ist greifbar, materialistisch fundiert. Der Vater hat klein angefangen und sich veritabel hochgearbeitet. Die Mansfelder Grafen hatten den Kupferabbau so weit heruntergewirtschaftet, dass sich einige Bergarbeiter zusammentaten, um Teile des Betriebs in Eigenregie zu führen. Hans Luder (wohl aus Lothar verballhornt) gehörte dazu. Er wird ein harter Kerl gewesen sein, ohne seine unnachgiebige Zähigkeit wäre er nicht so weit gekommen. Väterliche Härte war aber nichts Ungewöhnliches, ungewöhnlich ist Luthers Empfindsamkeit. Übrigens kann der Vater, wenn er mit seinen Kumpeln getrunken hat, auch weichherzig und launig sein. Und wenn der Sohn noch als erfolgreicher Reformator stirnrunzelnd von ihm spricht, dann, weil dem Neinsager der immer noch empfundene Höhenunterschied zu schaffen macht. Höhenunterschied – das ist seine eigentliche, manisch anmutende Sichtweise, aus der er Gott und die Welt erklären und beurteilen wird, zunächst theologisch, dann politisch. Die Vaterfigur also als ein Ausgangspunkt. Fragt sich nur: Welcher Vater? Der leibliche oder der himmlische?

Der leibliche jedenfalls erkennt früh das Auffassungsvermögen seines Sohnes und schickt den Fünfjährigen in die Mansfelder Lateinschule. Sieben kalte Jahre wird er hier mehr schlecht als recht lernen und leiden. Der Reformator erzählt, er habe den Stock an einem einzigen Tag 15 Mal zu spüren bekommen. Und was lernt er? Latein und wieder Latein – es wird Luthers zweite Muttersprache. Spricht einer der Schüler versehentlich oder aus Unkenntnis ein deutsches Wort, bekommt er den hölzernen Eselskragen als Schandzeichen umgelegt. Religiöses wird nur rudimentär vermittelt, Geschichte, Naturkunde oder Geografie fast gar nicht. Die Erde ist eine Scheibe und Rom ist ihr Zentrum, oder Jerusalem. Kein Wort über die Herrschaftsverhältnisse des Reiches. Auch rechnen hat Luther nie gelernt. Die ersten Arithmetikbücher kommen gerade erst auf, und Adam Riese gibt es noch nicht.

In Magdeburg kommt der 13-jährige Martin in die streng christliche Domschule der »Brüder vom gemeinsamen Leben«. Durch die Stadt zieht bettelnd ein ehemaliger Fürst von Anhalt, jetzt ein einfacher Franziskaner. Durch unablässiges

Fasten ist er zum Skelett abgemagert. Ein Bild des Büßers. Dies und Ähnliches wird sich ins Bewusstsein des späteren Reformators eingraben. Ein Jahr später kommt Luther nach Eisenach, hier lebt es sich besser. Für drei Jahre besucht er die Pfarrschule St. Georg und ist der beste Schüler. Er zieht als Kurrendsänger um die Häuser, eine Art Martinssingen, da man mit kleinen Gaben für den Vortrag christlicher Lieder entlohnt wird. Er lebt bei einer tiefgläubigen Familie, die den musikalischen Jungen freundlich aufnimmt und immer wieder zum Vorsingen einlädt. Als 17-Jähriger ist er ein hurtiger und fröhlicher Geselle, zeigt indes auch einen Hang zum Grübeln und zur Melancholie, die Knoten in seiner Seele, wie er es später nennt.

Es folgt das Studium in Erfurt, einer reichen und agilen Metropole mit eigenem Militär, die sich erfolgreich gegen die Plage der Raubritter zu wehren weiß. Erfurt gehört zu den drei, vier größten Städten des Reiches, zählt etwa 40 000 Einwohner und ist damit so groß wie Rom. Die Universität ist berühmt und dem Humanismus zugeneigt; statt der üblichen theologischen steht hier die philosophische Fakultät an der Spitze – bis die Reformation das dann umkehrt.

Luther ist zunächst Student der »Artistenfakultät«, die eine Art allgemeinbildendes humanistisches Grundstudium bietet, um sich später zu spezialisieren. Er trifft fortschrittliche Leute, z. B. den wegen seiner Verse im ovidischen Stil berühmten, fünf Jahre jüngeren Eobanus Hessus, einen trinkfesten Genießer, der sich an der Verfassung der subversiven ›Dunkelmännerbriefe‹ beteiligt. Als Professor wird er einen großen Hörerkreis haben und ein Anhänger der Reformation werden. Auch Luthers Studienfreund Crotus Rubianus beteiligt sich an den ›Dunkelmännerbriefen‹. Er wird sich nach anfänglichen Sympathien für Luthers Sache davon abwenden. Wie Erasmus ist auch ihm der Eifer der Lutheraner zu grob und zu undifferenziert. Ein anderer Kommilitone, Euricius Cordus, verfasst, bevor er ein angesehener Mediziner wird, satirische Epigramme, die noch Lessing schätzte. Darin zeigt sich Erfurt als kleines Sodom und wird mit spitzer Feder aufgespießt: Domherren, die statt der Messe Finanzbriefe lesen und bei keinem städtischen Fest fehlen, ihre grell geschminkten Konkubinen, die unbefangen durch die Innenstadt flanieren und sich wie selbstverständlich als Dominas der hohen Herren aufführen. In den Kavaten, einer Art Krypta des Doms, treibt man angeblich »Unzucht« oder diskutiert humanistische Standpunkte, vor allem jene Reuchlins und Huttens. Das alles schreibt der neugierige Cordus nieder. Neben den Herren Geistlichen findet sich auch die mönchische Unterschicht. Das Leben ist in steilen Stufen gehalten. Adel, Bürger und Bauern und eben auch der Klerus leben streng von oben nach unten geordnet, und die kleinen Mönche, arm wie Kirchenmäuse, haben wohl kaum an den geselligen Zusammenkünften des gehobenen Mönchsstandes teilgenommen. Man erwischt Erstere beim Diebstahl, beim Ehebruch oder gar bei einem Mord, sie bleiben der geistlichen Gerichtsbarkeit unterworfen und entziehen sich ihr oft durch Flucht. Die Geistlichkeit, ein Reich im Reich, ist immun vor der weltlichen Rechtsprechung und obendrein eine Institution, die keine Steuern zahlt – vielen ein Dorn im Auge.

Luther ist noch nicht der Bekehrte, er feiert mit, wenn auch in Maßen. Er ist gesellig, schließt sich aber den freien Studenten nicht an. Ohnehin sind das nur wenige. Der hedonistische Lebenswandel ist den reichen Hochschülern vorbehalten. Die meisten sind das nicht und studieren fleißig und brav. Und Luther besonders. Um vier Uhr stehen sie auf, acht Uhr abends gehen sie zu Bett. In den gemeinsamen Speiseräumen geht es zuweilen hoch her. Zu jedem Mittagessen gibt es Bier. Jeder trägt ein kurzes Schwert, Raufereien sind an der Tagesordnung. Luthers bester Freund kommt dabei zu Tode, mutmaßlich auch ein Grund für seinen Wechsel ins Kloster. Das geforderte Lernpensum wird gewissenhaft bewältigt. Das Debattenniveau, ein Erbe der Scholastik, ist hoch. Wer Luther später als lustvollen Rechthaber in zahllosen Streitgesprächen erlebt, kann den hoch anspruchsvollen Pro-und-contra-Disputationen der Universitäten ihre Qualitäten nicht absprechen. Ob ein Argument richtig oder faktisch wahr ist, ist unerheblich. Es muss scharf sein, es muss den Gegner besiegen. Auch damit lassen sich Luthers packende Redegefechte erklären. Er ist außerdem ein begabter Musiker und versteht sich auf die schwer zu spielende Laute. Musizieren hilft gegen seine Depressionen, diesen Dämon, der ihm die Lebensfreude nimmt. Lebensfreude und Düsternis sind sein inneres Yin und Yang. »Gottes Huld hab ich verloren«, dichtet er. Er hat ein leicht frivoles Liebeslied dafür umgeschrieben. Nach schnellem Abschluss des Grundstudiums als Magister soll er mit Jura weitermachen, so, wie es der Vater wünscht. Jura verspricht Geld und Erfolg. Ein Traum des Vaters.

Gewitter

Luthers Gewittererlebnis am 2. Juli 1505 ist durchaus auch symbolisch zu sehen, es ist der Dreh- und Angelpunkt zweier Epochen: des Mittelalters und der Neuzeit. Wenn vom Mittelalter gesprochen wird, ist nicht nur, aber auch das Zeitalter der Angst gemeint, und wenn vom Ende des Mittelalters geredet wird, ist auch ein Ende der Angst gemeint. Zwar sind wir heute auch nicht angstfrei, wir gehen damit aber methodischer und weniger hysterisch um als der damalige Mensch.

Luther hat seine Eltern besucht, wahrscheinlich bekam er

Geld für die teuren Bücher, nun ist er auf dem Heimweg nach Erfurt, wo er studiert. Er ist die 90-km-Strecke zu Fuß gegangen – nur die Reichen haben ein Pferd. Da überrascht ihn bei Stotternheim, heute ein Ortsteil von Erfurt, ein mächtiges Gewitter. Der Blitz schlägt ein, verfehlt ihn nur knapp und schleudert ihn einige Meter weg. In seiner verständlichen Todesangst gelobt er der heiligen Anna, Mutter Marias und Schutzpatronin der Bergmänner, Mönch zu werden – Auslöser wie Anfang einer radikalen Wendung. Manche Kenner halten das Erlebnis für einen Mythos. Auf jeden Fall beschließt Luther, dem »Schmutz der Welt« den Rücken zu kehren. In der Rückschau sagt er, er habe sich dem Sprichwort verbunden gefühlt: »Bleibt gern allein, so bleibet euer Herz rein.«

Die Reichen stiften nach solchen Erlebnissen Kirchen, Klöster oder Kapellen, die Armen zünden Kerzen an oder spenden. Die wenigsten aber gehen deswegen ins Kloster. Ins Kloster geht man in der Regel, weil die Eltern das entschieden haben; wirtschaftliche Überlegungen spielen eine Rolle, bei Hochgestellten karrieristische oder machtpolitische. Ein hohes geistliches Amt verspricht Einfluss. Luther aber schwört einer verheißungsvollen Laufbahn ab. Hat er frei entschieden? Ja und nein. Wiewohl er die Autorität des Vaters fürchtet, wiewohl ihm das Bild des Vaters als gefährliche und bedrohliche Oberinstanz wie eingemeißelt vor Augen steht, ringt er sich los und geht einen anderen als den vorgedachten Weg. Das mag eigenständig und frei entschieden sein. Die Richtung aber entspricht der Gedankenwelt des religiösen Mittelalters mit seinen angstbesetzten Endzeitvorstellungen, der Sündenverhaftung und der daraus erwarteten Strafe. Luthers Eintritt ins Kloster ist nicht die Folge dieses einen Gewitters, es ist die Folge vieler Ängste aus der alten Zeit. Man fühlt sich wehrlos, man verzagt, man grübelt nach. Man ist bedrückt, prinzipiell. Man kommt davon nicht los.

Albrecht Dürer, Luthers Zeitgenosse, hat die »Melencolia«, schon damals eine Volkskrankheit, mehrfach genial verbildlicht. Der durchaus vitale, kräftig gebaute, fast zornig dreinblickende (gefallene?) Engel, dem das Lebensglück versagt zu sein scheint, Sinnbild innerer Leere, Ohnmacht und Apathie, namenloser Trauer und Einsamkeit. Das verlassene, auf sich gestellte Individuum – Empfindungen so alt wie die Menschheit.

Als er noch Student ist, finden die Freunde Luther reglos auf dem Fußboden liegend. Die Melancholie hat ihn buchstäblich niedergestreckt. Sie ist allgegenwärtig, nicht nur ein Thema in der Seelsorge. Alchemisten, Quacksalber, »Hexen« usw. halten allerlei Mittelchen dagegen bereit, Stimmungsaufheller, die Heilung versprechen.

So mutig Luther ist, so sehr hat ihn diese tiefsitzende, namenlose Angst im Griff. Es liegt nahe, dass er in dem Gewitter keine Naturkatastrophe gesehen hat, sondern die Androhung seines persönlichen Endes.

Zwei Wochen später hält er immer noch an seinem Entschluss des Klostereintritts fest. Vergeblich versuchen ihn die Freunde umzustimmen: Er habe sein Gelöbnis im Affekt geleistet, unter Zwang und innerer Not, das sei nicht bindend, auch vor Gott nicht. Er aber hat entschieden, selbstständig und frei, und kehrt der Welt den Rücken.

So gesehen ist Luther nicht der Sohn seines Vaters, der hat in der Arbeit und dem daraus folgenden wirtschaftlichen Erfolg Sicherheit gefunden. Luther findet keine Sicherheit im Hier und Jetzt, er fragt nach den Dingen dahinter oder darüber. Das vom Vater gewünschte Jurastudium wird ihm zu wenig sinnstiftend erschienen sein, die Juristerei ist ihm nicht nur zu trocken, wie er einmal sagt, sie ist vor allem kein über allem schwebendes, fixsterniges Ideenkonzept, das er aber braucht, das Antworten gibt.

Und dann diese Großstadt. Erfurt, nicht nur ein Zentrum des neuen Denkens, auch eine vitale und grell leuchtende Metropole, der sich der unsichere Luther nicht gewachsen fühlt. Er sei, sagt er später, wie ein geblendetes Pferd aus der Helle seiner Umgebung ins Kloster gestürmt. Er ist 21 Jahre alt.

Klosterleben, Klostergeist

Sein Vater ist enttäuscht und wütend. Mit Erreichen der Magisterwürde hat er den Sohn mit »Ihr« angesprochen, jetzt greift er wieder zum »Du«. Er entzieht ihm alle Gunst und jegliches Wohlwollen. Auch die Mutter will nichts mehr von ihm wissen. Zu sehr beherrscht beide die Vorstellung des Klosters als Sackgasse. Dafür hat man sich sein Geld nicht vom Mund abgespart, dass der Junge nun sein Studium an den Nagel hängt und in eines dieser dunklen, weltabgewandten Gefängnisse geht: zu den Augustiner-Emeriten. Die sind religiös betrachtet ein respektabler Verein, weniger unglaubwürdig als die anderen, aber es bleibt eben doch eine unverständliche Flucht in eine fragwürdige Welt.

Luthers innere Krisen, seine Zweifel und seine Verlorenheit gegenüber üblichen Lebensvorstellungen, haben die Eltern nie begriffen. Genau das, was ihnen als Weg nach oben vorschwebt, ist für den Sohn eine Bedrohung, nicht im Sinne einer befürchteten Leistungsforderung, sondern aus seiner Furcht vor den Unwägbarkeiten der Existenz. Er fühlt sich in die Welt hineingeschleudert, wo er sich frierend, nackt und schutzlos aufhalten muss. Das Kloster ist psychologisch gesehen der Beitritt zu einer Sekte, die geistig und intellektuell dieser Furcht begegnet und Sicherheit verspricht. Und mit Fleiß,

Ernst und Zähigkeit unterwirft sich der Novize dem Klosterreglement.

Gehorsam, Armut, Keuschheit, Redeverbote und Fasten bestimmen das neue Leben, Lachen und jede schnelle Gestik sind verboten. Der Blick ist stets auf den Boden zu richten, die Hände gehören in die weiten Kuttenärmel. Pro Tag wird sieben Mal gebetet und im Wechselgesang gesungen. Selbst Stottern beim Beten wird gerügt, und wer singend auch nur eine Silbe verfehlt, wird, so erzählt Luther rückblickend, beim Jüngsten Gericht zur Verantwortung gezogen. Morgens um zwei beginnt der neue Tag, die erste Mahlzeit ist das Mittagessen, man isst langsam und greift nicht leichtfertig, sondern mit beiden Händen zum Trinkbecher. Man schweigt und lauscht den Psalmen oder christlichen Legenden des Vorlesers. Die Zellen sind klein und ungeheizt, sie haben nichts außer einem Pult und einem Bett, eine Zudecke fehlt. Bei Frost darf in eine gemeinsame Wärmestube ausgewichen werden. Besuch ist verboten, keiner darf die Zelle des anderen betreten. Gleichwohl gibt es, wie bei Gefängnistüren, eine Luke, durch die man zu Kontrollzwecken hineinsehen kann. Etwa, um zu prüfen, ob der Ordensbruder wirklich schweigt, auch Selbstgespräche sind tabu. Jedes kleine Vergehen muss angezeigt werden, die Brüder sind angehalten, sich zu observieren und zu berichten. Gesprochen wird nur zur Beichte. »Wir wollen von der Schuld handeln«, beginnt der Prior. Die Brüder werfen sich zu Boden. »Was sagt ihr?«, fragt er. Sie antworten: »Unsere Schuld.« Sie dürfen sich nun erheben, und jeder Einzelne gibt seine Vergehen zu. Vergehen sind: Bruch der Regeln, Verspätungen, Einschlafen während des Singens. Sünden wiegen schwerer: eine Lüge, der Blick auf eine Frau, Lästerung oder Trunkenheit. Besonders schlimm: Bruch des Beichtgeheimnisses und Sex. Je nach Schwere der Tat wird gestraft. Bei kleineren Verfehlungen muss der Schuldige sein Essen auf dem Boden einnehmen, bei größeren gibt es Rutenhiebe oder gar Kerker. Manche verlieren über solchen Praktiken den Verstand, wird Luther später erzählen. Dabei ist die Askese mit den entsprechenden Regeln bei den Augustinern relativ maßvoll, andere Orden wie etwa die Kartäuser sind strikter. Dennoch: Wenige Klöster waren strenger, die meisten wohl eher behaglich. So finden sich zum Beispiel unter den ältesten überlieferten Privatbriefen Liebesbriefe von Mönchen an geliebte, in der Nachbarschaft lebende Nonnen.

Luther macht schnell Karriere, wird Diakon, im Frühjahr 1507 zum Priester geweiht. Zur Primiz, der ersten Messe eines Priesters, hat der Vater 20 Gulden für die Klosterküche gespendet. Viel Geld. Man kann davon ein Häuschen bauen. Er spricht den Sohn wieder mit »Ihr« an. Versöhnt ist er nicht. Der vorgebliche Blitzschlag ist für ihn kein Argument für die Kehrtwende seines vielversprechenden Sohnes. Der Sohn beharrt, er könne doch mit Gebeten den Eltern mehr helfen. Der Vater sieht das anders. Luther ist verletzt und tief erschrocken: der zornige Vater, das Maß der Dinge. Eine Aussöhnung wird erst viele Jahre später erfolgen, da Luther ins »normale« Leben zurückkehrt, heiratet und seinen Eltern Enkel schenkt.

Zum Einstand bekommt der frisch geweihte Priester eine rot eingeschlagene Bibel. Er beginnt zum ersten Mal »professionell« darin zu lesen. Ein Privileg, das nur hochstehende Mönche genießen, denn man misstraut der Bibel: Sie könne mit ihrer Komplexität Schaden anrichten. Die mönchische Mittelschicht bekommt bestenfalls Auszüge zu Gesicht, eher aber die Texte der Kirchenväter, der Exegeten; die untere Schicht besteht aus Analphabeten, Lesen lernen ist ihr verboten. Selbst Luther hat wenig Lektüre zur Verfügung, Bücher sind teuer. Sein Allgemeinwissen ist daher beschränkt. Sein Vorläufer Jan Hus etwa ist ihm lange kein und dann nur ein ungefährer Begriff. Die moderne, von Skepsis geleitete Debattenvielfalt im Italien der Renaissance bleibt ihm weitgehend verborgen. Kirche und Papst sind für ihn feste Bausteine, die akzeptiert werden, weil sie nun mal da sind. Das kritische Hinterfragen – auch der »guten« Dinge – zum Zweck der Wahrheitsfindung kennen nur die Großmeister der Scholastik und dann die Humanisten, von denen sich Luther, als er an den großen Debatten teilnimmt, distanzieren wird. Selbst Aristoteles, den antiken Vordenker christlicher Betrachtungsweisen, lehnt er ab, obwohl der in den scholastischen Bildungskanon gehört. Tiefschauend hatte der Heide erkannt: Da sich alles bewegt, muss es einen gegeben haben, der alles angeschoben hat, einen unbewegten Beweger, die Urkraft also. Das wird von Thomas von Aquin dankbar als Gottesbeweis angenommen. Für Luther sind das Spitzfindigkeiten. Aristoteles sei doch nur der »Verwüster aller Frömmigkeit«, sagt er, wie für ihn überhaupt die Philosophie nur der Verwirrung dient. Man solle aufhören, die Worte ständig zu deuten. Deuten und Auslegen verdunkle nur. Man solle den Worten der Schrift folgen. Punkt.

Luther übertrifft seine Klosterkollegen hinsichtlich gebotener Kasteiung. Je weniger fleischlich, also sinnlich er lebt, umso reiner hofft er zu sein. Hofft er. Und wird sich des ungeachtet immer noch schmutzig fühlen. Der Körper ist Fleisch und alles Fleisch ist Sünde. Dass er zeit seines Lebens an zahlreichen Beschwerden leidet, ist wohl dieser Ignoranz gegenüber dem eigenen Körper geschuldet. Entdeckt und feiert der humanistische Intellektuelle die offene antike Welt, wo unter anderem auch der Phallus mehr oder weniger ernsthaft vergöttert wird, geht Luther entsprechend der christlichen Entsagungslehre den Weg zurück ins Mittelalter – die dunkle Kutte der Mönche steht bewusst im Gegensatz zum weißen Gewand antiker Philosophen. Deren Hinwendung zum lebendigen Dasein ist Luther nichts als unablässiger Verfall.

Aber hat ihm die klösterliche Existenz geholfen? Auch wenn er sich an alle Regeln geradezu sklavisch hält, findet er keinen Frieden, keine stärkende Gewissheit. Im Gegenteil: Je mehr er die Bibel liest, umso tiefer die Verzweiflung. Je mehr er sich Gott nähert, umso mehr fürchtet er ihn. Es ist sein eigensinniges und konfliktsuchendes Naturell, das ihn in einen Ringkampf mit Gott zwingt. Der Kampf erst bringt Linderung.

Er kommt nach Wittenberg, ein 2000 Einwohner zählendes größeres Dorf mit einer neu gegründeten Universität, die einer anderen Universität Paroli bieten soll. Es gibt (von 1485 bis 1548) zwei Sachsenländer, ein kurfürstliches und ein herzogliches. Kurfürst Friedrich »der Weise« baut ein Konkurrenzunternehmen auf gegen seinen Vetter Herzog Georg »den Bärtigen« (wegen seines bis zum Gürtel reichenden Bartes). Georg hat seine Universität in Leipzig. Die Universität Wittenberg ist Friedrichs Prestigeprojekt. Sie hat gerade mal 22 Professoren und etwa 200 »Studenten«, die meisten 14 bis 15 Jahre alt. Studiert wird neben Philosophie und Theologie auch Medizin und Jura. Der Generalvikar der Augustiner, Johann von Staupitz, ist maßgeblich am Aufbau der Universität beteiligt. Als Luthers Beichtvater erkennt er den wachen, sich quälenden Streber. Der soll nach Wittenberg kommen, zunächst für ein Jahr, studieren und auch lehren. Dem Kurfürsten kann das nur recht sein. Luther ist als dem Armutsgelübde verpflichteter Ordensmann billig.

Von Erfurt nach Wittenberg ist es eine lange Reise, die Luther wie immer zu Fuß absolviert. Mit dem Auto sind es heute über 200 km. Luther fühlt sich unwohl, er nennt seine neue Bleibe die Grenze der Zivilisation. Der 25-Jährige ist neben seinen Studien Dozent für Moralphilosophie. Nicht eben seine Kernkompetenz.

Für kurze Zeit kommt er dann noch einmal nach Erfurt zurück. Und erlebt das »Tolle Jahr 1509«, da die Stadtbevölkerung, Handwerker und Gewerbetreibende gegen die Stadtpatrizier, die reichen Kaufleute und Waidhändler, revoltieren. Diese Patrizier haben, zusammen mit dem Stadtrat, über Jahre schluderhaft und verschwenderisch gewirtschaftet, das reiche Erfurt ist mit einem Mal pleite, und bezahlen soll jetzt der einfache Bürger. Ein hoher Ratsherr namens Heinrich Kellner wird zur Rechenschaft gezogen. Auf die Frage, wohin er das viele Geld gebracht habe, antwortet er wutentbrannt: ins Hurenhaus! Hat er wohl nicht, er bestreitet aber das Recht, ihn, den hohen Herren, zur Rechenschaft ziehen zu dürfen. Die Provokation sitzt. Er wird von den wutentbrannten Bürgern gefangengesetzt, gefoltert und gehenkt. Luther erlebt das mit und ist verstört. Verständnis für die Hinrichtung hat er nicht. Nicht etwa, weil er Gewalt ablehnt, sondern weil sie von unten kommt. Sein Vater wäre als Erfurter Bürger wohl auch betroffen und mit einem Mal verarmt gewesen. Luther indes sieht nur den Aufruhr in den Gassen, die brennende Universität und die kostbaren auf der Straße liegenden Bücher – das ist Anarchie. Und die untergräbt die klaren Verhältnisse. Es geht nicht um Recht oder Unrecht, sondern um Ordnung. Ordnung ist gottgewollt, sie besteht konkret in der hinlänglich bekannten Herrschaftspyramide. Er wird nie Hemmungen haben, die Obrigkeit zu tadeln oder zu loben, aber ihre Führungsposition stellt er nicht infrage, er bleibt bis an sein Lebensende obrigkeitsverbunden.

Im November 1510 schickt ihn sein Orden nach Rom. Bis heute ist unklar, in welcher Funktion. Vier Wochen hält er sich in der Stadt auf, er bleibt mönchgläubig und ohne Skepsis angesichts des babylonischen Treibens. Erst später wird er, als wollte er es der Geschichtsschreibung recht machen, über die korrupte Papststadt räsonieren. Jetzt hält er seine kirchlichen Andachten, predigt einige Male, besucht die glaubensrelevanten Stätten, die alte Papstresidenz Lateran, die riesige Baustelle am Petersplatz und die Katakomben, wo angeblich 46 Märtyrerpäpste liegen und 176 000 »normale« Märtyrer. Dass er von der großen Stadt eingeschüchtert worden sein soll, ist eher unwahrscheinlich. Wenn auch nicht so international und polyglott, Erfurt ist zu jener Zeit ebenso groß und keine Baustelle mit antiken Steinhaufen. Die Gewalt, vor allem die nächtliche, hat Luther belastet, fremd war sie ihm seit den Erfurter Revolten nicht. Seine Romreise bleibt der Besuch eines wallfahrenden Katholiken, wie ihn Millionen vor und nach ihm absolviert haben. Mit reicher Ablassration kehrt er zurück.

Im September 1511 wird er wieder nach Wittenberg versetzt. Der Ordensgeneral Bernhard von Staupitz nimmt sich seiner an. Vereinfacht gesehen Luthers Gegenstück, eine undogmatische Persönlichkeit, ein väterlicher Freund, der ihn mit seiner sympathischen und sympathetischen Art der Seelsorge aufrichtet, ohne jener Vater zu sein, den er fürchtet. Auch wenn er bis zuletzt ein treuer Katholik bleibt, ist Staupitz ein Moderner, ein Erasmus im Kleinen. Er hält die Augen offen, nicht allein weltanschaulich, sondern auch persönlich im Hinblick auf Luther. Der konziliante, dicke Herr erkennt in dem jungen Feuerkopf vielleicht nicht den Revolutionär, aber viel Potenzial. Staupitz wird Luthers Coach, vermutlich nicht ganz uneigennützig. Er braucht für überfällige Ordensreformen und auch die Beziehungen zu anderen Orden einen intelligenten Kopf. Er ernennt Bruder Martin zum Klosterprediger, bringt ihn dazu, den Doktor zu machen, und übergibt ihm seinen Lehrstuhl für Bibelauslegung. Luther wird sich später stolz »Doktor der Heiligen Schrift« nennen. Bei der Promotion 1512 schwört er, er werde keine von der Kirchenlehre abweichende Behauptungen verkünden und jeden anzeigen, der dies tue. Er wird den Schwur brechen.

Sein neues Predigeramt nimmt er, wie nicht anders zu erwarten, sehr ernst. Noch ist er kein mitreißender Kanzelredner, aber seine Kleinbürgerlichkeit zeigt erste Akzente. Die Wittenberger Studenten feiern ihm zu ausgelassen, sie tanzen mit den pubertierenden Bürgerstöchtern und setzen sich gar ihre Kränzlein auf den Kopf. Das ist zu viel der Leichtigkeit und zu wenig der allgemeinen, untergangsgestimmten Furcht. Ein gottgefälliges Leben ist ein Leben ohne Tanz. Savonarola hätte es nicht anders formuliert. So argumentiert Luther auch, als die Türken 1529 Westeuropa bedrohen. Ihr militärischer Erfolg ist gottgewollt, weil die Christen sittenlos geworden sind. Er selbst lebt dermaßen korrekt, dass man ihn mit Dantons – gegen den verknöcherten Robespierre gerichteten – Worten als geradezu »empörend rechtschaffen« bezeichnen kann. Doch Luther kann auch gnädig sein. Ein Mönch seines Sprengels ist flüchtig. Der dem Kloster Entlaufene ist ein Massenphänomen. Distriktsvikar Luther meint, der Deserteur solle ruhig zurückkommen, er habe nichts zu befürchten. Ein Mensch sei eben schwach, auch Petrus sei schwach gewesen, als er seinen Heiland verraten habe. Und sei nicht ein Engel, nämlich Luzifer, gefallen? Es sei eher ein Wunder, dass der Mensch sich aus der Gefallenheit immer wieder aufrichten könne. Er zeigt auch Verständnis für einen depressiven Mitbruder, und macht ihm Mut. Er kennt die namenlose Melancholie zur Genüge aus eigener Erfahrung.

Allein der Glaube – Luthers Turm

Die ersten Jahre seines Klosterlebens ist er auf der Suche. Mit einer Vehemenz, dass man geneigt ist, den mager-knochigen Mönch als Herausforderer Gottes zu betrachten. Er offenbart damit eine Selbsterhöhung, wie sie den kriegerischen, egozentrischen Figuren der Renaissance eigen ist, die Luther selbst als Definition seiner Persönlichkeit indes wahrscheinlich abgelehnt hätte, passt doch die von ihm eingeklagte Demut des Menschen vor Gott nicht ins eigene, faktisch hoch erhobene Selbstbildnis.

Den Lutherturm, genauer, jenes Studierstübchen, wo Luther angeblich sein theologisches Aha-Erlebnis hatte, gibt es nicht mehr. Er wurde im 18. Jahrhundert abgerissen. Der Turm stand an der Südwestecke des Lutherhauses, seine Fundamente wurden 2003 bei Sanierungsarbeiten freigelegt. Um Luthers Blick nach draußen zu haben, hat man im zweiten Obergeschoss des neuen Eingangsgebäudes ein Fenster in Richtung Süden eingebaut, für den sogenannten »Lutherblick«. Übrig sind die 1982 freigelegten Reste des Durchgangs zur Turmstube.

Ob und wann Luther sein Turmerlebnis hatte, ist umstritten. Unumstritten ist seine intensive Bibellektüre. Später wird er große Teile davon auswendig kennen. Ständig betet er, inbrünstiger und eigentlich wilder und ungeduldiger als die anderen, ständig beichtet er, auch Lappalien. Es geht weniger um Geständnisse als um einen Kampf mit jenem Gott des Gewitters, wie er ihn vor dem Eintritt ins Kloster erlebt hat, diesen zornigen Herrn, der keine Gnade kennt. Der erste große Konflikt, den der junge Augustiner austrägt, ist nicht der mit seiner Kirche, sondern der mit seinem Gott. Er ringt mit ihm wie Jakob, und analog passt denn auch Jakobs Ausruf: »Ich lasse dich nicht, du segnest mich denn!« Anders gesagt: Erst wenn ich weiß, dass zwischen DIR und mir Frieden herrscht, lass ich Dich los, Dich Herr, den ich nicht fassen kann. Ein Zwei-Seelen-Mensch, ein kämpferischer Jakob und ein von brennender Ungewissheit geplagtes Mönchlein, ein aufstrebender Neutyp der Renaissance neben dem alten, geringwertigen Menschen des Mittelalters. Neuzeitlich frei hat er sich für ein alternatives

Leben entschieden, keine komfortable Bleibe, wie er sie etwa in einem Dominikanerkloster gefunden hätte, sondern ein Leben in strengster Reduktion – kaum, dass sich seine Zelle von einer Gefängniszelle unterscheidet. Es ist Luthers persönliche Entscheidung, die das Mittelalter so nicht kennt, nicht dieses neue persönliche »Ich«, nicht dieser individuelle Kampf mit Gott. Luther ist also mittelalterlich *und* neuzeitlich, und nur so ist sein Werden zu verstehen.

Die neuzeitliche Natur ist einzig und unverwechselbar der selbstbewusste Bruder Martin. Ich nenn mich Eleutherios, sagt er, der Freie, der Befreier, Name eines Märtyrers des 4. Jahrhunderts, der sich zum Christentum bekehrte. Eleutherios wurde beim Kaiser verraten, dieser beschloss, den Bekehrten von seinem neuen Glauben abzubringen. Erfolglos. Eleutherios wurde enthauptet, sein Leichnam den Hunden zum Fraß vorgeworfen. Aber frei ist er geblieben, bis zuletzt, bis in den Tod.

Luther-Eleutherios tritt keinem Menschen entgegen – noch nicht, sondern Gott, dem Einen, dem Allmächtigen, nicht Christus oder einem der vielen Heiligen. Der neue Mensch gegen den alten Gott. Frei und mutig, zugleich unfrei, voller Furcht. Woher kam diese Furcht?

»Mitten im Leben sind wir vom Tod umfangen«, sagt eine damalige Spruchweisheit. Totentanzdarstellungen finden sich an Kirchhofmauern, in Kreuzgängen, in der Kunst und lange noch in den Büchern. Fürsten, Bischöfe, Ritter, Bauern und Handwerker, Vertreter aller Stände, tanzen mit halbverwesten Totengestalten oder mit dem Tod selbst. Der Tod ist, anders als heute, nicht nur das sichere Ende, er weist mit seiner Hässlichkeit auf ein Weiterleben unter schrecklichen, qualvollen Umständen. Der Tod, Mahner menschlicher Schwächen, soll, solange man noch lebt, zur Umkehr bewegen. Man ist geprägt von einem Alltag aus Krankheit und Katastrophen. Es wird früh, plötzlich und zahlreich gestorben, eine ganze Gesellschaft sieht das Ende kommen, ihres und das der Welt. Die Kirche nutzt das aus und bietet teils bunte Lösungen an: Reliquien, Monstranzen, Wallfahrten an Wunderorte, oder sie verlangt schlicht Geld. Einfache Lösungen, die Hoffnung schenken und Linderung versprechen. Luther mag das alles noch glauben, er sucht indes ein anderes Entkommen, seine Heilssuche ist wenig bunt, sie ist eine nicht endende Abfolge strengster Frömmigkeitsübungen. Sie helfen nur vorübergehend. Er hat Ansprüche, er ist nicht einer von vielen, sondern er und kein anderer. Ständig plagen ihn körperliche Beschwerden. Sie haben aus seiner Sicht nichts mit mangelnder Gesundheit und nötiger Medizin zu tun, sondern sind die Strafe Gottes oder ein Werk des Teufels, den er ständig an die Wand malt. Heil heißt zwar auch Heilung, mehr aber ein leidenschaftlicher Dialog mit Gott, den man um Gnade bittet.

Was aber ist Gnade? Nicht einfach Vergebung, sondern auch Schutz und Hilfe. Schutz und Hilfe könnte ja Gott noch gewähren, aber vergibt er auch? Für Luther ein Riesenproblem. Er glaubt nicht so recht daran. Sucht er Schutz und Hilfe durch Gott? Oder *vor* Gott? Ihn beherrscht die Vorstellung der Erbsünde. Adam hat gesündigt, darum ist er aus dem Paradies vertrieben und sterblich geworden. Alle Menschen nach Adam sind wegen dieses Verbotsübertritts in Sippenhaft genommen. Jeder verbleibt im Zustand der Sünde. Es kann nichts Anderes geben. Weil der Mensch aus Fleisch ist, Fleisch, das Bedürfnisse hat, Bedürfnisse aber führen zu Begehren und Begierde, und das ist Sünde. Der Körper an sich ist Sünde, ja, die schiere menschliche Existenz. Selbst das neugeborene Kind ist sündig. Durch die Taufe schließt es zwar einen Bund mit Gott, verliert aber die Last der Erbsünde nicht. Das gilt im Protestantismus heute noch. Die Katholiken sind da freier, lebensbejahender, ihnen ist die Taufe die vollkommene Tilgung der Erbsünde, und durch tätige Reue mittels der Beichte können sie immer wieder von ihren Sünden rein werden. Am Rande: Islam und Judentum kennen keine Erbsünde. Beide Religionen berichten vom Sündenfall, doch haben Allah und Jahwe Adam verziehen, so wie Gott jedem verzeiht, wenn er bereut.

Ulrich von Hutten nennt es eine Lust, zu leben, und der zurückhaltende Erasmus glaubt, mit der Wiederentdeckung der Antike an den Aufbruch eines neuen, goldenen Zeitalters. Besonders markant ist der Abstand zwischen Luther und Pico della Mirandola (1463–1494). Mirandola hat vor 25 Jahren eine Schrift über die Würde des Menschen veröffentlicht, und darin heißt es, Gott habe den Menschen als freies Geschöpf in die Welt gesetzt, der Mensch sei ein Geschöpf des freien Willens, und damit sein eigener Gestalter. Nur so könne er ein Abbild Gottes sein, und darin liege seine Würde. Pico ist gottgläubig wie Luther, die höchste Stufe des Menschseins ist ihm nicht etwa die persönliche Freiheit, sondern die vertrauensvolle, fröhliche Annäherung an Gott mittels der Theologie. Picos Gottesbild ist optimistisch hell, Luthers ist dunkel und hart. Luthers Gott kennt kein Pardon. Man müsste ihn lieben, sagt er zwar, nicht fürchten. Wie aber, wenn er in jedem einen Sünder sieht?

Man hat das zu erklären versucht. Gab es neben der Theologie noch andere Gründe für Luthers Furcht? Vorkommnisse, die ihn nicht losließen? Plagte ihn das Gewissen? Hatte er bei einem Streit einen Freund umgebracht? Man trug damals den langen Dolch, und wurde schnell handgreiflich. Wir wissen von einer schweren Verletzung am Oberschenkel, an der Luther einmal beinahe verblutet wäre. War es Ungeschick? Ein Selbstmordversuch? Oder hatte er einen Kampf, mit einem Gegner, mit seinem Freund? Wie soll man seine heftigen Gewissensqualen sonst erklären? Ist er etwa ins Kloster gegangen, um der weltlichen Gerichtsbarkeit zu entfliehen? Die Forschung kennt keine seriösen Hinweise auf eine Bluttat. Möglich wäre sie, aber doch eher unwahrscheinlich. Dass Luther bis ins Mark um sein Seelenheil fürchtet, bleibt unbestritten. Sein Inneres ist stürmisch, gewaltig und selbstzerstörerisch, und seine theologischen Schlüsse sind aufs Engste mit diesen Stürmen verknüpft. Wie also findet der Angstbesetzte einen gnädigen Gott? Er sucht nach einem Vater, der verzeiht und ihn annimmt.

Sicher kennt er die Bibelstelle Johannes 16, 26–27, wo Christus optimistisch erklärt: »Ich sage euch nicht, dass ich den Vater für euch bitten will; denn er selbst hat euch lieb.« Worte des Trostes, die den einsamen Mönch aber nicht entlasten. In seinen angstgesteuerten Kämpfen steht er dem alten Gottvater gegenüber, weniger dem neuen Gottchristus mit seiner frohen Botschaft, er fürchtet nicht nur den alten herrischen Gott, er braucht ihn auch, er braucht den Kampf, das Ringen, er ist kein Mann des Friedens, so wie es sein Gott auch nicht ist.

Er beichtet ununterbrochen: »O, meine Sünde, Sünde, Sünde!« Und der väterliche Staupitz, aus anderen, freundlicheren Verhältnissen kommend, fragt, was der Unglückselige mit seinem Sündenstolz (ein wunderbar zielgenaues Wort) eigentlich wolle, er habe keine Sünde, eine Sünde sei, die Eltern zu töten, die Ehe zu brechen, Gott zu lästern oder zu verachten. In Luthers Erinnerungen erklärt sein Ziehvater: »Du musst ein Register haben, darin rechtschaffene Sünden stehen... Musst nicht mit solchem Humpelwerk und Puppensünden umgehen und aus jeglichem Furz eine Sünde machen!« Und sein Novizenmeister: »Gott zürnt nicht dir – du zürnst ihm!« Das trifft den Nagel auf den Kopf. Er zürnt ihm, der Mensch der Neuzeit, der sich hier erhebt. Der sich damit aus der mittelalterlichen Klostergemeinschaft entfernt, in der jeder nicht nur gehalten ist, den anderen zu beobachten, sondern auch jeder für jeden verantwortlich ist. Es ist ein ständiges Observieren des Observierenden, der Jäger ist zugleich Gejagter. Luther aber jagt und observiert vor allem sich selbst, rückt sich ins Zentrum. Lebt das alte Kloster von der Gemeinschaft, macht er sich zum sich selbst beobachtenden Ego. Und das führt weit hinaus: Die Beichte ist ja nicht nur Bekenntnis, sondern im Beichtvater auch Kirche, eine Institution für den Sünder. Oben Gott, unten der Mensch, und dazwischen als Puffer die Kirche, Mittlerin vor Gott, durchaus auch Beschützerin vor dessen Zorn und endlich auch Versöhnerin zwischen beiden.

Luther will das nicht. Die Kirche interessiert ihn nicht. Er sucht die persönliche Begegnung, wie sie Paulus erlebt hat, er will ein neuer Saulus-zu-Paulus werden. Hier geht es um ihn und *seinen* Allmächtigen. Die strenge Kontrolle seiner klösterlichen Lebensführung steht nicht zur Debatte, zur Debatte steht sein egozentrisches Verhältnis zu Gott. Ich und Gott. Kein »Vater unser«, sondern ein »Vater mein«. Der Schriftsteller und Publizist Maxim Biller spricht heute von unserer Zeit als der »Ich-Zeit«. Im kleinen Turmstübchen zu Wittenberg beginnt Luthers Ich-Zeit. Von der Fremdbeobachtung zur Selbstbeobachtung, aus dem äußerlichen Eremitenleben ist bei Luther ein inneres geworden. Das menschliche Gegenüber in der Person seines Beichtvaters verschwindet, die Klostergemeinschaft ist ausgeschlossen, einziges Gegenüber bleibt Gott, eine Vereinzelung, eine innere Geschlossen- und Verschlossenheit nach außen. Man denkt unwillkürlich an einen religiösen Autismus, wie er sich heute bei moslemischen Fundamentalisten zu zeigen vermag. Verständlich also, wenn die katholische Kirche in der Person seiner Vorgesetzten den Kopf schüttelt. Sie will als Gemeinschaft der vielen dem Einzelnen erklärend und vermittelnd die wiederkehrende Entdeckung Gottes zeigen. Das ist Kirche. Und bis heute zeigen sich die Katholiken eher kirchlich als gläubig, all ihre Ritenvielfalt, das bis heute lebendige Brauchtum sind Erfindungen der Kirche, nicht nur um der eigenen Macht willen, sondern aus einem tiefen Verständnis für den Menschen, der Wallfahrten, Prozessionen und Reliquien als Steigbügel des Glaubens braucht. Das Menschenfischerprogramm der Katholiken ist hier als bunte Werbeaktion in eigener Sache noch gegenwärtig. Der Protestantismus ist in dieser Hinsicht zum Skelett abgemagert. Der katholische Mensch gehört nicht Gott allein, sondern auch der Kirche. Diese, man könnte sagen großfamiliäre Nähe kündigt Luther auf. Der Gläubige allein steht »unvermittelt« als Ich vor Gott. Die Hierarchie der Kirche mit ihrem Papst oben und, nach unten führend, den Kardinälen, Bischöfen, Äbten, Mönchen interessiert Luther nicht. Ich und Gott – das ist der Fokus. Der Institution Kirche wird damit nicht nur die Macht (und der Machtmissbrauch) genommen, sondern auch ihr kollektives Orientierungssystem, aus dem heraus seelsorgerisch, also beratend und erleichternd eingegriffen werden kann.

Seit Luther hat der Einzelne sein eigenes Verhältnis zu Gott, das keine Kirche etwas angeht. Seine neue Kirche ist nur noch ein Zusammenschluss jener, die sich ans Evangelium halten. Das ist, verglichen zu vorher, nicht nur reichlich abgespeckt, sondern auch verführerisch und zeitgemäß. Die alte Kirche hatte eine monströse, teilweise geradezu karnevalistische Eventkultur aufgezogen, die nur wenig mit der Bibel zu tun hat. Verständlich, wenn eine neue Kirche nur die Schrift, das Evangelium, und nicht dieses Blendwerk gelten lassen will. Zugleich aber wird damit dem Menschen etwas genommen, was er vielleicht mehr denn je sucht: die Möglichkeit einer irrationalen Erfahrbarkeit – durch das Blendwerk der Kirche. Blendwerk? Ja, wenn man will. Nein, wenn man im katholischen Brauchtum aus Goldaltären, Monstranzen, Reliquien, in all dem bunten und prächtigen Gottes-Dienst ein tiefes Verständnis für die Sehnsucht nach einem menschlichen Glauben erkennt. Ohne den alten Glauben (dem der Katholizismus auf Luther reagierend teilweise abschwört) hat sich viel, vielleicht zu viel von der Tradition des Unbegreiflichen verloren. Die Frage ist also, ob das vermeintliche Blendwerk nicht dem Unfassbaren, dem rational Fernen im Glauben geschuldet und notwendig ist. Mit Luther können Wunder nicht mehr geglaubt werden, die Heiligen werden Folklore, die Entrückungen der Mystiker sind unglaubwürdig. Die unverständlichen, gleichwohl ahnend verstandenen Rituale werden der neuzeitlichen Vernunft unterworfen. Die Seelsorge, auch die katholische, wird vernünftig und bis auf perverse Ausnahmen (wie Exorzismus) entspiritualisiert. Eine Verarmung irrationaler Wahrnehmungsfähigkeiten, der die Romantiker in ihrer Kehrtwendung zum Katholizismus versuchsweise entgegentraten oder in den 1960er-Jahren der »Drogenpapst« Timothy Leary, der den unaushaltbaren Mangel an irrationaler Erfahrbarkeit mit einem kontrollierten Drogenkonsum zu gewinnen suchte.

Zurück zu Luther. Seine verzweifelte Suche nach Gnade mag auch eine Auseinandersetzung mit väterlicher Kälte sein. Er verliert diese Auseinandersetzung zwar, Luther, der Sohn bleibt machtlos. Doch als er die ihn fürderhin begleitende Bibelstelle entdeckt, geht ihm ein Licht auf. Es ist eine Stelle im Römerbrief des Paulus. Sie scheint etwas banal: »Denn darin wird offenbart die Gerechtigkeit Gottes, die vor Gott gilt, welche kommt aus Glauben in Glauben, wie denn [im Alten Testament] geschrieben steht: Der Gerechte [also der Gottnahe] wird aus Glauben leben.« (Römerbrief 1,17)

Es ist der Brief des in Korinth weilenden Paulus an die Römer. Wir schreiben das Jahr 56. Der Missionar wendet sich an einen kleinen Haufen neu bekehrter Christen. Es geht um ihre Präsenz im großen Römischen Reich, ihn besorgt die Reserviertheit der Brüder. Wahrscheinlich wünscht er Unterstützung für seine Mission in Spanien, und scheint zu argwöhnen, dass sein Vorhaben von einigen mit Misstrauen betrachtet wird. Kern seiner Rede ist, seinen Anhängern Gewissheiten zu geben, Mut zu machen: »Glauben in Glauben«, aus dem »der Gerechte« sich definiert – der Gläubige, der Gott sucht. Glaube im Glauben. Nicht einfach Anhänger sein, sondern weiter und weiter. Dieser Satz wird Luther zur großen Erkenntnis. Um Gebote, gutes Handeln, Hilfe, Nächstenliebe geht es nicht, sondern um bedingungslose Treue zum obersten Lenker. Daraus erhält man Gnade. Gnade allein durch den Glauben. Und die Kirche? Wozu brauchen wir sie noch? Mit seinem Allein-der-Glaube-Grundsatz hat die Kirche ihre Rolle als vertikale Mittlerin zwischen oben und unten verloren. Kirche ist, wird Luther sagen, Menschenwerk, also Institution. Ein Verein, dem man beitritt oder fernbleibt. Jeder kann auch ohne Kirche glauben. Unwillkürlich fragt man sich, wieso Luther dann nicht aus seiner eigenen Kirche ausgetreten ist. Sein Gott hätte damit keine Probleme, solange der Mensch an ihn glaubt.

Zurück zum Römerbrief des Paulus. Da ist zu lesen: »So haben wir Frieden mit Gott durch unseren Herrn Jesus, durch welchen wir den Zugang haben zu dieser Gnade« (Römerbrief 5,1 bis 5,5). Und hellsichtig auch für uns Heutige, aber auch in Hinblick auf Luthers Verzweiflung, heißt es sehr schön: »Wir rühmen uns auch der Trübsale, weil wir wissen, dass Trübsal Geduld bringt, Geduld aber bringt Bewährung, Bewährung aber bringt Hoffnung, Hoffnung aber lässt nicht(s) zuschanden werden, denn die Liebe Gottes ist ausgegossen in unser Herz...« Die Liebe Gottes ist ausgegossen in unser Herz – sie wird nicht, sie ist es bereits. Warum also die ganze Aufregung, warum hat Luther diese Anfechtungen? Ein Fall für Psychologen. Tatsache bleibt seine masochistische Suche nach einem unbegreiflichen Gott. Luther muss es sich schwermachen. Erst wenn er sich hindurchgewürgt hat, wie er sagt, ist Licht am Ende des Tunnels erkennbar. Hat er sich erfolgreich hindurchgewürgt? Ganz geheilt von seiner Angst scheint er nicht. Denn auch da, wo einer bedingungslos glaubt – und das ist das Wichtigste –, gibt es keine garantierte Gnade, keine garantierte Angenommenheit durch den Vater, keine Wenn-Dann-Befreiung. Ob Gott für mich da ist oder nicht, kann ich nicht wissen, Gott bleibt unergründlich: Den einen nimmt er an, den anderen nicht. Gott würfelt nicht, soll Einstein gesagt haben. Luther hätte da widersprochen. Die Rechtfertigung des Menschen, also die Wiederherstellung des seit Adam gestörten Verhältnisses zu Gott ist allein Gottes willkürliche Angelegenheit, mag der kleine Gläubige unten auf der Erde sich noch so mühen. Gott ist und bleibt ein über uns Würfel spielendes höchstes Wesen, das nicht beeinflussbar ist. Ein großer Streitpunkt zwischen Katholiken und Protestanten: Luther betont seinen Glauben als reines Bekenntnis. Die Katholiken meinen, dass es auch in der Hand des Einzelnen liege, Gott gnädig und sanftmütig zu stimmen, eben mittels guter Werke, weil Glaube ohne Werke tot ist – bis heute eine nicht ausdiskutierte, vielleicht nicht ausdiskutierbare Betrachtung. Zwar stellt Luther Adam und Jesus einander gegenüber, zwar befreit Jesu Gehorsam und sündenfreies Leben den Menschen von der Macht der Sünde, zugleich aber ist und bleibt der Mensch der Nachfahre dieses ungehorsamen ersten Menschen, der im Garten Eden die verbotene Frucht gegessen und damit den Tod über alle Menschen gebracht hat. Mit einem Wort: Sippenhaft des Menschen vor Gott. Der Tod ist das Resultat aus Gottes Zorn. Solange der Mensch stirbt, kann er nie sicher sein, dass er von Gott angenommen ist. Wozu dann noch Christus? Der Optimismus der Heilsverkündung zählt da nur bedingt. Der Gerechte, der Gott achtet und sucht, kann nur eines tun: glauben. Womit glaubt er? Mit der Schrift. Wir können nicht wissen, was Christus dazu gesagt hätte. Wir wissen aber, wie sehr er auf die Schriftgelehrten, die Pharisäer, geschimpft hat, ihre verknöcherte und leblose Rechthaberei. Luther steht dieser wortklaubenden Kaste ziemlich nahe und beschreitet, wie wir sehen werden, den Weg einer religiösen Rechthaberei, die den Weg in eine äußerst blutige, menschenverachtende Zukunft weist. Katholiken und Protestanten werden sich allein um ihres Glaubens willen gegenseitig massenhaft abschlachten. Man denke an die Hugenottenkriege oder den Dreißigjährigen Krieg.

Es gab vor Luther die Kreuzzüge mit bestialischen Hinrichtungen Andersgläubiger, nach Luther aber beginnt eine kriegerische Auseinandersetzung von nie da gewesener Größenordnung und zeitlicher Dauer, mit einer nie da gewesenen Zahl von Toten, einer bis dahin nicht gekannten Zerstörung von Gütern, gewachsenen Strukturen – eine in Elend und Anarchie gebrachte Welt. Erst 150 Jahre nach Beendigung des Dreißigjährigen Krieges löst sich mit der Aufklärung die Geistesgeschichte aus dem Glauben und greift den Gedanken des Humanismus erneut auf. Aufklärung, so Immanuel Kant, ist der Ausgang (gemeint ist: Austritt) des Menschen aus seiner selbst verschuldeten Unmündigkeit. Unmündigkeit ist das Unvermögen, sich seines eigenen Verstandes ohne (!) Leitung zu bedienen.

Mit 34 Jahren tritt Luther aus der Abgeschirmtheit des Klosters hinaus. Hinaus in die Welt und tief in die Geschichte.

Ablass – Geschäft und Philanthropie

Es wiederholt sich tausendfach und überall. Ein Bauer oder ein Händler kommt mit seinem Karren der großen Stadt näher, sei es Mailand, Köln oder Paris. Das Erste, was er von weitem sieht, ist der hohe Kirchturm oder die prächtige Kuppel. Je näher er kommt, umso gewaltiger erhebt sich der Bau, der Reisende kann es nicht fassen. Ein solch überirdisch anmutendes Gebilde kann nur göttlich sein. Er fällt auf die Knie und betet. So soll es sein. So ist es gewollt. Er soll sehen, was Größe, kirchliche Größe heißt. Je imposanter die Architektur, desto mächtiger ist Gott, zugleich aber auch dessen Kirche und ihr Bauträger, der sich hier sein Denkmal setzt. Finanziert werden solche Großprojekte durch diverse kirchliche Geschäftspraktiken, deren eine der Ablasshandel ist. Um das gestörte Verhältnis zu Gott in Ordnung zu bringen, leistet man fromme Werke. Oder zahlt Bares wegen der Überschreitung eines göttlichen Gebots.

Irgendwann um 1517 taucht in Luthers Umfeld der Dominikanermönch und Ablasskommissar Johann Tetzel auf und verkauft Scheine mit dem Papstwappen, darin zum Beispiel geschrieben steht: »In Vollmacht aller Heiligen und in Erbarmung gegen Dich, absolviere ich Dich von allen Sünden und Missetaten und erlasse Dir alle Strafen auf zehn Tage.« Das heißt, Verkürzung des Aufenthalts im Fegefeuer für sich selbst oder einen lieben Dahingegangenen.

Die Beiträge sind nach sozialer Zugehörigkeit gestaffelt. Fürsten zahlen 25, Prälaten und Grafen sechs bis zehn Gulden, Bürger und Kaufleute drei, Handwerker einen Gulden, umgerechnet wahrscheinlich 500 Euro. Wer ärmer ist, zahlt etwa einen halben Gulden. Mittellose werden nicht ausgegrenzt. Über einige Vaterunser und Fastengebote erhalten auch sie die ersehnte Absolution. Und auch Frauen sind eine Zielgruppe.

Noch weitgehend rechtlos dürfen sie ohne das Einverständnis des Mannes kein Geld ausgeben, Tetzel aber bescheinigt, sie könnten auch ohne Wissen und Willen des Gatten einzahlen.

Er ist sich seiner Sache sicher, er ist, wie so viele seiner Zunft, kein Theologe, sondern Katholik und als solcher vor allem der Kirche und weniger Gott verpflichtet. Und wie die Kirche ist Tetzel kein Musterbeispiel gottgefälliger Lebensführung. Er ist Vater zweier Kinder, in Innsbruck hat man ihn wegen Ehebruchs und Spielbetrugs zum Tod durch Ertränken verurteilt. Ausgerechnet Luthers Landesvater, der Kurfürst von Sachsen, sorgte dafür, dass Tetzel davonkam. Er reist als Ablasshändler wichtig und pompös, und das in Anbetracht der sich zum Massenphänomen entwickelnden Missbilligung seines Standes. Seine Reisespesen sind immens, ebenso allerdings auch sein Verkaufstalent. Seit 1517 ist er Ablassgeneralsubkommissar in der Nachbarregion, beauftragt vom mächtigen Erzbischof von Mainz. Der Sünder, predigt er, kann mit einem passenden Betrag auch ohne Reue und Beichte seinen Straferlass erlangen. Es wird berichtet, er habe behauptet, selbst wenn jemand die Jungfrau Maria schwängerte, könne er, Tetzel, bei entsprechender Geldleistung einen Sündenerlass gewähren. Ob das stimmt, ist ungewiss, Tetzels Maßlosigkeit indes erwiesen und damals landauf, landab so etwas wie Tagesgespräch.

Es gibt wilde Geschichten. Einer der Käufer, namens Hans von Hake, ein Spötter vor dem Herrn, Ritter und Abenteurer, erwirbt bei Tetzel den Freispruch für zukünftige, also noch nicht verübte Sünden. Mit dem vollen Ablasskasten ist der Ablasshändler gerade in der Nähe der Kleinstadt Jüterbog, etwa 30 km von Wittenberg entfernt. Hake überfällt Tetzels Tross, Tetzel droht mit ewigen Feuerqualen, Hake zeigt ihm seinen von Tetzel selbst ausgestellten Freibrief und macht sich unter höhnischem Gelächter mit der Beute davon.

Tetzel wird solches verschmerzt haben, zu rege ist der Zulauf, und als agiler Geschäftsmann versteht er sich bestens auf das wiederkehrende Spiel mit der Angst, die Hauptaktie der Kirche. Wenn das Geld im Kasten klingt, die Seele aus dem Feuer springt – so oder so ähnlich verkündet er seine frohe Botschaft, von einer Prägnanz, die Luther zur Ehre gereicht hätte. Er versteht etwas von Werbung und Öffentlichkeitsarbeit. Flugblätter werden verteilt, Plakate aufgehängt und einheimische Prediger bekommen, solange Tetzel da ist, Predigtverbot.

Das Bild ist immer das gleiche: Zu beiden Seiten des Kreuzes (sozusagen als Corporate identity) das Papstwappen, Tetzel – kräftige Stimme, rundlich, in pelzbesetzter Dominikanertracht – verliest von der Kanzel die päpstliche Ablassbulle. In seiner Nähe eine große Sanduhr, Symbol der Vergänglichkeit, ein Mönch am Eingang nötigt das Volk zum Eintreten, und an einem großen Tisch sitzt der Bänker und notiert die eingehenden Beträge, die durch den Einwurftrichter in die große schwere Truhe kommen. Sie ist mit drei Schlössern versehen, deren Schlüssel beim Mainzer Erzbischof, beim Bankier Fugger und auch beim Papst liegen.

An wen geht das Geld? Zur einen Hälfte an Papst Leo X., der den Bau des Petersdoms finanzieren muss, zur anderen an Albrecht II., Markgraf von Brandenburg, Erzbischof und Kurfürst von Mainz, Erzbischof von Magdeburg und Administrator des Bistums Halberstadt. Als Kurfürst ist er zudem Erzkanzler des Heiligen Römischen Reiches (und später Kardinal der Römischen Kirche). Die kirchlichen Ämter hat er von Leo gekauft, das Geld dazu hat ihm die Fuggerbank geliehen. Über die von Tetzel betriebenen Einnahmen zahlt er es zurück.

Der Ablass ist eigentlich eine vorchristliche, durchaus sinnfällige Praxis. Er findet sich im germanischen Recht des Wergelds. Ein Beispiel: Bei einer tätlichen Auseinandersetzung erschlägt oder verwundet einer seinen Gegner. Dafür entrichtet der Täter eine Sühne, eine Wiedergutmachung: das Wergeld, von *wera*, germanisch Mensch oder Mann, und *gelda*, Vergeltung oder Entgelt. Dessen Höhe wurde meist mit Sachleistungen verrechnet. Zweck des Wergeldes war die Eindämmung der Blutrache. Der ›Sachsenspiegel‹, ein Rechtsbuch des 13. Jahrhunderts, führt dazu noch klare Tarife an, gestaffelt nach sozialer Zugehörigkeit, selbst die illegale Tötung eines Tieres durch einen Wilderer etwa wurde per Wergeld ausgeglichen.

Daraus wird der Ablass, lat. *indulgentia* (Nachsicht, Milde und Gnade), in der Praxis der volle oder teilweise Nachlass der zeitlichen Sündenstrafen im Fegefeuer durch Erfüllung bestimmter Leistungen. Er gilt als eine besondere Form kirchlicher Fürbitte. Die Kirche ist also eine Art Sekretariat, das sich für den Sünder an Gott wendet. Zunächst wurde unterschieden zwischen der Gott allein vorbehaltenen Vergebung der Schuld und dem Erlass der zeitlichen Sündenstrafen im Fegefeuer. Das Register der Bußstrafen war umfassend und hart. So konnten jahrelanges Fasten bei Wasser und Brot gefordert werden, aber auch Wallfahrten – und eben Geldspenden.

Warum nicht? Im Sinne des Wergeldes hat der Sünder eine Entschädigung zu leisten. In der heutigen Rechtsprechung immer noch gängige Praxis mit Diensten des Verurteilten am Gemeinwesen. Eine Regelung, die nicht allein dem Sündenverwalter Kirche hilft, sondern auch dem gläubigen Menschen – die klare, zugegebenermaßen materialistische, damit aber nachvollziehbare Wiedergutmachung, schlichte, weil zielgenaue Entlastung des Gewissens. Zeitgenossen erwähnen das Glück des »armen Sünders«, wenn er den Besitz seines Ablassbriefes den anderen vorzeigen konnte. Bares bedeutet nicht nur konkrete Wiedergutmachung, es heißt auch Geld für den Kirchenbau und die Seelsorge, für Kunst, Musik, für Schulen, Brücken, Deiche, Kranken- und Armenhäuser und für die Klöster. Viele Klöster sind Wirtschaftsunternehmen, oft die erfolgreichsten der Region. Arbeitsplätze werden geschaffen, Geld zirkuliert, bis heute ein immer noch probates Mittel der Wirtschaftspolitik. Auch Steuern werden zuweilen entrichtet, aber der Fiskus, wie wir ihn heute kennen, steckt noch in sehr kleinen Kinderschuhen.

Populär wurde der Ablass als Finanzierungsquelle der Kreuzzüge. Zu Luthers Zeiten ist der Einfluss des Papstes aber deutlich zurückgedrängt, die Weltlichen wollen auch etwas aus dem Kirchentopf, fordern ihren Teil und erhalten oft mehr als die Hälfte. Auch Tetzels Aktion ist keine rein kirchliche Eintreibung, Erzbischof Albrecht ist als Kurfürst auch weltlicher Herrscher. Und Tetzel ist ein Marktschreiertalent und bekommt viel Aufmerksamkeit. Das von Sündenangst beherrschte Volk glaubt ihm. Alles scheint seine Ordnung zu haben. Das ist viel wert. Ordnung gibt Sicherheit. Wer einen Ablassbrief erworben hat, genießt das seltene Gefühl der Beruhigung; man zeigt ihn stolz herum, man hat einen mehr oder weniger großen Teil seiner Angst in einer unsicheren Welt abgebaut, zumindest jene vor den Qualen des Fegefeuers – nicht der Hölle, die gilt als ewiger Machtbereich Gottes. Dennoch: Der Schatzbrief ist mess- und vorzeigbare Frömmigkeit und Frömmigkeit, ist vor allem normatives Verhalten.

Im Kurfürstentum Sachsen ist der Ablass verboten. Friedrich der Weise fürchtet den finanziellen Aderlass seines Landes, aber gleich neben Wittenberg beginnt das Herrschaftsgebiet des finanzhungrigen Albrecht, und Friedrichs Landeskinder laufen in Scharen hinüber, die begehrten Freibriefe zu kaufen.

Und der Seelsorger Luther erlebt etwas, was seinen Zorn erregt. Einigen seiner Beichtkinder vermag er keine Absolution zu erteilen, zu groß sind ihre Sünden. Bis heute gibt es die unabtragbare »Schuld« des gläubigen Protestanten. In den 1980er-Jahren schreibt Tilmann Moser in seiner ›Gottesvergiftung‹ von seiner entsetzlichen Lähmung angesichts seiner Angst, zu den Verdammten zu gehören. »Mich faszinierte es, wie viele Mittel meinen katholischen Schulfreunden gelassen wurden, um sich doch noch zu retten, um Ablass zu erhalten. Ich lauschte oft atemlos ihren Berechnungen, wenn sie, vor und nach der Beichte, ihre Sünden und die Strafen und die Wiedergutmachungsforderungen berechneten, und wenn ihnen die Lage *nicht* aussichtslos erschien.« Genau dagegen tritt Luther an. Vor Gott ist die Lage aussichtslos. Der Mensch hat keinen Einfluss auf die von ihm erteilte Gnade. Luthers Beichtkinder sind irritiert. Die Tilgung ihrer Strafen sei bereits erfolgt, sagen sie, sie hätten eigentlich nur zur zusätzlichen Absicherung noch beichten wollen. Im nachbarlichen Herzogtum habe ihnen nämlich Bruder Tetzel bereits die Seligkeit versprochen.

Luther ist empört. Alle Welt klage, sagt er, doch ginge es hier weniger um Gewissens-, sondern um Geldnöte. Im Sinne der vom Menschen empfundenen Ungerechtigkeit hat er recht. Der kleine Mann klagt, dass er sich nicht genug Ablässe kaufen könne, die Fürsten, die Geistlichkeit und die Fugger, dass sie nicht genug einnähmen. Alle Welt braucht und will Geld. Und was wird gekauft bzw. verkauft? Sicherheit. Sicherheit aber kann es nicht geben. Da ist Luther schon der Kernluther. Nichts gegen Spenden, sie sind gute Werke und wesentliche Christenpflicht, aber sie geben *keine Sicherheit*, keine der Nähe zu Gott. So gesehen ist die Ergriffenheit des Bauern, seine kniefällige Betrachtung des mächtigen Kirchenbaus nur Bewunderung eines Prestigeobjekts, eines bautechnischen Wunderwerks – es ist sichtbares Machtkalkül. Damit ist der Glaube, lutherisch gesehen, umgelenkt, und zwar weg von Gott. In diesem Sinne verfasst Luther seine berühmten 95 Thesen.

Kein Grund zur Freude – die 95 Thesen

Es ist einer der großen, poetisch anmutenden Momente der Geschichte. Poetisch, weil ein, zwei Zettel eine Kettenreaktion auslösen und ganz Europa verändern. Man weiß nicht mal, ob sie handgeschrieben oder gedruckt waren.

Was zählte mehr? Der Inhalt oder die Wirkung? Ganz klar Letzteres, denn inhaltlich wurde die Problematik schon längst vor Luther thematisiert, und es geht ja nicht nur um die Frivolitäten des Ablasses, sondern um eine Kirche, die sich zusehends unglaubwürdig macht.

Man könnte Tetzels Theater als komödiantische Überhöhung eines Geschäftsmodells betrachten, das Luther so nicht mehr mitansehen kann, sind es doch Menschen, die diesem Modell aufsitzen, und die tun ihm leid. Aber Luther tritt aus einem anderen Grund auf. Ihm geht es nicht um den Menschen, ihm geht es um die Theologie, um die Reinheit der Lehre. Das ist nicht neu, neu ist die perfekte Formulierung zu einem perfekten Zeitpunkt. Sein Kontrahent Johannes Eck formuliert seine Kirchenkritik dagegen akademisch und theologisch versiert. Interessiert das jemanden in dieser Lage? Nein. Luther weiß zündend und packend die Dinge beim Namen zu nennen, das ist seine große Begabung. Heute noch würde sein Argument sogleich einleuchten, wenn er fragt, warum der Papst, der ohnehin viel Geld habe, seine Bauvorhaben nicht selbst finanziere.

Nun also 95 Ideen, die er, eigenhändig oder nicht, weniger an die Tür der Wittenberger Schlosskirche nagelt als vielmehr an die Tore der Neuzeit. Es gibt kaum einen anderen Text der Weltgeschichte, der so viel Aufsehen erregt und solch eine Wirkung hatte.

Wie reagiert die römische Kirche? Sie wehrt sich, aber müde und desinteressiert; sie erkennt nicht, was hier ins Rollen kommt, sie hört nicht, wie laut das Murren ihrer eigenen Schafe geworden ist. Tetzel veranstaltet in Frankfurt an der Oder eine Disputation, um sich und seine Kirche zu rechtfertigen. Sein oberster Chef, der Bischof von Mainz, ein kluger Kopf, hätte Luther schnell mundtot machen können, auch wenn der nicht sein Untertan ist. Albrecht ist aber trotz einiger theologischer Traktate kein Theologe, eher ein Landesfürst wie andere Landesfürsten auch, und die Kurie sitzt weit weg in Rom und schlägt sich lieber weltlich modern als theologisch mittelalterlich. Zwei Jahre nach Luthers Anschlag stirbt Kaiser Maximilian. Als Nachfolger wird ein Habsburger gehandelt (der spätere Kaiser Karl V.), und Rom fürchtet die Umklammerung durch ein Riesenreich aus Österreich, Deutschland, Burgund und Spanien. Wenn den Papst etwas also umtreibt, dann die internationale Politik und nicht die theologischen Thesen eines Mönches, mögen sie nun populär sein oder nicht. In dem Poker um die Kaiserkrone macht sich Rom für einen weniger mächtigen Mann stark und das ist ausgerechnet Luthers Landesfürst Friedrich der Weise, der Luther aber nicht zur Ordnung ruft. Der brave Katholik will den Dingen erst einmal ihren Lauf lassen. Und der Papst schweigt zunächst, will es sich mit dem Thronprätendenten Friedrich nicht verderben. Es hätte für Luther nicht besser laufen können. Theologisch mag Rom gegen den aufsässigen Doktor sein, machtpolitisch aber steht es an der Seite jenes Herren, der nichts gegen Luther unternimmt. Hätte Luther etwa in Halle oder Magdeburg gelebt, im Territorium des Erzbischofs von Mainz also, wäre sein Wirken vielleicht bald beendet gewesen.

Darüber hinaus ist Deutschland ohnehin kaum zu steuern, weder für den Kaiser noch für Rom. Das Heilige Römische Reich ist weder heilig noch römisch, sondern ganz unrömisch desorganisiert, eine mehr gedachte und wenig praktizierte Union, deren Chef, der Kaiser, viel sagen, aber nur wenig machen kann. Ignoriert der Kaiser die Belange der Fürsten, ignorieren die Fürsten ihn, und was dann noch von den Päpsten in die zersplitterte Landschaft dieses Reiches gelangt, wird oft genug nur widerstrebend angenommen. Deutschland heißt: zu viele Einzelstaaten mit eigenen Souveränitäten, zu viele Landesherren, die eifersüchtig darüber wachen, dass sie und kein anderer Herren im Lande sind. Was beim einen verboten ist, ist beim anderen erlaubt. So hat ein nicht nur mit bischöflicher, sondern auch mit päpstlicher Autorität ausgestatteter Tetzel im Kurfürstentum Sachsen Auftrittsverbot. In den nahe gelegenen Bistümern Halberstadt und Magdeburg dagegen werden ihm keine Grenzen gesetzt.

Luther hat sich zeit seines Lebens über die Aufmerksamkeit gewundert, die ihm zuteilwurde. Wie konnte ein unbedeutender Mönch derart ins Zentrum der Aufmerksamkeit geraten? Er hat von seinem Studierstübchen zur Tür der Schlosskirche nur einige Schritte getan. Dass diese Schritte nicht groß, sondern übermächtig sind, weiß er gewiss am wenigsten. Gewissheiten aber hat er, und die kommen nicht von ungefähr. Sein Lehrer Staupitz hat Luthers Wirkungsvermögen erkannt und fördert ihn. Staupitz hat sich nur vorsichtig zum Humanismus bekannt, aber er pflegt die Offenheit des freien Mannes. Raus aus der alten scholastischen Gebundenheit, hin zu mehr Freiheit. Er sieht Luther zu, er will ihn aus dem Hamsterrad befreien, und das gelingt. Erlaubt sei die spekulative These: Staupitz ist (neben anderen Personen und Phänomenen) ein Geburtshelfer der Reformation. Er lässt Luther Leine und sieht unerschrocken zu. Er ahnt einiges, hofft vielleicht, dass ein Großer aus seiner Ordensgemeinschaft hervorgeht – ein zweiter Augustinus? Bis zuletzt wird ihm Luther dieses Zutrauen danken. Wenn er einen Vater gehabt hat, dann Staupitz. Sein Zögling predigt nicht nur, oder nimmt hin und wieder die Beichte ab, er gewinnt als Dozent seine jungen Zuhörer. Sie können ihn, seine klare Sprache, verstehen, sie müssen nicht nachpauken, sondern dürfen mitdenken. Luther beginnt sich selbst zu erkennen, seine Fähigkeit, packend und plausibel zu dozieren. Das gibt ihm Selbstvertrauen.

Und Tetzel reizt jeden halbwegs logisch denkenden Christen. Es könne nicht sein, dass dieser Marktschreier das päpstliche Ablasskreuz mit dem Kreuz Christi gleichsetze. Das meint nicht nur Luther sondern ein Gutteil der Theologen Luther hält sich auch nicht lange bei Tetzel auf, der ist ihm eine Nummer zu klein. Aber was der da macht, ist Ausdruck eines Missstandes, der oben gemeldet werden muss, dann würde der Zauber abgeschafft. Glaubt Luther. Er schreibt an den Mainzer Erzbischof. Er kenne sich in der Ablasstheorie nicht aus, meint er untertänig, er könne den aktuellen Missbrauch nur nicht mehr gutheißen; er räumt auch ein, diesen nicht mit eigenen Augen gesehen zu haben. Er hat aber keine Hemmungen, den Finger vor dem Erzbischof zu erheben. Auch der Erzbischof müsse einmal vor Gottes Gericht, er solle sich also vorsehen. Desungeachtet bittet er untertänig um eine wissenschaftliche Auseinandersetzung unter Fachleuten. Nichts anderes. Er erhält keine Antwort, er weiß nicht, dass Deutschlands mächtigster Kirchenmann Tetzels Treiben fördert, nichts von Albrechts immensen Schulden. Der füllige, leicht übersättigt wirkende Erzbischof ist eine nicht unsympathische Renaissancepersönlichkeit mit bombastischem Hof, mit gutem Blick für Kunst und Kultur, er beschäftigt berühmte Künstler wie Lucas Cranach und Matthias Grünewald. Ein undogmatischer Fürstbischof, der später immer wieder auf Ausgleich zwischen Lutheranhängern und -gegnern drängen wird – nur wird das dann keiner mehr wollen. Vorerst sind nur die Kreise des Erzbischofs gestört. Intern erklärt der, der Ablass sei ein »heiliges Geschäft« und damit basta, also keine weiteren Fragen und Problematisierungen, von niemandem. Luther weiß nichts davon. Er verfasst seine berühmten Thesen, es ist der 31. Oktober 1517. Einige Abdrucke gibt er an Kollegen und andere Interessierte weiter, über diese kommen sie via Vervielfältigung in die Welt. Der Buchdruck macht es möglich. Die Geschichte des Flugblattes beginnt.

»Wenn unser Herr und Heiland spricht: Tut Buße, hat er gewollt, dass das ganze Leben Buße sein soll«, schreibt Luther. Damit ist der Konflikt vorgezeichnet. Rom verrechnet die Bußleistungen mit Geld, Luther hält das für Täuschung. Auch die geringste Sünde lasse sich per Ablass nicht aus dem Sündenkatalog streichen. Vor sieben Jahren glaubte er in Rom noch daran. Damals bedauerte er es fast, dass er nicht mehr verstorbene Familienangehörige hatte, denen er mit seinem Heilsproviant die Leiden des Fegefeuers hätte ersparen können. Nun sieht er es ganz anders: Der Ablass ist vor allem ein Geschäft. Was die Kirche auch immer sage, es gilt nur, wenn es sich mit der Bibel deckt. Und die Bibel kennt er wie kein anderer. Nach der gibt es keine andere Buße als »Schrecken und gläubige Reue« – meint Luther. Der Gläubige müsse Christi Leidensweg gehen. Denn das Leben kenne nur eines, Leiden, Tod und Hölle: das Kreuz.

Und wo bleibt der Mensch? Wo sein Wert? Luthers zeitweiliger Parteigänger Ulrich von Hutten sieht im Menschen den Menschen, Hutten spricht vor allem als Mensch: »Welche Freude jetzt zu leben... Die Luft der Freiheit weht.« So etwas ist Luther zu weltlich, zu glaubensfern. Was gilt, ist Gott, und vor Gott ist jeder ein Knecht und vor allem ein Sünder. »Psychologisch nachgerechnet werden in jeder priesterlich organisierten Gesellschaft die ›Sünden‹ unentbehrlich«, sagt Nietzsche, »sie sind die eigentlichen Handhaben der Macht. Der Priester lebt von den Sünden, er hat noch nötig, dass ›gesündigt‹ wird ... Oberster Satz: ›Gott vergibt dem, der Buße tut‹ – auf Deutsch: der sich dem Priester unterwirft.«

Luther würde hier zweierlei entgegnen: Erstens geht es um den Machtmissbrauch. Zweitens steht die Buße des Sünders nicht zur Debatte, selbst wenn die Kirche sie als ein Mittel der Unterdrückung einsetzt. Nietzsche hingegen würde dazu den Kopf schütteln: Die Ablasspraxis sei das beste Beispiel, um nicht nur Rom, sondern auch die Buße infrage zu stellen, denn der Bußgedanke erlaubt erst diesen Missbrauch. Luther aber: Die Buße braucht der Mensch in seinem Verhältnis zu Gott. Wenn sich Luther als freien Menschen bezeichnet, dann nur in seinem Verhältnis zur Kirche, nicht in seinem Verhältnis zu Gott. Vor Gott hat der Mensch keine Freiheit. Vor Gott hat der Mensch der eigenen Geringfügigkeit Rechnung zu tragen. Das tut er mit den Mitteln der Buße vor einem zornigen und unnachgiebigen Gott. Es gibt keine Ruhe vor dem Allmächtigen! Niemand kann helfen, kein Pfarrer, kein Abt, Bischof, keine Kirche. Und der Ablass schon gar nicht. Der kann weder eine schwere noch eine leichte Sünde tilgen. Hilft dann die Buße? Luther weiß nur, dass es keine Gewissheit der Vergebung gibt. Was bleibt, ist das Kreuz, das Kreuz!

Heute immer noch ein Streitpunkt. Die einen sehen im Kreuz das Symbol eines grausamen Hinrichtungsaktes und fragen, wie man angesichts eines Kreuzes Hoffnung schöpfen, wie Vertrauen in die tröstende Menschlichkeit der christlichen Botschaft gewinnen könne. Die Kreuzbefürworter verweisen auf eine jahrtausendealte Überlieferung und auf die

Kraft eines einfachen Symbols. Und selbstverständlich auf den Sühneaspekt.

Uns stellt sich eine Frage: Kann anstelle des Kreuzes nicht die Krippe in den Altarraum gesetzt werden? Sie ist nicht nur ein Symbol der Geburt und des Lebens, sondern, auch im globalen Verständnis, das Bild vom »Frieden auf Erden«.

Luthers Überzeugung geht da in eine klare Richtung. »Frieden, Frieden – ist doch kein Frieden«, ruft er. Die Christen sollen Christi Tod und der Hölle folgen, der Friede ist ein falscher Trost. Erst durch Trübsal komme man ins Himmelreich. Und das sorgt für so viel Furore? Nein. Nicht die Idee der Unmöglichkeit des Friedens, der lebenslänglichen Gebundenheit vor Gott, nicht der Ablass, sondern das unglaubwürdige Gebaren der Kirche und ihr Einfluss in der Welt. Luthers Sichtweise ist Eines, jene der Welt ein Anderes. Luther denkt theologisch, die Welt aber praktisch, sie erkennt in den 95 Sätzen vor allem den lang erwarteten Angriff auf ein unersättliches, egozentrisches, Rom.

Die Verhältnisse ändern sich. Die Wirtschaft brummt. Noch verhalten in einigen Dörfern, vor allem aber in den großen Städten wie Lübeck, Hamburg, Mainz, Nürnberg oder Augsburg. Das sind ziemlich autarke Gebilde mit einer wachsenden Bereitschaft zur Revolte. Das »Tolle Jahr« in Erfurt ist kein Einzelfall, eine allgemeine Ruhelosigkeit bricht sich Bahn. Deutschland ist das größte Land Europas, wirtschaftlich stark, aber friedlos. Grafschaften liefern sich nicht endende Fehden, Fürsten schließen Bündnisse gegen andere Fürsten, die Städte sind gegen die Fürsten, die Bauern bilden Bündnisse gegen die Städte, die Kaufleute gegen die Raubritter, der Kleinadel hofft auf Vereinigung mit dem Ritterstand und auf neuen Einfluss, die Unterschicht abträumt vom Weltende oder erwartet ein neues, besseres Zeitalter. Lauter Brandherde, die außerhalb katholischer Kirchenmauern liegen. Während England, Frankreich und Spanien eher homogene Gebilde geworden sind, ist Deutschland derart amorph, dass keiner weiß, wo es anfängt und aufhört. Landauf, landab herrscht nicht nur Unruhe, sondern auch die Erwartung einer allgemeinen Wende. Luthers Thesen sind inhaltlich ein alter Hut, neu ist die brachiale Klarheit und Kraft des Textes. Und der Buchdruck ist zur Stelle und sorgt für entsprechende Verbreitung. In wenigen Wochen findet sich der lateinische Thesentext übersetzt in ganz Deutschland. Er stößt auf offene Ohren, alles gerät in ein Fieber des »Es-muss-anders-Werdens«.

Luther weiß von alledem wenig, er kennt das Land zwar von seinen vielen Fußwanderungen, aber wie sehr es gärt, weiß er nicht. Er hat sich während der Niederschrift seiner Thesen nicht viel gedacht, sie sind ihm nichts weiter als eine Einladung zu einer universitären Diskussionsrunde, die übrigens vollkommen ignoriert wurde. Er denkt, seine Kritik an Tetzels Unwesen würde die Oberen dazu bewegen, das Geschäft einzustellen. Er hat keine Ahnung von ihrer Ignoranz. Die massenhafte Verbreitung seines Thesenpapiers hat er nicht geplant und schon gar nicht einen Anschlag auf die allgemeine Ordnung.

Hahnenkämpfe

Die Thesen verbreiten sich wie ein Lauffeuer. Endlich nennt einer die Dinge beim Namen. Dabei geht es Luther weniger um die kirchliche Geldeintreibung, sondern um Theologie, um seine Theologie, vor allem um sein Verständnis von Buße. Der Mann von der Straße sieht in diesem Luther indes weniger den Bußtheoretiker als vielmehr einen, der aufgestanden ist und geradeheraus sagt, was Sache ist. Die Kurie lädt den

Aufmüpfigen nach Rom vor, im Frühsommer 1518 wird ein Ketzerverfahren gegen ihn eingeleitet. Vermutlich wäre das Luthers Ende gewesen. Aber er hat Glück. Er ist wieder einmal *right time, right place.* Sein Landesherr, Kurfürst Friedrich ist und bleibt zwar Katholik, zugleich aber auch ein Territorialherr, der sich nicht dreinreden lässt. Und der Papst braucht ihn. Als Kurfürst stimmt er mit ab bei der Kaiserwahl. Und die steht bald an, der alte Kaiser Maximilian wird nicht mehr lange leben. Papst Leo hofft, den Sachsen für seine Ziele einspannen zu können. Also sieht er von einem »Auslieferungsbegehren« ab. Luther darf aus gesundheitlichen Gründen, wie es heißt, in Deutschland bleiben. In Augsburg wird er seine Theologie begründen dürfen. Von der Sprengkraft seiner Worte haben die wenigsten eine Vorstellung, Rom nicht, Luther auch nicht. Seine ersten Gefolgsleute gesellen sich zu ihm, Luthers Schüler und engster Mitstreiter, der feingliedrige Philipp Melanchthon, Martin Bucer, späterer Reformator im Elsass, Johannes Brenz, Reformator Württembergs und früher Vorfahre Dietrich Bonhoeffers, und der Freigeist und spätere Reformationskritiker Sebastian Franck, um nur einige zu nennen.

Kardinal Cajetan (1468?–1534) wird sein neuer Widersacher, einer, der die Kritik an der Kirche kennt, und in Luther weniger den Aussteiger erkennen will als eher ein der Herde entlaufenes schwarzes Schaf. Zumindest ist das seine Strategie. Dem Wittenberger soll die Möglichkeit zur Umkehr gegeben werden. Dann werde alles gut. Aber er verkennt, dass Luther so nicht beizukommen ist. Cajetan kennt den Diskussionsstand seiner Zeit, das Heer der freien oder freisinnigen Geister ist ihm keine häretische Masse. Es ist auch nicht Luther, sondern der Bischof von Lüttich, Erhard von der Mark, der Rom in einer nie vernommenen Weise die Leviten liest. Cajetan nimmt das zur Kenntnis, es sind laute Signale aus den eigenen Reihen,

Signale lutherischer Art. Er hört sie, aber entwickelt kein Krisenbewusstsein. In Augsburg begegnet er dem kleinen Augustiner väterlich wohlwollend, er spricht von den Sakramenten, die einem Gläubigen eine Hilfe sein sollen, und meint die Kirche. Nicht das persönliche Innere habe zu entscheiden, wie Luther sage, sondern die Kirche, der Papst. Er gibt sich Mühe, den abgerissenen Mönch nicht nur reden zu lassen, sondern ihm auch zuzuhören. Nicht etwa, weil er ihn mag – das Gegenteil wird eher der Fall gewesen sein –, sondern, um Ruhe zu schaffen. Er wolle nicht Richter sein, sondern Vater, sagt er und hofft, Luther so beizukommen. Der aber besteht darauf: Die Schrift sei das Maß aller Dinge. Cajetan hält dagegen: Auch die Schrift sei nicht frei von Irrtümern. Luther muss das überhören. Wäre die Schrift nicht frei von Irrtümern, wäre ihm der Boden unter den Füßen entzogen. Sola scriptura, nur die Schrift – das ist und bleibt sein Standpunkt. Und das führt bald in die Katastrophe. Die gleiche Anschauung wird, wenig später, von den aufständischen Bauern geltend gemacht, und sie werden, wie Luther, mit dem Verweis auf die Bibel stur bleiben. Das Resultat: zigtausend Tote.

Wie zynisch uns eine Figur wie Dostojewskis Großinquisitor auch erscheinen mag, wie sehr wir ihn gegenüber Christus als hässlichen Unsympathen erleben, wir müssen ihn auch verstehen: Die Kirche ist ein Ordnungsgefüge, das einen Revolutionär wie Christus an den Rand drängen muss, wenn sie Frieden und Ruhe schaffen will. Der Revolutionär hat in einer zur Ruhe gekommenen Welt nichts mehr zu suchen. Und so tritt, bei Licht besehen, auch nicht Christus dem Großinquisitor entgegen, sondern ein Weltferner, ein Unruhestifter. Einer wie Luther. Ob Cajetan etwas Ähnliches erkannt hat? Es hätte ihm nicht viel geholfen. Luther ist ein Stürmer. Dem machiavellistischen Großinquisitor ist der Mensch *wegen* seiner Fehlerhaftigkeit das Zentrum der Welt. Für Luther ist die

Schrift das Zentrum, ihm geht es um den Glauben, um Gottes Gnade und um das Kreuz. Eine 1500 Jahre alte Kirche hat nur relativen Wert. Ob Cajetan wirklich glaubt, die Kirche hätte über die Verdienste des Herrn Jesus einen großen Vorrat an Heilszusagen erworben und dürfe diesen Vorrat einer Bank gleich wie ein Guthaben verwalten? Kaum. Er steht eher auf dem Standpunkt, dass ein solches Heilsversprechen in Zeiten von Pest und Cholera ein unschätzbarer Dienst am Menschen ist. Dostojewskis Großinquisitor hätte in diesem Disput vielleicht hinzugefügt, wir sind für die Menschen da und nicht für das Evangelium, wir sind Adepten des Friedens, wir müssen den Menschen sagen, wie Deine Botschaft, lieber Jesus, ausgelegt gehört, denn Du hast den Menschen sich selbst überlassen, und dafür ist er nicht geeignet. Man muss ihn an der Hand nehmen. Diesem Standpunkt nähert sich Cajetan. Die Kirche ist ihm der Handlauf für den unsicheren Gläubigen. Ihm fehlt indes die frische lutherische Kraft – das Kardinalmanko der Kirche. Verfangen in seiner mit Purpur ausgeschlagenen Gelehrtenwelt hat er nichts Besseres zu tun, als erschrocken nach Rom zu melden, der Ablass sei doch noch nicht gesetzlich verankert, das müsse schleunigst nachgeholt werden. Als wäre die juristische Legitimierung des Ablasses die Lösung!

Cajetan macht noch einen anderen Fehler, den klassischen seiner Kirche: Er tritt mit römischem Pomp in Augsburg auf. Augsburg aber ist eine freie Reichsstadt mit emanzipierter Bürgergemeinde, selbst ein Multi wie Fugger tritt hier vergleichsweise bescheiden auf. Und Cajetan müsste wissen, wie sauer den Deutschen Roms Gehabe aufstößt und dass deren Geduld überstrapaziert ist. Hutten spottet über den reichen Römer, dem nichts gut genug ist, das Brot nicht, nicht das Feldhuhn und der Wein. Ebenso wenig das deutsche Wetter, auch das nichtmeteorologische, das Wetter der Haudegen und Kulturlosen. Dem feinen Kardinal sind die deutschen Fürsten nichts als versoffene und verfressene Fettwänste, die am liebsten huren und jagen.

Friedrich der Weise ist nicht nur elastisch, sondern trotz oder gerade wegen seiner Ängstlichkeit ein Großer. Von Cajetans Aufforderung, den unbequemen, lästigen Luther zu verhaften, will er nichts wissen. Er hat fantastisch viele Reliquien, die ihm über eine Ewigkeit den Sündenerlass garantieren, und er glaubt das auch. Mithin müsste er Luther als Gegner ansehen, seine Reliquien wären mit Luthers »Machtübernahme« ja fragwürdig geworden. Friedrich laviert gemäß der Überzeugung, dass nicht jede Gewissheit in Stein gemeißelt gehöre. Dem vorsichtigen bis zur Lethargie Neigenden gebührt die Wertschätzung als ein Politiker, der eine Ahnung von der Komplexität der Welt hat und etwas Modernes zugesteht: Bewegungsfreiheit.

Dagegen ist Luther umso entschiedener. Wenn sein Landesherr die Kabinettspolitik sucht, sucht Luther die Öffentlichkeit, und er hat keine Hemmungen, die Massen aufzupeitschen. Er hat den Leuten aufs Maul geschaut und schreibt für sie, fürs Volk. Im ganzen Reich heißt es nur noch Luther!

Ein »guter Zorn« erfrischt das Gemüt, meint er. Man hört, wie der Zorn ihn beflügelt, wie er ihm Leichtigkeit verleiht, auch Leichtfertigkeit. Das ist nicht nur ein guter, es ist auch ein ganz unchristlicher Zorn, unprätentiös und aggressiv: Wenn wir Diebe mit dem Galgen, Räuber mit dem Schwert, Ketzer mit dem Feuer strafen, warum wenden wir uns dann nicht mit Waffengewalt gegen die Lehrer des Unrechts, die Kardinäle, Päpste und das ganze römische Sodom, und waschen unsere Hände in ihrem Blut? Ein wenig erinnert das an einen Agitator, der einen Trupp Landsknechte auf die nötige Mordlust einschwört. Oder an den Revolutionär, wie wir ihn in späteren Epochen und in anderer Umgebung wiederfinden, etwa bei Robespierre, Stalin oder Khomeini.

Wir müssen also auch politisch hinsehen, weil diese Worte Politik gemacht haben, kirchliche und weltliche. Luthers Wortwahl mag dem Redestil seiner Zeit geschuldet sein, konsequente Christen können das indes schwerlich nur dem allgemeinen Redestil der Zeit anlasten.

Martin Sasse, der evangelisch-lutherische Landesbischof in den 1930er-Jahren hat sich als Hitlerbefürworter einer ähnlichen Diktion bedient, indem er die Juden den Abschaum der Menschheit nennt (in seiner Schrift ›Martin Luther und die Juden‹). Luthers Worte wirken also bis tief in unsere Zeit. Ob sie nun eine verbale Entgleisung oder zeitgebundener Redestil sein mögen oder nicht, sie werden heute noch für bare Münze genommen.

Drei Monate nach dem Augsburger Treffen starb Kaiser Maximilian I. (reg. 1508–1519). Sein Nachfolger ist der spanische König Karl von Habsburg, den der Papst nicht wollte und der französische König noch weniger. Ein Habsburger als Kaiser heißt für Frankreich und Rom, einen Herrscher über die halbe Welt vor der Nase zu haben, einen Herrscher über Deutschland, Spanien, Sizilien und Neapel, Ungarn, Dalmatien, Kroatien und Österreich, dazu noch über Burgund, Flandern und Tirol. Verständlich also die Befürchtung, dass das europäische Gleichgewicht empfindlich gestört wird. Unverständlich aber auch. Denn die Osmanen schreiten von Sieg zu Sieg in Richtung Reich voran. Nur der Habsburger könnte ihnen entgegentreten. Auf Frankreich ist kein Verlass, ganz egoistisch denkt es nur an sich, und wenn es die politische Opportunität erlaubt, macht es mit den Türken gemeinsame Sache. Nicht nur jetzt, sondern die nächsten 150 Jahre. Und Rom? Es favorisiert einen Außenseiter als Kaiser, ausgerechnet Luthers Landesherren, den alten Kurfürsten Friedrich. Der aber winkt weise ab. Macht ist ihm eine Last, die Bürde des Fürstenamtes reicht. Und Luther bleibt unter Friedrichs schützenden Fittichen.

Der neue Kaiser Karl V. (reg. 1519–1556) ist überzeugter Katholik, er ist in Burgund von einem frommen Kirchenmann erzogen worden, dem späteren Papst Hadrian VI., der sich nie in den Irrgärten der vatikanischen Machtzentrale zurechtfinden konnte und nach kurzem wie ergebnislosem Pontifikat starb. Dass Karl überhaupt Kaiser werden konnte, liegt am Geld und an deutscher Unwissenheit. Die Fugger strecken ein Gutteil der benötigten Finanzen vor – es sind vor allem Wahlgeschenke an die Kurfürsten, die Gesamtsumme liegt bei etwa 800 000 Gulden –, ein fantastisch hoher Betrag. Nie wird der Kaiser schuldenfrei sein, der Deal lohnt sich trotzdem, zumindest für die Fugger. Karl gewährt ihnen weitgehende Wirtschaftsprivilegien im Reich, und das Reich ist groß. Vielleicht hätten ihn die Kurfürsten nicht gewählt, wenn sie die Wahrheit gekannt hätten, dass Karl nämlich, entgegen ihrer Annahme, kein Deutscher ist. Deutsch spricht er gerade mal einige Brocken. Seine Muttersprache ist Französisch, das ihm wenig nützt. In Spanien spricht er – anfangs – kein Spanisch, was die Spanier sehr erregt. Sie fürchten, Karl werde sie aufgrund seines bis Süditalien und Ostösterreich reichenden Machtumfangs links liegen lassen. Hinzu kommt: Frankreich, Spaniens traditioneller Gegner, fuchtelt ständig mit dem Schwert in Richtung Iberischer Halbinsel. Frankreich wird geradezu manisch im Kaiser eine Gefahr sehen. Der eitle und machthungrige König Franz I. (reg. 1515–1547) laviert und intrigiert gegen den Neuen und hält sich an keine Abmachungen und Versprechen. Am hässlichsten verhält sich der Papst, er wechselt derart stil- und schamlos die Seiten, dass Karl der Geduldsfaden reißt und er 1527 Rom derart verwüstet, dass noch lange davon gesprochen wird – vom Sacco di Roma. Die Tragik seines politischen Lebens liegt wohl darin, dass die mitgebrachten Probleme schlicht unlösbar sind. Karl regiert ein unregierbares Territorium. Zu unterschiedlich sind seine

Herrschaftsgebiete. Sein vollständiger Herrschername nennt ihn Herr über mehr als 70 Gebiete. Auf seinen Reisen ist er hier König, da Graf und dort Herzog. Er erbt nicht nur Länder, er erbt auch nervenaufreibende Konflikte. Die Grafschaften Flandern und Artois gehören Habsburg, doch schulden sie Frankreich feudale Lehenspflicht. Frankreich erhebt Ansprüche auf Navarra (etwa das heutige Baskenland), Karl ist aber König von Kastilien, das Navarra teilweise einschließt. Als König von Aragon erbt Karl den alten Anjou-Aragonien-Streit um die Königreiche Sizilien und Neapel und einen ähnlichen um Mailand. Das in den Alpen liegende Savoyen ist eigentlich ein Reichslehen, verbündet sich aber mit Frankreich, weil es die aggressiven Schweizer Nachbarn fürchtet. Elsass und Lothringen gehören dem Kaiser, werden aber von Frankreich beansprucht (bis es sie im Zuge der Hugenottenkriege auch zugesprochen bekommt). Nach dem Zusammenbruch der jagiellonischen Herrschaft fallen Ungarn und Böhmen an Habsburg, was wiederum das Reich in die Nähe der Osmanen rückt. Zu allem Überfluss träumt Karl einen unrealistischen Rittertraum des Mittelalters von der Restauration des alten Burgund, der einstigen Mittelmacht zwischen Frankreich und Deutschland, das in Teilen nun Frankreich und mit den Niederlanden Karl gehört. Er ist nicht ungeschickt in der Verwaltung. Auch wenn er letztlich Entscheidungsträger bleibt, delegiert er. Sein Bruder Ferdinand kümmert sich um Deutschland und Österreich, seine Tante Margarete um die Niederlande. Seine Frau steht dem spanischen Königreich vor.

Eine besonders lästige Pflicht ist ihm Deutschland, dieser unüberschaubare Verschnitt aus Staaten und Kleinstaaten – für sich allein schon ein Herd der Ruhelosigkeit.

Zurück zum Anfang. Wir schreiben das Jahr 1519. Karl ist frisch im Amt. Ein neuer »Botschafter« des Heiligen Stuhls, der jugendliche päpstliche Kammerjunker Karl von Miltitz, kommt nach Deutschland. Er findet freundliche Aufnahme, endlich ein Deutscher, und verständig wie mitteilsam dazu, öffnet auch mal sein Wams, wenn er gesellig mit anderen zusammen einen trinkt. Miltitz versteht seine Landsleute und erklärt, Tetzel habe kein Maß gezeigt, er sei nicht nur zu laut, er sei zu berechnend gewesen, ja der Papst selbst habe ihn einen Dreckskerl (porcaccio) genannt. Ob das stimmt oder ob Miltitz das erfunden hat, spielt keine Rolle, Tetzel ist nicht nur aus der Rolle, er ist vor allem aus der Zeit gefallen und muss das Feld räumen. Dass der Papst ein Bauernopfer brauchte und dafür seinen Fußsoldaten Tetzel opferte, ist unwahrscheinlich. Kurz vorher hat Leo X. ihm noch den Doktortitel verliehen. Wir nehmen eher an, Miltitz hat, von diplomatischen Erwägungen gesteuert, Tetzel von sich aus abgedrängt. Der Gestürzte taucht unter, er fürchtet den Zorn der Luthersympathisanten. Wenig später stirbt er an der Pest. Miltitz macht weiter. Auch Kardinal Cajetan habe, sagt er, mit seiner cholerischen und lateinischen Arroganz nur Schaden angerichtet. Der päpstliche Kammerjunker hat einen Plan: die unzufriedenen Deutschen mit Selbstkritik besänftigen, zugleich aber hart und drohend fordern. Er verlangt Luthers Ausweisung aus Sachsen, sonst drohe der Bannfluch. Wohin ausweisen?, fragt Friedrich weise. Ins hussitische Böhmen, wo er noch mehr Gehör und damit eine noch breitere Anhängerschaft finde? Miltitz will ein Resultat nach Rom senden, vielleicht aus Geltungsbedürfnis, vielleicht aber auch, um den Erwartungen der päpstlichen Kamarilla zu genügen. Er kommt mit Luther und anderen Fachgelehrten zusammen und thematisiert einen wesentlichen Punkt, der Luther in die Enge treibt: die Kirchenspaltung. Habe das Beispiel der Hussiten nicht gezeigt, dass Religionskriege schreckliches Unheil über die Welt brächten? Luther hört sich das an, er kennt die Gefahr, man beschwört sein Gewissen, und Luther ist nicht gewissenlos, aber über seinem Gewissen hat er seinen Glauben, und den setzt er höher als die manifeste Gefahr eines konfessionellen Krieges. Wenn die Zeit janusköpfig ist, Luther ist es umso mehr. Demütig schreibt er seinem Landesherrn: »Ich will gerne alles tun, alles leiden, dass ich nur nicht weiter aufzustechen verursacht bin« – und lenkt nicht ein –, aus der Revocation (Widerruf) wird nichts. Er verspricht aber zu schweigen. Und schweigt zwei Monate. Miltitz aber hat nichts erreicht und muss mit leeren Händen gehen. Er ist ein kleines Rädchen in einem viel zu großen Getriebe. Bei einer Bootsüberfahrt soll der junge Mann im Main ertrunken sein.

Luther trifft nun in der Leipziger Disputation auf Johannes Eck (1486–1543), einen bajuwarischen Kerl, der ebenso klar und polemisch denkt wie sein reformatorischer Gegner, und ebenso schlecht einlenken kann. Obwohl er eher ein undogmatischer Katholik ist, der dem Ablassgegner Luther noch folgen kann. Im Unterschied zu Luther glaubt er an die Kraft seiner jahrtausendealten Kirche, vor allem bleibt ihm der Papst, wie dekadent und weltlich er auch sei, eine unantastbare Institution, dank der Bibelstelle, da Christus auf Petrus weisend verkündet: »Ich aber sage dir: Du bist Petrus [griech. *petros*], und auf diesen Felsen [griech. *petra*] werde ich meine Kirche bauen und die Mächte der Unterwelt werden sie nicht überwältigen.« Der Papst als Petrusnachfolger, Petrus als Kirchengründer, Kirche als Christi Gefolgschaft – das alles dürfe kein Mensch aufkündigen, donnert Eck. Sehr genau erkennt er den Ernst der Lage. Zu Recht nennt er Luther einen Hussiten. Und wenn der Prager Professor Hus auch kirchenpolitisch gesehen recht gehabt hat, historisch muss auch er sich – sozusagen schuldlos – für Krieg, Vertreibung und Zerstörung verantworten. Allerdings anders als Luther. Zu Hus´ Zeiten zeigte sich der damalige Kaiser Sigismund nicht eben klug. Hätte statt seiner Friedrich der Weise das Sagen gehabt, wäre Hus wahrscheinlich, wie versprochen, nach Hause zurückgekehrt. Damit hätte sich die Hussitenreformation ausbreiten können, nicht unbedingt friedlich, aber weniger blutig als in den nachfolgenden Hussitenkriegen. Die neuen Ideen hätten über Böhmens Grenzen hinweg Deutschland erreicht. Und Luther wäre ein praktischer Theologe, ein genialer Bibelübertragung geblieben, doch nicht die geschichtliche Figur mit dieser Wirkungs-, nennen wir es ruhig: Zerstörungskraft geworden. Auch Eck hat die Zeichen der Zeit erkannt und schreibt seine mit bayerischen Vokabeln durchsetzte Bibelübertragung, eine behäbige Arbeit, die nur wenige lesen, wofür ihm die selbstverliebten Bayern dennoch im 19. Jahrhundert eine Büste in die Münchner Ruhmeshalle setzen.

Die Frage des Ablasses war eine Etappe in Luthers Werdegang. In Leipzig geht es um mehr. Geschickt fragt Eck, wieso Luther sich eigentlich nie von Hus distanziert habe, einem vom Konzil ausgewiesenen Ketzer. Luther hat keine Lust auf ein kluges Ausweichmanöver. Er ist ein Haudegen, und bei der Lektüre seiner kämpferischen Texte geht einem auf, dass er sich in dieser Rolle gefällt. Wenn er etwas ablehnt, dann den Schliff eines Gelehrten, den Eck in der Disputation zwar nicht zeigt, aber Strategie und Vorteilssuche. Dem stolzen Luther ist das fremd. Auf Katz-und-Maus-Spiele hat er keine Lust, und so schmettert er dem lauernden Eck entgegen: Unter den Artikeln des Hus seien sehr viele wahrhaft christliche Sätze. Viele seiner Standpunkte seien dem Evangelium entnommen, die hätte die Kirche gar nicht verdammen können. Summa: Hus sei kein Ketzer gewesen. Der anwesende Herzog Georg von Sachsen, ein überzeugter Römer, springt fluchend auf und verlässt den Saal. Ist Georg einfach verblendet, unfähig zur

Klarsicht? Die Hussiten sind geschichtlich betrachtet auf einer durch und durch legitimen Suche nach der eigenen Identität gewesen, die ihnen arrogant verwehrt wurde. Für die deutschen Nachbarn waren sie indes das Synonym für Angst und Schrecken. Militärisch erfolgreich, fochten sie nicht nur im eigenen Land, sie fielen auch in Sachsen ein und verwüsteten ganze Landstriche. »Hussit« war seither ein Schreckbild wie Pest oder Hagel. Darum ist Herzog Georg aus dem Saal gerannt. Luther kennt die Assoziationen. Seine Aussage mag theologisch rechtfertigbar sein, politisch ist sie eine Provokation. Er pustet in die Glut seiner und einer früheren Zeit und entfacht ein stetig wachsendes Feuer, das dann nicht mehr beherrschbar sein wird.

Und der Heilige Stuhl? Der begreift nicht, glaubt immer noch an seine Macht. Auf Anraten Cajetans hat er verlautbaren lassen, der Ablass sei nun sanktioniert, damit sei die Sache legitim. So gesehen kann Luther also weitermachen. Er geht den Weg des Einzelkämpfers, durchaus mit der Haltung eines anmaßenden Helden. Tausendfach sitzen Gelehrte, um wahre Erkenntnisse bemüht, in zahllosen Debattenzirkeln zusammen. Luther wischt das alles weg. Keine Disputationen mehr, das ganze Gelehrtentreiben, wie romkritisch es auch sei, ist lächerlich. Er sehe, dass diejenigen, die ruhige Traktate schrieben, sehr bald vergessen würden, erklärt er, niemand kümmere sich um sie. Für den früher bewunderten Erasmus hat er nur noch Verachtung und Widerwillen übrig: »Wer ihn zerdrückt, der würgt eine Wanze, und diese stinkt tot noch mehr als lebendig.« Erasmus' Klarheit und Hellsichtigkeit, sein tiefes und wohlwollendes Verständnis vom Menschen, die Wiederentdeckung der Antike, das Studium des Aristoteles, der tolerante Skeptizismus seiner neuen Zeit – für Luther sind das Gauklerspiele. Die Vernunft ist nichts als des Teufels Hure, Kopernikus ein armer Narr, der die ganze Astronomie umkehren wolle – stehe doch in der Schrift, dass Josua die Sonne stillstehen hieß und nicht die Erde. Wo Schrift und Verstand sich gegenüberstehen, ist ihm die Schrift das Maß aller Dinge. Man denkt unwillkürlich an die heutige evangelikale Bewegung in den USA, die bekanntlich Darwins Wissenschaft als Irrlehre ablehnt.

Drei Schriften

Allgemein heißt es, Luther habe vor Eck in Leipzig eine wenig gute Figur gemacht. Der undogmatisch neutrale Petrus Mosellanus bemerkt, Luther sei ein Mann, der eigene Wege gehe. Über Hus ist Luther die Gefahr eines Religionskrieges ganz klar bewusst. Hat ihm Miltitz nicht in Hinblick darauf ein Schweigeversprechen abgerungen? Luther geht es grundsätzlich nicht um Verantwortung, sondern um die Wahrheit, *seine* Wahrheit, *sein* Recht. Er hat nie den Mut gehabt, sich anzupassen, zu relativieren oder gar nachzugeben. Er greift zur Feder und verfasst drei, in ihrer Klarsicht und rhetorischen Sicherheit entscheidende Schriften:
›An den christlichen Adel deutscher Nation‹
›Von der babylonischen Gefangenschaft der Kirche‹
›Von der Freiheit eines Christenmenschen‹
Die Schriften können als Bündelung seiner Gedanken gelten, sie sind auch ein Abbild einer von Krisen geschüttelten Welt. Sie werden, wie man weiß, sofort gedruckt und sind sofort vergriffen, sie werden übersetzt, weit verbreitet, eine Auflage folgt der nächsten. So hat noch keiner gesprochen. Bis heute gilt: Politischer Erfolg ist eine Frage der Öffentlichkeit; er funktioniert am besten, wenn das hervorgehoben wird, was jeder denkt, nur fehlen dem Jedermann die passgenauen

Worte. Luthers enorme Wirkung beruht auf Passgenauigkeit, der ein millionenfacher So-ist-es-Ausruf folgt.

Mit der Taufe sei jeder Mensch geistlichen Standes, sagt Luther, ungeachtet seiner Herkunft und gesellschaftlichen Zugehörigkeit. Die Aufteilung in Geistliche und Laien sei eine römische Eigenschöpfung. Rom halte zu Unrecht am Priester auf Lebenszeit fest. Einem Priester solle von Seiten der Gemeinde gekündigt werden können, denn jeder Mensch sei ein Diener Gottes. Und somit dürfe auch ein Bauer, Schuster oder Schmied das geistliche Amt ausüben. Der Papst könne unmöglich von Irrtümern frei sein. Unmöglich sei es zudem, dass der Papst allein die Schrift auslegen dürfe – eine Bestimmung, die sich aus der Bibel nicht belegen lasse. Der Papst mag bleiben, er soll sich seiner Kernkompetenz widmen, der geistlichen Fürsorge. Abgeschafft gehörten aber sein riesiger Hofstaat, seine aufgeblähte Verwaltung, der ungeheure Luxus und die ständigen Geldzahlungen an ihn.

Viel davon findet sich auch in den ermüdend oft vorgetragenen Beschwerden der Fürsten auf den Reichstagen. Luthers Kernsätze aber klingen substanziell anders als die Fürstenbeschwerden in ihrem krausen Kanzleistil. Luthers Ton, seine packenden Formulierungen, deren allgemeine Verständlichkeit – das trifft ins Schwarze. Und in der Schwärze der neuen Druckkunst treten sie in immer kürzeren Intervallen an die hellwache Öffentlichkeit.

Dem Menschen ist gegeben, als Paar zu leben. Niemand darf Mann und Weib voneinander absondern. Ganz pragmatisch führt Luther aus, dass ohnehin ein Großteil der Geistlichkeit von dieser Absonderung nichts halte. Der Zölibat sei daher abzuschaffen.

Er thematisiert die Konstantinische Schenkung, eine Fälschung, die angeblich Rom die geistliche und weltliche Oberhoheit im 4. Jahrhundert verliehen hatte. Und trifft damit einen besonders empfindlichen Nerv, ist man doch über Jahrhunderte betrogen worden. Er kleidet das patriotisch ein, man ortet sich erstmalig national, und so resümiert er, dass die gutmütigen Deutschen sich haben äffen und einseifen lassen.

Er greift den Streitpunkt mit Eck auf: Man solle die Böhmen in Ruhe lassen und ihren Glauben nicht mehr infrage stellen. Recht hat er. So sieht Toleranz aus, eine Toleranz, die er dann ignorieren wird, bei den aufständischen Bauern, bei Zwingli und den Schweizern, den Täufern und den Juden.

Nicht länger soll sich ein Christ von den erdichteten Worten des Papstes einschüchtern und schrecken lassen. Er hat kein Recht auf die Macht der Bannflüche und Interdikte. Seine Herrschaft über Kaiser, Könige, Fürsten bis hinunter zum gemeinen Manne entbehrt einer biblischen Grundlage. Woher nimmt sich der Pontifex das Recht, selbst auf kleine Lebensbereiche Einfluss zu nehmen? Luther selbst nimmt sich dieses Recht. Die Universitäten sind ihm Horte der Schwelgerei und des sinnlosen Feierns. Die vielen Festtage werden nicht christlich, sondern alkoholisiert begangen, die Wallfahrten sind Flucht und Gehorsamsverweigerung, sie fördern die Gastronomie und nicht den Glauben. Das Finanztreiben der Fugger ist schlicht unanständig. Noch fehlt Luther der mörderische Hass auf diejenigen, die nicht so sind, wie er sich das wünscht. Aber er zündelt.

Er zündelt so sehr, dass selbst ein König zur Feder greift, Englands Heinrich VIII. (reg. 1509–1547). Von den sieben Sakramenten will Luther nur noch jene drei gelten lassen, die aus der Schrift ableitbar sind. Heinrich, der mit Rom brechen wird, ist entsetzt. Zusammen mit seinem Kanzler Thomas Morus schreibt er eine ›Verteidigung der sieben Sakramente‹. Den Monarchen bewegt die Angst vor dem Verlust der Tradition. Er weiß, wie sehr der Mensch seinen Glauben daraus nährt. An der Nahtstelle von Tradition und Glaube kann sich der Heilige Geist offenbaren, das irrationale, sprich: tiefe Begreifen dessen, was Gott ist. Luther muss also mit dem Primat der Schrift irren. Denn die Schrift ist Menschenwerk, nicht alles Wirken Christi ist dort vermerkt. Das betont der Evangelist Johannes. Woher könne also Luther wissen, was an Sakramenten bleiben dürfe und was nicht? Luthers Argumentation sei Hoffart. Nicht nur, dass Christus über Petrus das Papsttum legalisiert, er will seine Kirche gebaut wissen, und was ist Kirche ohne den Raum der eigenen Ausgestaltung? Wie sonst soll Glaube lebendig bleiben? Und hat diese Ausgestaltung nicht über die Zeiten eine eigene, göttliche Kraft erworben? Tradition heißt, über althergebrachte Riten und Kulte Gott zu finden. Heinrich hat nicht Unrecht. Änderungen des Kultus haben die heftigsten religiösen Kontroversen ausgelöst. So war den Hussiten kaum etwas wichtiger als die Anerkennung des »Laienkelchs«. Nur logisch, wenn Heinrich und Morus eine von Luther betriebene Entkernung des innerkirchlichen Lebens befürchten. Luther verkennt offensichtlich den Wert symbolischer Akte, das Tor zur mystischen Erfahrung, das innere, unaussprechbare Erleben. Vielleicht der größte religiöse Wert der Kirche.

Ein Christenmensch sei ein freier Herr über alle Dinge und niemandem untertan, schreibt Luther. Aber er fügt hinzu: Ein Christenmensch sei ein dienstbarer Knecht aller Dinge und jedermann untertan. Dieser zwiespältige Freiheitsbegriff hat dann bald zu massenhaftem Blutvergießen geführt. Die Bauern behalten nur den ersten Satz, den zweiten verstehen sie nicht. Sie wollen niemandem mehr untertan sein. Sie revoltieren und werden mit Luthers Empfehlung abgeschlachtet.

Luther hält nichts von der Freiheit, wie wir sie heute verstehen. Er meint eine innere Freiheit, die aus innerem Frieden und dem Glauben erwächst. Der äußere Mensch bleibt gebunden, geknechtet und von Krankheit und Todesangst gebeutelt – das soll ihn indes nicht an der Freiheit der Seele und der inneren Glaubenssuche hindern. Die Vervollkommnung des Menschen hat nichts mit seinen äußeren Lebensverhältnissen zu tun. Hier winkt Luther aus der engen und dunklen Zelle seines Klosters: keine Gefangenschaft, solange der Geist glaubt und daraus seine Freiheit bezieht. Und desungeachtet: Egal, wie er sich verhält, allein die göttliche Gnade entscheidet über das Schicksal des Menschen, nicht sein äußeres Leben, mag es nun moralisch gut oder weniger gut sein.

Erasmus ist da anderer, katholischer Ansicht, dass nämlich durch die bewusste Entscheidung zum guten Handeln der Mensch Gott günstig stimmen kann (»Vom freien Willen«). Er fordert ganz anders als Luther: Jeder Mensch solle sich bilden, weiterbilden, sich erziehen und seine Persönlichkeit formen. In diesem Sinne verfasst er seine pädagogischen Schriften, wie man etwa eine bessere Ehe führt oder Kinder erzieht oder das Schulwesen reformiert. Luther entgegnet: Über Heil oder Verdammnis entscheidet allein Gott (»Vom unfreien Willen«). Da mag der Mensch noch so sehr seinen Willen haben, es wird ihm nichts nützen. Gott weiß alles und kennt jeden. Und hat jedem seinen Weg vorgezeichnet. Der Mensch ist in Gottes Vorherbestimmung gefangen.

Aus dieser Kontroverse geht Luther als Sieger hervor. Hat sich die katholische Kirche zunächst noch mit den Gedanken des Humanisten anfreunden können, verdunkelt sie sich zunehmend und schwenkt in ihrer Gegnerschaft zu Luther in das gleiche fundamentalistische Neinsagertum. Sie setzt die meisten Werke des Erasmus auf den Index. Erasmus wird nicht der Einzige bleiben.

Worms 1521

Es ist Reichstag. Es geht zunächst um eine bessere Verwaltung und Aufteilung des Riesenreiches, auch um die sich verdichtende osmanische Gefahr. Es geht, wie jedes Mal, um Beschwerden auf Bundesebene und um das Geschachere zum Zweck eigener Vorteilsnahme. Der jugendliche Kaiser – Karl V. sieht noch jünger aus, als er ist – schweigt, hört zu, Lösungen gibt es kaum. Zu zergliedert und heterogen ist sein unüberschaubares Reich, zu vielfältig und einander ausschließend sind die Streitfragen. Er ist bei weitem keine Marionette, aber an seinen Gliedmaßen hängen sehr viele Fäden, und die werden heftig und in viele Richtungen gezogen. Man könnte ihn mit dem EU-Ratsvorsitzenden vergleichen: zu gegensätzlich die Belange der einzelnen Mitgliedsstaaten. Wie soll ein erst 21-Jähriger das alles unter den jüngst aufgesetzten Kaiserhut bringen? Verglichen aber mit den deutschen Regenten oder mit dem eitlen Franzosenkönig Franz oder aber mit den Päpsten ist er ein Muster an Pflichterfüllung.

Hier nun wird Luther seinen größten Auftritt haben. Der Kaiser ist halb so alt wie Luther, er kann kaum Deutsch, und Latein, die Sprache der Disputanten, versteht er eher schlecht. Er hat von dem kleinen Häretiker schon vorweg genug, ohnehin ist der mit dem Kirchenbann bereits belegt. Man rüttelt nicht leichtfertig an den Grundfesten der Heiligen Römischen Kirche. Noch hängt ihr Karl an. Es liegt jenseits aller Vorstellung, was dieser Kuttenträger anscheinend vorhat: die Entmachtung einer jahrtausendealten Institution, mag sie noch so beschädigt sein.

Der päpstliche Nuntius Hieronymus Aleander (1480–1542), ein Weggefährte des Erasmus, ist Luthers Gesprächsgegner. Wie Cajetan ist auch Aleander auf der Höhe der Zeit, steht den Ideen der Humanisten nicht fern, vertritt aber die Auffassung von der Kirche als Religionsbewahrerin, Religion als notwendiges Opium fürs Volk, zur Besänftigung und Zerstreuung, Religion mit ihren Riten und ihrem Brauchtum, die nun der aufsässige Augustiner mit seinem Verweis auf die Schrift nicht mehr gelten lassen will. Aleander bedenkt die seelische Verfassung der Gläubigen. Er will ihnen die bunte und verspielte Vielfalt der Kirche erhalten. Sie ist Bewahrerin gewachsenen Brauchtums. Brauchtum ist Zugehörigkeit, Gemeinschaftserlebnis, Verinnerlichung und vor allem Erleichterung der geplagten Seele. Dahinter steckt nicht einfach nur volksnahe Gönnerhaftigkeit, sondern eher der Respekt vor dem real existierenden Menschen, vor dem, was er sich im Laufe der Jahrhunderte zurechtgebunden hat, nicht immer gut und schön, aber den anderen begleitend, den man nicht allein seinen Weg gehen lassen will. Ein lange und stetig Gewachsenes, das Luther mit der Schrift, die er ständig hochhält, niedertritt. Das wäre, als würde man heute den Weihnachtsbaum und die Ostereier abschaffen wollen. Die stehen auch nicht in der Schrift.

Luther muss weg, sagt Aleander, sagt auch der Kaiser, doch genau das will ein Großteil der deutschen Souveräne nicht. Nicht, weil sie die Theologie des Reformators unterstützen, sondern weil sie eine lang erbetene »Reformatio imperii« wünschen. Ein letztes Mal wird der Wittenberger zum Dementi aufgefordert. »Habe ich Falsches gesagt«, ruft er, »dann beweist es mir, ich werde der Erste sein, der meine Schriften ins Feuer wirft.« Die römische Fraktion atmet auf. Lenkt er ein? Nein. Geradezu rührend, wie der Renegat verkannt wird. Wenn Luther eines nicht ist, dann ein Einlenker. Er ist nicht Erasmus. Er will keinen Frieden. Das Schwert hat er gebracht. Das ist sein Credo. Und so sind seine letzten vor Kaiser und Reich gesprochenen Worte wie Schwerthiebe. »Da mein Gewissen in den Worten Gottes gefangen ist, kann und will ich nichts widerrufen, weil es gefährlich und unmöglich ist, etwas gegen das Gewissen zu tun.« Selten hat die Geschichte in so wenigen Worten Wirkungsmächtigeres gehört. Große und wahre Worte. Leider nicht seine letzten. Es werden andere folgen, die weniger rühmlich sind. Seine Anhänger aber sind wie erlöst. Und Luther ruft: »Ich bin hindurch!«

Der wütende Kaiser verhängt die Reichsacht über den uneinsichtigen Mönch. Jedermann ist es verboten, den Ketzer zu unterstützen oder zu beherbergen, seine Schriften zu lesen oder zu drucken. Luther ist ein Outlaw, er ist vogelfrei. Jeder kann ihn ungestraft umbringen. Entsprechend der Zusage an seinen Kurfürsten erhält er aber freies Geleit. Karl wird das Jahrzehnte später als seinen größten Fehler bezeichnen, damit sei die Einheit seines Reiches zerstört worden. Seine Selbstvorwürfe wollen wir lindern. Karls Vorgänger, der wortbrüchige Sigismund, war ein Adenauer-Typ, der denkt, was kümmert mich mein Geschwätz von gestern. Karl dagegen ist vorsichtiger, vielleicht zu vorsichtig, vielleicht auch zu unerfahren. Mag sein. Vor allem aber hat er die Hussitenkriege mit ihren schrecklichen Auswüchsen vor Augen. Ihm sind die Hände gebunden. Und hat er sie mal frei, ist ihm wenig Glück beschieden.

Auf dem Heimweg nach Wittenberg kidnappen Friedrichs Soldaten Luther. Eine Scheinentführung. Er kommt inkognito auf die Wartburg und beginnt mit seiner Bibelübersetzung.

Hunde mit der Schrift – die Bauern und ihr Krieg

Nun treten die Bauern auf den Plan. Von Luther haben sie gelernt, sich auf die Schrift zu berufen, und fordern als Christen neue politische Umgangsformen. Luther aber verlässt die abgeschirmte Zelle des Bibelübersetzers und betritt eine

Welt, die er nicht kennt, nicht versteht und nicht verstehen will: die verworrene Interessenlage der einzelnen Klassen und Schichten, nicht nur die der Bauern und Kleinbürger, sondern auch die der umherziehenden Söldner, die der im Niedergang befindlichen Ritterschaft, die der im Aufstieg begriffenen Bürgerschaft, die des Landadels und die des heimatlos gewordenen Mönchsstandes. Alle Behutsamkeit gegenüber einer im Wandel befindlichen Zeit geht ihm ab. Einer Zeit, in der das Untere nach oben drückt, das Obere nach unten gerät, sich alles mischt. Und Luther hat davon wenig Ahnung, mag er noch so viel durch die Lande gereist sein, er ist ein in engen Räumen denkender Mensch, und der größte Fehler seines reichen Theologenlebens ist, dass er das nicht erkennt.

Die sozialhistorische Forschung verweist auf den wirtschaftlichen Niedergang der Bauern und ihre Rechtlosigkeit gegenüber Adel, Klerus und den reichen Städten. Das Bild vereinfacht vieles. Neben solchen in elendigster Sklaverei finden wir freie und selbstbewusste Bauern. Landstriche mit relativem Wohlstand wechseln sich ab mit jenen in bedrückenden Verhältnissen. Die Bauern machen 80 Prozent der Gesamtbevölkerung aus und sind der Wirtschaftsfaktor Nummer eins, der Nährstand, von dem alle leben. Hinzu kommen noch Parameter wie die Pest und schwere Missernten. Ursachen und Motive der Revolte, der sich auch Teile der Stadtbevölkerung und des niederen Klerus anschließen, mögen diesen Sachverhalten geschuldet sein, der Anlass, der Zündfunke, ist wie anderswo auch, dem geschuldet, was man Zeitgeist nennen kann, und der ist mit einem Wort: Unruhe. Nicht nur der Humanist oder der katholische Gelehrte, der in seiner Kammer den kommenden Wandel erkennt, ist unruhig geworden, die Menschen draußen auch. Und es sind auch die Unruhigen, die zu Unruhestiftern werden, die für die Bauern eintreten, einstige Adepten lutherischer Thesen, wie Andreas Bodenstein, genannt Karlstadt, oder Thomas Müntzer. Allgemein aber gilt: Wenn Luther mit dem Verweis auf die Schrift die gesamte Kirche aus den Angeln hebt, muss den Bauern, dem dritten Stand, in einem weniger virulenten Raum Ähnliches auch gelingen. Also setzen die Bauern einen Katalog auf, die ›12 Artikel‹. Als Verfasser gelten der Kürschnergeselle Sebastian Lotzer und der Prediger Christoph Schappeler aus Memmingen, sicher ist das jedoch nicht. Ganz lutherisch wird als Erstes die freie Pfarrerwahl und die ungehinderte Predigt des Evangeliums erbeten – tatsächlich erbeten und nicht gefordert. (Hätte Luther die ›12 Artikel‹ verfasst, wären sie bedeutend schärfer geraten.) Man bezeichnet sich als »christliche Vereinigung«, will naiv-demokratisch nichts anderes als eine gesellschaftspolitische Umsetzung der Bibel in die Praxis. Alles, was nicht im Einklang mit der Bibel stünde, solle fallengelassen werden, heißt es geradezu ergeben. Luthers Worte klingen ihnen in den Ohren, und so mahnen sie die Abschaffung der Leibeigenschaft an, eine Reduzierung (nicht Abschaffung) der Zehntabgabe und der Frondienste. Luther aber zeigt nach anfänglichem Verständnis nur noch Wut. Wut gegen die Herren und Wut gegen die Bauern. Die Herren sollen sich dem Problem stellen und die Bauern sollen still sein, sie haben sich an die Ordnung zu halten. Sie haben einen Grafen bestialisch hingerichtet. Das ist Meuterei gegen die Obrigkeit, und Verletzung der göttlichen Ordnung. Dass der Graf selbst eine kränkende, die Bauern bis aufs Blut reizende Arroganz zeigte, weiß Luther, aber: Obrigkeit bleibt Obrigkeit. Wie allen Revolutionären fehlt es ihm an Feinabstimmung.

Lange vor den Bauern schon sind es harmlose, teils anarchistische, von »Schwärmern« ausgerufene Neuanfänge in Wittenberg, die Luther erzürnen. Mitten in seiner Übersetzungsarbeit verfasst er eine Ermahnung, sich vor Aufruhr und Empörung zu hüten. Sein Argument: Er habe allein mit dem Mund die alte Kirche erschüttert und mehr erreicht als alle Kaiser und Könige. Er verkennt indes, dass genau dies das Volk stimuliert. Das Volk sieht in Luther den Rebellen, und dass die Rebellion Erfolg hat – das hat er in seiner Auseinandersetzung mit der verhassten Obrigkeit hinlänglich bewiesen. Luther drückte zweifellos der theologische Schuh, den einfachen Mann aber ein anderer. Wie sollte der gemeine Mann verstehen, dass Luther in seiner Kriegführung mit Rom ausschließlich gegen eine *religiöse* Obrigkeit angestürmt war? Reichte Roms Einfluss nicht tief in jedes Dorf hinein, mischte sich Rom nicht ins praktische und alltägliche Leben ein? Waren die geistlichen Oberherren nicht auch weltliche Fürsten, gar Kurfürsten? Hinzu kommen Luthers frühere Gewaltvokabeln gegen Rom, das in Blut gebadet gehöre. Sollten die kein Appell zu Aufruhr und Empörung gewesen sein? Auch weit moderatere Töne wie die des Armen-Konrad-Predigers Reinhard Gaißer hatten schon 1514, also längst vor Luthers Thesen, zu Gewalt geführt. Seine Predigt zur Losung »Ich sende Euch wie Schafe mitten unter die Wölfe!« wurde als Aufruf zum Umsturz verstanden. Weiß Luther nicht, dass die Aufstände, mit den immer gleichen Forderungen nach humaneren Steuern und dem »göttlichen Recht« auf freie Weide, Wald und Wasser, immer schon religiös unterfüttert waren? Wie lässt sich sein theologisches Vokabular voller Gewaltmetaphern von praktisch-politischer Umsetzung ausnehmen? Luther verlangt von den Aufständischen das richtige Verständnis seiner Suggestivvokabeln. Seine Vokabeln sollen ausschließlich auf den Glauben zielen und nur im Glauben verstanden werden. Er hat aber den Unmut der Fürsten gegen ein selbstgerechtes Rom erlebt, wie man also seinen Worten nicht nur religiös, sondern vor allem politisch beipflichtete. Nun soll das von den Bauern nur religiös verstanden werden? Sollte er kein geistiger Brandstifter gewesen sein, können wir das Ausmaß seiner Naivität nur einer furchteinflößenden Kurzsichtigkeit zuschreiben.

Im März 1522 verlässt Luther die Wartburg. Staupitz, Luthers Ziehvater, erlebt die Auflösung seines Klosters, er könne bleiben, schreibt der Ziehsohn, Staupitz will nicht, er geht nach Salzburg, wird dort Benediktiner. Dass sich gerade sein treuester Förderer zurückzieht, gibt Luther kaum Anlass zum Zweifel.

Der Bauernkrieg kündigt sich an. Die dazugehörenden Schlagwörter kennt man: Alle Pfaffen heißen Schurken, Roms Anhänger sind Hunde, die zu schlagen, fangen, würgen und töten sich zieme. Es könnten Luthers Worte sein. Die anonymen Kleinschriften haben einen lebhaften Umlauf.

1525 erreichen die im Südwesten ausgebrochenen Aufstände Thüringen und Sachsen. Thomas Müntzer ist zunächst ein Wortführer, dann militärischer Anführer. Bei Bad Frankenhausen werden die unerfahrenen, teilweise auf Frieden hoffenden und schlecht Bewaffneten aus ihrer Wagenburg vertrieben und vernichtend geschlagen. Müntzer, ein frühkommunistischer Schwärmer, hat immerhin handfeste Motive gehabt: die Lage der Elenden ändern. Und er weiß, dass das nur mit einer Umgestaltung der politischen Verhältnisse geht. Er wird nach seiner Gefangennahme gefoltert und enthauptet. Luther triumphiert. Man schätzt, dass 75 000 bis 130 000 Bauern ihr Leben verloren – direkt durch Gewalt oder in dem der Katastrophe folgenden Niedergang. Luther bleibt trotz seines Freiheitsgedankens, der gegenüber Rom eine unbestreitbar politische Komponente bekommen hat, in der alten Ständevorstellung verhaftet. Auf seinen Visitationsreisen sieht er das maßlose Elend der Bauern, zeigt sich jedoch wenig nachdenklich: »Wie sie das Papsttum verachtet haben, verachten sie jetzt uns«, schreibt er seinem Freund Spalatin. Selbstgerechter kann man kaum mehr urteilen.

Es dauerte über 300 Jahre, bis der Feudalismus, und 400 Jahre, bis die Monarchie in Deutschland überwunden waren. Ohne die Niederlage der Bauern wäre die deutsche Geschichte hier vielleicht schneller und leichter vorangeschritten.

Das Pfarrhaus lässt sich sehen

Es mag nicht die größte Keimzelle sein, aber eine, die ihren Platz zweifelsohne gefunden hat. Sie gebiert ganz unterschiedliche Persönlichkeiten. Lessing, Claudius, Lichtenberg, Lenz, Jean Paul, Nietzsche, Hesse, Benn, Albert Schweitzer, Malcolm X, Dürrenmatt, C. G. Jung, Gabriele Wohmann, Gudrun Ensslin, Angela Merkel und Joachim Gauck ... sie waren oder sind Pfarrerskinder.

Einer Studie zufolge kamen Mitte des 19. Jahrhunderts von 1600 bekannten Deutschen 861 aus einem evangelischen Pfarrhaus. Es gab und gibt auch viele Arzt-, Juristen- und Industriellenkinder, die aus ihrem Milieu kommend, bemerkenswerte Figuren geworden sind. Auch orthodoxe Popen haben ihre »Söhne«, wie Emil Cioran, Eugen Cicero oder Nikola Tesla, und Juden wie Isaac B. Singer, Lion Feuchtwanger, Erich Fromm, Joseph Roth, Marc Chagall usw. kommen aus Rabbinerfamilien oder aus einer jüdisch-orthodoxen Umgebung. Wir dürfen ebenso wenig vergessen, dass die Pflege von Kunst und Geist seit jeher ein »Ding« der Katholiken ist, die ein fruchtbares Mäzenatentum errichteten. Die größten Werke, vor allem der bildenden Kunst, sind katholisches »Machwerk«. Dennoch: Das evangelische Pfarrhaus bleibt ein bemerkenswertes Milieu, Biotop einer neuen Gesprächsbereitschaft, und sehr erfolgreich dazu. Warum?

»Aus wahrer Liebe und sonderlichem Fleiß die Wahrheit an den Tag bringen« – damit beginnen Luthers 95 Thesen. Und in diesem Sinn wird gesucht. Sicher auch aus der scholastischen Disputationskunst des Katholizismus kommend, findet man sich in einem regen geistlichen und geistigen Austausch zusammen. Hier wird nicht nur gebetet.

In seiner lyrischen Schönschrift notiert Reiner Kunze:
»Wer da bedrängt ist findet
Mauern, ein dach und
Muss nicht beten.«

Gut möglich, dass Kunze auf das Wirken der evangelischen Pfarrer in der DDR hinzielt, die, lutherisch erweckt, dem Totalitarismus die Stirn bieten, die mit ihren Montagsgebeten Gläubige wie Atheisten anziehen, und, knapp 500 Jahre nach Luthers Empörung, einen Umsturz anzetteln, der ohne Blutvergießen verläuft.

Davon abgesehen: Prinzipiell bleibt das Haus des Pfarrers für jeden offen, auch für diejenigen, die der Kirche als Institution wie auch in Glaubensfragen fernstehen, aber das Gespräch jenseits klar definierter Sinnvorstellungen suchen. Das Pfarrhaus also als Begegnungs- und Kulturstätte. Hier wird zwanglos gebetet. Und nachgedacht. Hier wird musiziert, gesungen, vorgelesen und wieder nachgedacht, aber auch gebacken oder Sport getrieben.

Vor allem wird vorgelebt. Eine Pfarrersfamilie geht mit gutem Beispiel voran. Nicht ganz unproblematisch. Aller Augen richten sich auf sie, auf den Pfarrer, die Pfarrfrau, die Söhne und Töchter. Auch wenn Luther mit seinen Kindern stets milde verfuhr, wird den Pfarrerskindern der kommenden Jahrhunderte viel Zucht und Sitte eingebläut. Ihre religiöse Erziehung verkommt zur Indoktrination, aus der nur wenige zur

Konfrontation finden. Der Pfarrerssohn Friedrich Christian Delius erzählt: »Ich war Isaak, der Sohn. Der Vater griff seinen Sohn und fasste das Messer, weil *sein* Vater ihm befohlen hatte, dass er seinen Sohn schlachte. Ich war Isaak, gefesselt, ängstlich, gebeugt, gedrückt an den Vater Abraham. Isaak konnte es nicht fassen, der Vater ersticht ihn, ich konnte es nicht fassen: was für ein Gott, der so etwas befiehlt. Was für ein Vater, der ohne Widerworte einem solchen Befehl gehorcht. Ich zitterte, ich blutete, sah mich brennen auf dem Altar. Was denkt der schreckstarre Isaak? Was dachte ich? Wie konnte ich mich sicher und angenommen und aufgehoben fühlen, von der frohen Botschaft eines Herrn, der meinem frommen Vater ähnliche Prüfungen abverlangte? Wie weit würde mein Vater gehen? Wäre ihm Gott lieber als seine Kinder?«

Was hätte Luther geantwortet?

Er heiratet zunächst einmal, gründet eine Familie und bekommt sein altes Kloster geschenkt. Viel Platz, der genutzt wird. Bis zu 50 Gäste hat Luthers Gattin Katharina von Bora zu versorgen. Sie ist Pensionswirtin, die Kost und Logis stellt, sie führt eine Wirtschaft mit zehn Hausangestellten, sie bringt sechs Kinder zur Welt, elf weitere hat sie in Pflege. So gut wie alles wird hier selbst angebaut, gezüchtet und hergestellt. »Herr Käthe«, so Luther zu seiner tüchtigen Gefährtin, gerät zum Idealbild der Pfarrfrau. In einer Tischrede erklärt Luther, Frauen seien von Gott dazu geschaffen, die Männer zu erfreuen. Im ›Spiegel edler Pfarrfrauen‹ von 1865 schweigt die Pfarrfrau als stille Seele im Hintergrund wie ein Lamm. Das Ziel: willige Unterwürfigkeit und Gehorsam. Noch 1988 mahnen evangelische Kirchenchefs: Laut Pfarrerdienstrecht sind Ehe und Familie eines Pfarrers nicht Privatsache, sondern eine Amtspflicht.

Da ist es nur noch ein kurzer Weg zum Prototyp jener Pfarrfrau, die sich, aus dem protestantischen Selbstlosigkeitsdenken kommend, mehr und mehr entindividualisiert, und das in einer Zeit, da gerade die Frau ihren Weg in Richtung Individualisierung und Selbstbestimmung sucht und auch geht. Dementsprechend nimmt ab den 1960er-Jahren die Zahl der geschiedenen Pfarrfrauen in Deutschland zu. Heute ist das Durchschnittsniveau weltlicher Scheidungsraten erreicht. Immer noch ist die Arbeit der Pfarrfrau oft ehrenamtlich, wird aber wie ein Hauptberuf ausgeübt. Ende der 1980er-Jahre räumte Bischof Martin Kruse, Ratsvorsitzender der EKD, ein, dass sich Pfarrfrauen von heute an den Rand gedrängt und missachtet fühlen.

In zahllosen bildlichen Darstellungen des Biedermeier sehen wir Luther mit Frau und Kindern, die Familie als Keimzelle privaten Glücks, ein Kosmos, eine Welt im Kleinen, wie sie makelloser nicht sein kann. Tatsächlich ist das viel Ikonografie, ein Sehnsuchtsort, der vielleicht später, sicher aber nicht bei den Luthers, Wirklichkeit war. Luther war auch kein Pfarrer, er war Theologieprofessor und weltberühmt dazu. Es gibt Ursituationen, die sich dem kollektiven Gedächtnis einprägen, Bilder, die Luther jenseits seiner hinausgetragenen Tischreden, jenseits seiner religionspolitischen Größe als Mensch zeigen. Er hat am Kopfende des Esstisches Platz genommen, alle anderen, die Familie, die vielen Gäste, Studenten und Parteigänger blicken zu ihm, alle sind auf den Hausherrn fixiert, alle haben ihm zuzuhören. Er bestimmt, was gebetet, welches Lied angestimmt wird, und selbstverständlich führt er das Wort. Er ist nicht nur Mittelpunkt, sondern Zentrale. Alles wird von seinen Anhängern aufgeschrieben, was er isst und wie viel er trinkt. Er nimmt zu und meint vergnügt: »Wenn unser Herrgott gute, große Hechte, auch guten Rheinwein geschaffen hat, dann darf ich wohl auch essen und trinken.« Und auf den bettelnden Hund namens Tölpel weisend, erklärt er: »Wenn doch nur jeder Christ so gierig nach

Gott wäre, wie dieser Hund Tölpel nach dem Fleisch, das ich in der Hand habe.«

Man kann sich das gut vorstellen, das Gelächter, den Frohsinn, man isst, trinkt, feiert, Luther greift zur Laute, man singt. Das Bild ist schön patriarchal, der Vor-Sitzende, der nicht nur Vor-Denker, sondern auch Anreger zu nachdenklicher Betrachtung ist, wird ein Teil des protestantischen Lebensentwurfs. Luthers Familienidylle als überzeugender Topos des »evangelischen Pfarrhauses«. Er wird sich über 400 Jahre halten. Ein veritables Forschungsobjekt der Kultur- und Sozialgeschichte, ja sogar das einer idealtypischen Architektur. Wir entdecken nicht nur ein großes Haus, in dem sich eine große Pfarrfamilie eingerichtet hat, wir entdecken eine neue Zitadelle der Begegnung, ein »Jugendzentrum« für die Jungen und Alten, die Armen und Reichen, für die Gebildeten und Ungebildeten, Gewinner und Verlierer. Es geschehen viel mehr und größere Sünden, wenn die Leute allein sind, soll Luther gesagt haben, Christus hat versprochen: Wo zwei oder drei versammelt seien in seinem Namen, da wolle er mitten unter ihnen sein. Gott hat den Menschen zur Geselligkeit, nicht zur Einsamkeit geschaffen. Die neue Zitadelle ist offen und zugleich geschlossen, viele Fenster, viel Licht, und solide wie eine feste Burg, ein bescheidenes Bauwerk, zweckdienlich, ohne Schnörkel und Putz, gleichwohl repräsentativ. Es steht direkt neben der Kirche. Die hat wesentliche Aufgaben verloren, die Beichte ist der Seelsorge gewichen, und dafür öffnet das Pfarrhaus seine Türen, lässt im Unterschied zur Mönchsklause hineinschauen. Der klare und offene Bau soll Beweis sein für einen Prediger, der lebt, was er verkündet. Zugespitzt: Hier ist kein Unrat auf dem Dachboden, kein Keller, der etwas versteckt, alles hat seine rechte Ordnung, alles ist im Gleichklang, nichts ist überflüssig. Der neue Prediger ist nicht nur Wortkünder, sondern lebt auch vor, was er predigt. Steigt er von der Kanzel, tritt er vom Amt zurück und wird »Mensch« wie Luther, doch ein der Öffentlichkeit gehörender, der einer intakten und Gott preisenden Familie vorsteht. Das Bild des amerikanischen Präsidenten, der seine Familie wahlkämpferisch ins Feld führt, hat hier einen Ursprung. Alles schmucklos, bescheiden und ohne Geheimnisse oder gar Abgründe: die Pfarrfamilie im Gleichklang nicht allein mit dem Glauben, sondern auch mit der Wirklichkeit einer tadellosen Lebensführung. Lebt der katholische Mönch in seiner Zelle geschützt seine Vita contemplativa, steht der evangelische Pastor mit seiner Familie draußen und wird beobachtet. Werthers inbrünstige Liebe zu Lotte wäre ohne diese Beobachtung undenkbar. Goethe, von seinem Vater eher agnostisch geprägt, erlebte während seiner Leidenschaft für die Pfarrerstochter Friederike Brion ein ähnliches Haus, und blickte ähnlich wie Werther gebannt in ein stimmiges Leben hinein. Das evangelische Pfarrhaus steht aber nicht nur als soziales und kulturelles Phänomen im Zentrum der Aufmerksamkeit, nicht nur literarisch oder bildnerisch, sondern ganz konkret vor der Gemeinde. Deren Observation führt zu einer immer schmerzlicheren Institutionalisierung individueller Selbstkontrolle. Nur logisch, dass das auch heftige Ausbruchsunternehmen zeitigt, man denke an Friedrich Nietzsche, dessen Denkwürdigkeiten oft einem religiösen Reflex geschuldet sind, oder an die Terroristin Gudrun Ensslin, die sich vielleicht anders entwickelt hätte, wäre sie aus anderen Verhältnissen gekommen. Als Pfarrerskind muss man zeigen, wer man ist: ein Spießrutenlauf. Und entspricht man nicht den Erwartungen, wird man zum Andersdenken und Anderssein gezwungen und steht wie der schlechte Schüler da, dessen Vater, der Lehrer, vorn am Pult doziert. Man muss als Pfarrerskind schon sehr robust sein, um bei sich bleiben zu können, zumal sich in vier bis fünf Jahrhunderten verständlicherweise Abnutzungserscheinungen als Folge kultureller Ermüdung einstellen.

Spätestens mit dem aufkommenden Nationalismus, der den Einzelnen in ähnlich feste Bahnen zu lenken versucht wie der alte Katholizismus, muss oder müsste sich das evangelische Pfarrhaus um eine neue Standortbestimmung bemühen. Die zunehmende Präsenz des Staates heißt Eingliederung des Einzelnen in seine Reihen. Jetzt rächt sich Luthers Verständnis von der Freiheit eines Christenmenschen, der dem Staat gehorchen muss, denn der Gläubige ist nur für sich gläubig, sonst ist er Untertan. Der Wilhelminismus reklamiert eben diese Untertänigkeit in einem nie da gewesenen Maß. Aus Staatsbürgern sollen treue Staatsbürger werden. Das Pfarrhaus gehört ja, weltlich betrachtet, dem Staat, der nun auch seine Religion hat, eine Staatsreligion, die sich aus dem Rahmen christlicher Vorstellungen mehr und mehr zurückzieht und ein eigenes Glaubensbekenntnis verlangt: Mit Gott für König und Vaterland! Zweifelsohne der Anfang vom Ende. Wer zählt hier mehr? Gott oder König und Vaterland? Die Pfarrfamilie jedenfalls rückt dem Staat als loyale Musterzelle näher, passend zu Melanchthons Diktum, es wäre nach der Niederschlagung der Bauern vonnöten, dass ein solch wildes, ungezogenes Volk wie die Deutschen noch weniger Freiheit hätte, als es hat. So erscheint es nur folgerichtig, dass das protestantische Pfarrhaus nach Ende des Ersten Weltkrieges der neuen Weimarer Republik nichts abgewinnen kann, zu beweglich und frei ist ihr Geist. Mit dem alten protestantisch preußischen Tugendkatalog glaubt sich's einfach besser, zumal der die lutherische Ordnungstreue als ureigenes Gewächs angenommen hat. Die Nationalsozialisten gehen den beschrittenen Weg zu Ende. Jetzt heißt es nicht mehr: mit Gott für König und Vaterland, sondern nur noch: für Führer und Vaterland. Und aus der Liebe zu Gott, zum Vaterland wird eine

Liebe zum Führer, zur neuen NS-Bewegung. Die Bekennende Kirche eines Martin Niemöller und Dietrich Bonhoeffer kann da wenig gegen die »Deutschen Christen« ausrichten, die dem Reichskanzler Hitler ihre Gefolgschaft zusichern. Nicht unwesentlich dabei: Luthers Antisemitismus. Die Nazi-Christen gehen so weit, daran zu denken, das Alte Testament als jüdisches Element aus der Heiligen Schrift zu entfernen und Christus zu einem Arier zu erklären. Luther hätte dem zwar nicht zugestimmt, der Gedanke eignete sich aus Luthers ureigenem Kausalgefüge indes zum Missbrauch.

Luther – unser Unglück

Es gab und gibt Versuche, Luthers Einstellung zu den Juden zu relativieren. Die einen sagen, er hätte erst im Alter gegen sie Stellung bezogen, andere versuchen, die Sache historisch-kontextuell zu klären. Der antisemitische Ton sei dem Usus der Zeit geschuldet, dem eben jeder damals unterworfen gewesen sei. Man verweist auf die zweifellos deftige Streitkultur dieser Epoche. Die Polemiken zwischen Juden und Christen seien gegenseitiger Art gewesen. Auch Juden hätten sich wenig zimperlich in ihrer religiösen Ablehnung gegenüber Christen gezeigt. Nur wäre den Christen mehr erlaubt gewesen, sie hätten die Juden verfolgen dürfen, nicht aber umgekehrt. Also nur die Folge bestimmter Machtverhältnisse: Christen waren nun mal in der Überzahl und hatten nun mal bessere (sprich: brutalere) Rechte. Sieht man sich die diesbezüglichen Verhältnisse ganz allgemein an, gilt damals wie heute: Kulturelle Minoritäten sind eher Opfer der Mehrheit als umgekehrt, wenn es zum wie immer gearteten Kräftemessen kommt. Man kann Minderheiten und Mehrheiten nicht gleich bewerten, vor allem wenn es um Macht und Ohnmacht des einen gegen den anderen geht, und im Verhältnis einer Mehrheitskultur zu einer Minderheitenkultur, wie es gerade bei den Juden der Fall ist, umso weniger, auch ungeachtet unseres Schuldbewusstseins nach Auschwitz.

Man hat den um Ausgleich bemühten Erasmus innerhalb dieser Zwangseinstellung zu den Juden angeführt: »Nichts ist gefährlicher für die Erziehung des Christen als die übelste Pest, das Judentum«, schreibt er in einem Brief. Er nennt Hebräisch »eine barbarische Sprache«, und zu den eben veröffentlichten Werken des Kirchenvaters Hieronymus erklärt er, Häretiker würden den Pöbel gern täuschen und ihm mit magischen Worten aus dem Talmud und der Kabbala Angst machen. Jenen, die hebräische Literatur studierten, könne nicht getraut werden. Er kritisiert die mittelalterlichen Kommentare jüdischer Gelehrter zur hebräischen Bibel (die er übrigens nicht lesen konnte).

Erasmus war verärgert, weil Papst Leo X. den berühmten, in Venedig ansässigen Drucker hebräischer Bücher, Daniel Bomberg, ermutigt hatte, den Talmud zu veröffentlichen. Im Einklang mit der geläufigen Kirchentradition war Erasmus überzeugt, die Kirche vor Kontakten mit Juden und ihren Schriften warnen zu müssen. Er behauptete, die Juden glaubten an Erlösung durch quasi mechanistische Beachtung der Gesetze Mose, ihrer Riten, Symbole und Regeln. Das sei, sagte er, nur die leere Erfüllung der Vorschriften zu Essen, Kleidung, Fasten, zum Sabbat und den Feiertagen. Ihm war das zu wenig, eine nur äußerliche Ritualkultur. Das Christentum erschien ihm tiefer, also wesentlicher und damit weiterentwickelt. In Anlehnung an das Johannesevangelium bezeichnete er das Judentum als Anachronismus, als leere Prophetie, Verkörperung des Versagens, Schnee von gestern.

Ist Luther somit entlastet? Abgesehen davon, dass Erasmus

noch einigermaßen Maß hält, was man vor allem vom späten Luther nicht sagen kann, gab es Gelehrte, die sich eher vorurteilslos, weil neugierig, den Wurzeln des Christentums näherten. Bei ihnen fehlen die grobianischen Attacken. Der Flame Daniel Bomberg war der erste Verleger der Gesamtausgabe des ›Babylonischen Talmud‹. Für die zweite Ausgabe verpflichtete er jüdische Gelehrte, die die religiöse Literatur redigierten. Bis 1549 publizierte er über 200 Werke in hebräischer Sprache. Bomberg war gläubiger Christ, und fühlte sich des ungeachtet vom Judentum nicht bedroht.

Der Straßburger Theologe Wolfgang Capito war nicht nur Reformator, sondern auch Hebraist. Auch der Schweizer Gelehrte und Humanist Konrad Pellikan vertiefte sich in hebräische Studien. Johannes Oekolampad, ein Baseler Reformator, übersetzte jüdisches Schrifttum. Der Hebraist Johannes Reuchlin urteilte freundlich über den Talmud und andere jüdische Schriften. Er billigte den Juden die Rechte römischer Reichsbürger zu: Obwohl sie wegen ihres Gottesmords zu Recht zu Sklaven erklärt worden seien, blieben sie, wie die Christen, Untertanen des Kaisers und damit Teil der *civitas communis*. Zu Recht zu Sklaven erklärt – das ist ein Teil seiner Haltung. Der andere: Die Juden gehören dazu, und: Er zeigt eine Streitkultur, die um Redlichkeit, um die Akzeptanz des anderen Selbstverständnisses bemüht ist: Man könne den Juden ihre Polemiken gegen Christen nicht verdenken, sie träten, wie Christen auch, nur für ihren Glauben ein. Dazu fiel dem zum Christentum konvertierten Juden Johannes Pfefferkorn nichts Anderes ein, als die Behauptung, Reuchlin habe sich von Juden bestechen lassen. Ein anderer (Arnold von Tungern) glaubte, der Hebraist habe die Juden begünstigt und ihre Bosheit zu vertuschen versucht. Reuchlin blieb pragmatisch: »Ich begünstige Juden so, dass sie kein Unrecht tun, aber auch kein Unrecht leiden. Ungerechtigkeit ist Rohheit, die alle Menschlichkeit verleugnet und den, der ihr nachstrebt, zum wilden Tier macht.«

Reuchlin trennte sein theologisches Urteil übers Judentum vom rechtlichen Umgang mit den Juden. Und der nicht zu überschätzende Visionär Pico della Mirandola meinte, die jüdische Kabbala sei im christlichen Sinne der Ort, an dem christliche Glaubensinhalte im Judentum verborgen immer noch gegenwärtig seien.

Man muss abwägen. Auch undogmatische Humanisten haben sich nicht gerade judenfreundlich geäußert. Aber unter den großen Köpfen des Zeitalters findet sich keiner, der das in einer Form verbalisiert, wie wir es bei Luther, unserem »großen Reformator« vorfinden. Und an ihn halten wir uns heute noch, nicht an Bomberg, Reuchlin oder Mirandola, Luther ist es, der uns als »Leuchtturm des Glaubens«, als Vorbild verkauft wird.

»Linke« Historiker verweisen, wie immer ökonomisch betrachtend, auf die Geldgeschäfte der Juden. Die hat es zweifellos gegeben. Warum wird aber das Geschäftsgebaren z. B. der Fugger nicht thematisiert, denen es als Christen verboten ist, Zinsen zu nehmen? (Und die Fugger haben mehr als nur Zinsen genommen…) Wo lag das große Geld? Nur bei den Juden? Und waren die Juden nicht in diesen Bereich gezwungen worden, indem man ihnen den Zugang zu »bürgerlichen« Berufen verwehrte?

Andere Kenner der Materie teilen den Reformator in zwei Hälften. Einerseits der Theologe, andererseits der Kirchenpolitiker. Es sei wissenschaftlich unlauter, den Reformator mit dem kirchenpolitisch motivierten Judenfeind in einen Topf zu werfen. Mit dieser oder einer ähnlichen Unterscheidung lässt sich allerdings ein Großteil des in der Geschichte verübten Unrechts relativieren oder gar entschuldigen. Aus der jeweiligen Zeit betrachtet, wären damit die Verbrechen der Kreuzzüge, der Konquistadoren, der Hexenverfolger oder der Inquisition kontextuell immer in legitim und illegitim teilbar und damit – zumindest hälftig – nachvollziehbar. Die menschliche Urteilskraft bricht sich da leicht an den Turnübungen spitzfindiger Gelehrsamkeit die Beine. Sie hält sich an eine angeblich notwendig erfolgte Trennung in Luthers Antijudaismus und den von Luther angeblich nicht praktizierten Antisemitismus. Demgemäß habe Luther nicht rassistisch gedacht, sondern »nur« kirchenpolitisch polemisiert. Abgesehen davon, dass Luthers Zeit noch nicht rassistisch denken konnte – der Rassismus ist eine Erfindung des 19. Jahrhunderts –, war die damalige Zeit fast zur Gänze kirchenpolitisch durchwirkt. Mithin kann man fragen, ob die Opfer die Feinabstimmung zwischen Antisemitismus und Antijudaismus als tröstlich empfunden hätten. Und wie gehen wir mit der Tatsache um, dass sich Luthers Gegnerschaft zu den Juden bis zur tiefsten Herabwürdigung radikalisierte? Im Reuchlin-Streit hatte er noch gegen das Verbot und die Vernichtung jüdischer Bücher gestimmt. Man solle, was den Umgang mit den Juden beträfe, Gott vertrauen. Nur Gott könne die Juden auf den rechten Glaubenspfad lenken und ihren Lästerungen ein Ende bereiten. Eine Besserung der Juden durch den Menschen sei unmöglich. Vorläufig noch hatte Luther den Schulterschluss mit Reuchlin gefunden, das wissenschaftliche Interesse, die Erforschung der Urtexte, die nicht allein griechisch, sondern eben auch hebräisch sind. Zwei seiner Schriften machen das deutlich: ›Dass Jesus Christus ein geborener Jude sei‹ und sein schöner, ja zarter Essay über die Gottesmutter Maria, ›Magnificat‹. Man hätte, sagt Luther hier, genug »Christen« in den eigenen Reihen, die Christus ebenso wenig achteten wie Heiden und Juden: »Drum sollen wir sie nicht so unfreundlich behandeln..., man sage ihnen gütlich die Wahrheit, wollen sie nicht, lass sie fahren!« Es sei hier auch auf Luthers Äußerung verwiesen, jüdisch-christliche Ehen zu konzedieren. Luther also noch auf einem vernünftigen, toleranten Weg? Ihm geht es dabei, ähnlich wie anderen, nicht um Toleranz, die in unserem Sinne die akzeptierte Gleichwertigkeit bezeichnet, aber immerhin um ein Laisser-faire, um ein Lass-sie-Fahren. Seine noch maßvolle Ablehnung resultiert aus seiner Prädestinationslehre: Der Mensch soll dem Handeln Gottes nicht vorgreifen. Er lässt indes auch als junger Reformator keinen Zweifel daran, dass der jüdische Glaube durch die Schmähung Christi Gotteslästerung ist. Das mag als zeittypisch gelten und bleibt im üblichen Rahmen. Im Straßburger und Freiburger Münster, in Notre-Dame in Paris, im Bamberger Dom finden sich personifizierte Darstellungen der beiden Kirchen, der Synagoge und der Ecclesia. Während die christliche Ecclesia mit den Attributen des Sieges und des allgemein Richtigen und Wahren versehen ist – Schwert, Krone, Kelch und/oder Kreuzstab –, zeigt die Synagoga jene des Niedergangs – verbundene Augen, zerbrochener Fahnenstab, die Gesetzestafeln Mose entgleiten ihr. Synagoga heißt hier nicht nur jüdischer Sakralbau, sondern ist pars pro toto für die vermeintlich minderwertigere jüdische Gemeinde und das Judentum. Die Gegenüberstellung dieser Frauenbildnisse weist noch wenig auf eine böswillige Herabwürdigung der Juden, wie sie in den Polemiken der Zeit dann offenbar wird. Eher ist sie dem theologischen Überlegenheitsgefühl gegenüber dem Judentum geschuldet, freilich ein Überlegenheitsgefühl, das dann normativen Charakter gewinnt. Antijüdische Ablehnung wird gesellschaftlicher Konsens. Umso mehr, als sich dieser über den Buchdruck vorzüglich verbreiten lässt. Der junge Reformator Luther vertrat noch (!) eine vielleicht harmlos klingende, indes nicht harmlos wirkende Auffassung, dass den Juden als Glaubensgemeinschaft keine Zukunft beschieden sei. Wenn Reuchlin den Talmud gegen Blasphemievorwürfe verteidigte, sprach Luther schon früh von der Uneinsichtigkeit der Juden und ihrer »falschen« Hoffnung auf einen nichtchristlichen Messias. Nicht verwunderlich, wenn er sich kühl gegenüber der Bitte eines Oberrabbiners der deutschen Juden, Josel von Rosheim zeigte. Dieser bat Luther, sich für seine Leute beim sächsischen Landesherren zu verwenden. Rosheim, ein humanistisch gebildeter Gelehrter, hoffte, Luther könne etwas gegen das Bleibe- und Durchzugsverbot für Juden ausrichten. (1536 hatte Kurfürst Johann Friedrich, »der Großmütige«, ein rabiates Ausweisungsedikt erlassen.) Luther zeigte dem Hilfesuchenden gegenüber kein Entgegenkommen. Er nennt den Rabbiner einen Freund, der sich aber in dieser Angelegenheit einen anderen Fürsprecher suchen solle. Sein Herz sei nach wie vor für die freundliche Behandlung der Juden, aber nur, um sie zum christlichen Messias zu bringen, nicht, um sie in ihrem Irrtum zu bestärken.

Luther wird dann grimmiger. Überzeugt, dass es den Juden dank seines Wirkens ein Leichtes sei, dem neuen Glauben beizutreten, weil der sich – im Unterschied zum Katholizismus – der reinen Lehre verschrieben habe, sieht sich Luther im Lauf der Jahre in seinen Hoffnungen getäuscht. Er scheint nicht damit gerechnet zu haben, und wird in seinen Angriffen nun immer unerbittlicher. Er schreibt seinen Traktat ›Von den Juden und ihren Lügen‹ (1543). Hier will er nicht mehr bekehren. Dies sei so wenig möglich wie beim Teufel, meint er. Dieses blutrünstige, rachsüchtige, geldgeile Volk stehe nur noch unter Gottes Zorn. Das rechtsreaktionäre Spießertum unserer Tage lässt grüßen, wenn Luther sagt: »Sie halten uns im eigenen Land gefangen..., sie faulenzen, fressen, saufen, leben von unserem erarbeiteten Gut.« Er liefert auch eine Lektion theologischer Geschichtsklitterung. Die Schleifung Jerusalems durch die Römer und die nachfolgende Vertreibung der Juden sei die Strafe für ihre religiöse Uneinsichtigkeit. Mit der Zerstörung ihrer Stadt, wenige Jahrzehnte nach Jesu Hinrichtung, hätten sie Gottes Zorn erkennen müssen, den göttlichen Fingerzeig, dass sie irrten. Sie hätten den Gottessohn, einen aus ihren eigenen Reihen, getötet. Statt anzuerkennen, dass ihr Glaube an ihren Messias irrig, also »unser« Messias der wahre sei, hätten sie sich blind und borniert gezeigt. Und er schließt: »Unseren« Herrn Jesus nicht als eingeborenen Sohn Gottes anzuerkennen, sei verdammenswerte Blasphemie. Hier sucht er keinen Dialog, man rede, sagt er, nicht *mit* den Juden, sondern *von* den Juden und ihrem Tun. Man solle in Deutschland öffentlich machen: »Wer uns abgöttisch leugnet und lästert, der leugnet und lästert Christum, und das heißt, Gott selbst einen Abgott nennen.« Mit dem Vorwurf der Gotteslästerung fühlt man sich unwillkürlich an die religiös motivierten Selbstmordattentäter mit ihren Gott-ist-groß-Rufen erinnert. Luthers Logik entsprechend besteht die Gotteslästerung darin, dass die Juden Juden sind, und keine Christen. Darum, so Luther, könnten Christen sich nicht länger duldsam zeigen, wollten sie nicht selbst der Sünde teilhaftig werden. Man fragt sich in diesem Zusammenhang, wie Luther sein Solus-Christus-Wort ausgelegt wissen will, wo bleibt sein theologisches Zentrum?

Stattdessen plädiert er für: die jüdischen Gotteshäuser niederbrennen, die jüdischen Schriften konfiszieren, Rabbinern unter Androhung der Todesstrafe die Lehrtätigkeit verbieten, die Häuser der Juden zerstören, und sollte das nicht geschehen, sie wie tolle Hunde davonjagen – wie die Zigeuner, die man seit 1498 als Vogelfreie behandelte.

Noch mal Luther: »Viel weniger gehe ich damit um, dass ich die Juden bekehren wollte, denn das ist unmöglich… Ein solch verzweifeltes, durchböstes, durchgiftetes, durchteufeltes Ding ist's um diese Juden, so diese 1400 Jahre unsere Plage, Pestilenz und alles Unglück gewesen sind und noch sind. Summa, wir haben rechte Teufel an ihnen.« (1543). Man schätzte seine politischen Zeichensetzungen: Landgraf Philipp von Hessen erlässt eine Judenordnung. In Sachsen werden die Juden vertrieben. Die Nationalsozialisten mussten ihren Judenhass nicht neu texten, um ihr unbeschreibliches Barbarentum zu legitimieren: »Die Juden sind unser Unglück.«

Luther mag nicht aufhören, es ist, als risse es ihn fort. Hier eine Blütenlese aus seinem Pamphlet ›Vom Schem Hamphoras und vom Geschlecht Christi‹: »Seid ihr doch nicht wert, dass ihr die Bibel von außen ansehen sollet, geschweige, dass ihr drinnen lesen sollet! Ihr solltet jene ›Bibel‹ lesen, die der Sau unter dem Schwanz steht, und die Buchstaben, die daselbst herausfallen, solltet ihr fressen und saufen.«

Luther reflektiert auf die sogenannte »Judensau« an der Wittenberger Stadtkirche, ein im damaligen Deutschland verbreitetes antisemitisches Symbol. Zum Verständnis: Schem Hamphoras ist ein jüdischer Name für Gott. Gott bei seinem wahren Namen zu nennen, gilt als Sakrileg, also griff man zu Pseudonymen. Eines davon ist Schem Hamphoras.

Woher haben die Juden diese hohe Weisheit?, fragt Luther, und erklärt die Wittenberger Judensau: »Da liegen junge Ferkel und Juden drunter, die saugen. Hinter der Sau steht ein Rabbiner, der hebt der Sau das rechte Bein empor, und mit seiner linken Hand zieht er den Bürzel über sich, bückt und guckt mit großem Fleiß der Sau unter dem Bürzel in den Talmud hinein, als wollt er etwas Scharfes und Sonderliches lesen und ersehen. Daselbst her haben sie ihr Schem Hamphoras.« Dann folgt Luthers etymologische Umwidmung. Nicht Schem Hamphoras sei gemeint, sondern Scham Haperes, das heißt: Nicht der Dreck, der auf der Gasse liegt, sondern der, der aus dem Bauch kommt.

Warum wird das hier erwähnt? Weil immer noch darauf hingewiesen wird, dass Luther ein Kind seiner grobianischen Zeit sei, die eben ihre Unflätigkeit gehabt habe. So unflätig, so hasserfüllt hat das allerdings sonst keiner seines Kalibers gehalten. Und wie erklärt sich, dass einige von Luthers Ziehkindern, prominente Reformatoren wie der Züricher Heinrich Bullinger, der Straßburger Martin Butzer und Andreas Osiander aus Nürnberg, diese Kost als zu schweinisch bezeichnen? In Straßburg beantragt Josel von Rosheim ein Verbot dieser Schrift. Und bekommt Recht. Man ist also auch in einer grobianischen Zeit nicht derart hasserfüllt wie Luther.

Man könnte geneigt sein, die Sache auf sich beruhen zu lassen, zu hirnlos und blindwütig sind diese antisemitischen Tiraden. Man könnte seine Schriften zu den anderen holzköpfigen Schriften legen. Könnte man?

Luther hat Macht. Luther hat Weltgeschichte geschrieben. Wenn beispielsweise irgendein Philosoph einen Gedanken formuliert, ist das eines, wenn ein Marat oder Danton diesen Gedanken aufnimmt, etwas anderes. Marats Wort schlägt durch. Luthers Wort auch. Und es sind nicht die grobianisch denkenden und schreibenden Geistesakrobaten der frühen Neuzeit, die Geschichte gemacht haben, sondern Luther, der das europäische Judentum, ohnehin von wesentlichen Rechten ausgeschlossen, in noch schrecklichere Bedrängnis bringt. Doch selbst heute noch gilt uns Luther als Vorbild. Wenn ein kluger Politiker wie Heiner Geißler schreibt, »für Luther gab es nur eine Basis, eine richtige Erkenntnis, nämlich die Heilige Schrift«, dann kann man nicht umhin, das als Kitsch zu bezeichnen. Heute noch hat Deutschland seine Lutherstatuen, und heute noch beruft sich eine evangelische Kirche in den Gottesdiensten auf Luther als den großen Rebellen und Reformator. Angesichts dessen, wie sich der Nazi Julius Streicher, im Nürnberger Prozess auf Luther hinweisend, zu rechtfertigen trachtete, muss die Frage erlaubt sein, ob sich solche Leute völlig grundlos auf »unseren« Luther berufen haben. Hat das größte Verbrechen der Menschheit, der Holocaust, nichts mit Luther zu tun?

IV

Krieg statt Frieden – kein Recht auf Andersgläubigkeit

Hugenottenkriege in Frankreich

Luther ist ein Wortführer. Die Macht seines Wortes hat eine Wirkung gezeigt, wie man sie bis dahin eher nur von einigen großen Rednern der Antike kannte oder von einigen Politikern wie Themistokles und Octavian. Luthers Glaubensgewissheiten sind über jeden Zweifel erhaben, er hat gehandelt und eine Festigkeit gezeigt, die die halbe Welt überzeugt. Wie weit führt die Kenntnis dieser Festigkeit aber zu Intransigenz derer, die ihm anhängen – und derer, die ihn ablehnen? Wie weit macht seine Unbeugsamkeit Schule, und zwar auf beiden Seiten? Wie sehr weist Luthers Werdegang den Weg zur religiös motivierten, und daraus folgend, zur politisch manifestierten Intransigenz?

Unwillkürlich denkt man an einen anderen großen Revolutionär, an Karl Marx. Auch er war »nur« ein Mann des Wortes. Hat er mit seinen luziden Betrachtungen nicht eine ähnliche eine Schlussfolgerung heraufbeschworen, die aus der Überzeugung seiner Anhänger und seiner Gegner eine unselige Verkettung von Hass, Tod und Zerstörung machte? Aus Ideen der Gleichheit und Emanzipation ist einerseits die gemäßigte Sozialdemokratie entstanden, andererseits ein rabiater, menschenverachtender Kommunismus. Die eine Seite wird zu einem gemäßigten Reformmotor, die andere erhebt den grauen, entindividualisierten Menschen zum Ideal. Es ist bis heute so oft das gleiche Bild: Aus Gläubigkeit wird Rechthaberei, aus Rechthaberei Machtwille und daraus Terror. Damals Christen, später Jakobiner, heute Dschihadisten.

Führten Luthers Kerngedanken (allein der Glaube, allein die Schrift) aus ihrer Logik nicht zwangsläufig zu Schlüssen, die in ihrer politisch-religiösen Umsetzung katastrophal waren? War Luthers exegetischer Rationalismus nicht auch Ursache für eine irrationale Praxis? Und führte die Popularität seiner Gedanken nicht zu einem noch nie da gewesenen Ausmaß des Blutvergießens? Luther hat weite Teile seiner Welt bis in ihre Fundamente zertrümmert. Ob zu Recht oder zu Unrecht, sei dahingestellt. Die Frage lautet: Hätte das auch gutgehen können?

Seit dem zweiten Drittel des 16. Jahrhunderts breitet sich die Reformation in ihrer calvinistischen Ausprägung auch in Frankreich aus. Deren Anhänger nennen sich Hugenotten, vermutlich eine Verballhornung von »Eidgenossen«. Wie in Deutschland findet die neue Lehre breiten Zuspruch sowohl beim Adel als auch beim Bürgertum. König Franz I. verfolgt die Neugläubigen zunächst, erkennt aber die Gefahr gewaltsamer Auseinandersetzungen und sucht die Verständigung. Die ihm nicht gelingt. Er führt Krieg gegen das katholische Spanien. Rom vermeidet eine klare Parteinahme, verfolgt aber argwöhnisch des Königs Trippelschritte in Richtung Duldsamkeit. Franz' Nachfolger Heinrich II. (reg. 1547–1559) zeigt sich da weniger überlegt. Er ist selbstherrlich und autokratisch wie sein Vater, kümmert sich aber wenig um die Führung seines Landes. Die Bewältigung der klassischen staatlichen Aufgaben liegt ihm fern. Er lebt vor allem für Jagd und Turnier. In vielem folgt er den Einflüsterungen seiner Höflinge. Auf der einen Seite der Stallmeister (Connétable) Anne de Montmorency, einer der mächtigsten Männer Frankreichs, der zwar auf katholischem Boden steht, aber Onkel des Calvinistenführers Admiral Gaspard de Coligny ist. Auf der anderen Seite Heinrichs Geliebte Diana von Poitiers, die dem Geschlecht der erzkatholischen Guise nahesteht, das sich immer wieder als des Königs Widersacher und Rivale offenbart. Hinzu kommt: Heinrich ist mit einer Medici verheiratet, mit Katharina, der Tochter des Florentiner Stadtoberen und Bankinhabers Lorenzo di Piero de' Medici. Katharina ist neugierig, zwar katholisch erzogen, aber religiös undogmatisch, sie kennt Luthers Schriften und empfiehlt sie sogar weiter. Und da die arroganten Guisen sie als »florentinische Krämerin« ausgrenzen, baut sie sich ihren eigenen, teils aus Italien importierten Hofstaat auf, der an Verständigung ebenso wenig Interesse zeigt wie die alteingesessenen französischen Gegner.

Heinrich, ein blinder Machtpolitiker, setzt den Krieg gegen den Erzrivalen Spanien fort, er verbündet sich mit protestantischen Reichsfürsten, lässt aber im eigenen Land die Protestanten verfolgen. Selbst loyal gesinnte protestantische Parlamentsräte lässt er festnehmen. Seit 1551 ist jedermann verpflichtet, Ketzer zu melden. Erweist sich die Anzeige als begründet, erhält der Denunziant ein Drittel des eingezogenen Vermögens des Angeklagten. Die Hugenottenhatz wird im Frühstadium vor allem in Paris, weit weniger indes in der Provinz betrieben. Noch halten es die Hugenotten für geboten, die Gesetze des Königs zu befolgen. Dann stirbt Heinrich – als Opfer seiner Lust am Turnier. Ein Teilnehmer durchbohrt seinen Kopf mit einer Lanze. Zu dieser Zeit ist die Verbreitung der neuen Glaubensideen schon signifikant fortgeschritten, ein Teil des mächtigen Hochadels hat sich ihnen angeschlossen. Nach Heinrichs plötzlichem Tod übernimmt Katharina die Regentschaft für den 15-jährigen Franz II.

(reg. 1559–1560). Ein französischer Adliger zettelt mit Rückendeckung der mächtigen Protestanten Condé und Coligny einen Putsch mit dem Ziel an, den König aus den Fängen der einflussreichen katholischen Guisen zu befreien. Der Putsch misslingt. Katharina von Medici sieht sich zwischen zwei unversöhnlichen Lagern und erkennt die Gefahr, von beiden aufgerieben zu werden. Sie bleibt neutral. Noch. Keine Neutralität hieße eine Schwächung der Zentralgewalt, der Verlust ihrer und des Königs Macht. Doch werden ihr die Radikalen derart zusetzen, dass Neutralität unmöglich wird. Zunächst jedoch scheint alles noch gut zu gehen. Die mit allen Kniffen politischer Schachspielerkunst vertraute Regentin drängt die Guisen aus den Regierungsgeschäften, ohne dass diese revoltieren. Ihr neuer Kanzler ist nach außen ein Guise, ein Katholik, er strebt aber eine über den Konfessionen stehende Krongewalt an. Religiöse Probleme gewaltsam zu lösen, ist ihm wie auch Katharina fremd. Als Franz mit 16 Jahren stirbt, übernimmt der Zweitgeborene, der schwache und beeinflussbare Karl IX. (reg. 1560–1574) den Thron. Die Königinmutter geht weiterhin ihren eingeschlagenen Weg: die Guisen zurückdrängen und zugleich Zurückhaltung in der Gewährung neuer Toleranzen gegenüber den Neugläubigen. Diesen sind Gottesdienste erlaubt, aber nur außerhalb der Städte. Das wollen die Guisen indes nicht dulden. Sie verstehen sich als Kontrollinstanz des Throns. Nahe am Thron sein wollen die Protestanten aber auch, und da der Staat pleite ist – die Schulden sind fünfmal höher als die Einnahmen –, schlagen sie eine Enteignung des weltlichen Besitzes der Kirche vor. Der in Bedrängnis geratene katholische Klerus erklärt sich bereit, dem Staat einen *don gratuit*, ein millionenschweres Geschenk zu machen. Eine Annäherung der konfessionellen Kontrahenten wäre nun, nüchtern betrachtet, möglich. Da meldet sich ein Scharfmacher zu Wort, der General des Jesuitenordens Diego

Lainez. Er hat andere Vorstellungen. Man möge die Neugläubigen vertreiben und ihren Besitz einziehen. Der Hugenotte Coligny weist selbstbewusst darauf hin, dass Frankreich bereits 2500 hugenottische Gemeinden habe, sie seien also eine feste Größe im Land.

Nun will es die Vorsehung, dass die Hugenotten bei Wassy, im Nordosten Frankreichs, einen großen Gottesdienst in einer Scheune abhalten, der mit etwa 600 Beteiligten wohl zur politisch gewollten Demonstration ihrer Stärke dienen soll. Der Ort untersteht aber dem Katholiken Franz von Guise. Unter Berufung auf seine Gebietsherrschaft befiehlt er die Auflösung der Versammlung, die in dieser Größe illegal sei. Es kommt zum klassischen, heute noch üblichen Konfliktverhalten fanatisierter Gegner. Man provoziert, man schmäht sich, Hasstiraden, Steine fliegen, die ersten Rangeleien, dann artet alles in mörderische Gewalt aus. Dreiundzwanzig Tote sind die Schreckensbilanz. Mit Blick auf Versailles hat sich Franz von Guise einen Affront geleistet. Er hat seine Macht nicht nur gegen die Protestanten demonstriert, sondern auch gegen die um Ausgleich bemühte Regentin Katharina, die vor allem eines nicht will: zum Spielball der Kontrahenten werden. Hinzu kommt, dass auch Spanien und Rom sie unter Druck setzen. Wie kann sie ausweichen? Eine ihrer Töchter, die charismatische Elisabeth von Valois, hat sie mit dem spanischen König Philipp II. verheiratet – eine gute Ehe übrigens, die nur Schiller in seinem ›Don Carlos‹ als verhunzt erscheinen lässt. Im politischen Gegenzug wird Katharinas katholische Tochter Margarete den mächtigen Hugenotten Heinrich von Bourbon ehelichen, den König von Navarra (das etwa dem heutigen Baskenland entspricht). Diese Ehe wird sich als lang und schlecht erweisen – ein Beispiel religiöser Auseinandersetzung, die bis tief in Familienangelegenheiten hineinreicht. Einige Tage nach den pompösen Hochzeitsfeierlichkeiten kommt es unter den in

Paris versammelten Hugenotten zu einem Blutbad, das unter dem Namen »Bartholomäusnacht« oder »Pariser Bluthochzeit« in die Geschichte eingeht.

Was ist passiert? In den Konflikten der beiden unversöhnlichen Parteien meint Katharina, eine Art Richtlinienkompetenz behalten zu müssen, ihr geht es um die Macht der königlichen Zentralgewalt. Die Hugenotten sind mittlerweile immer stärker geworden. Machtbewusst verlangt ihr Anführer Coligny einen Krieg gegen das katholische Spanien. Katharina aber will das nicht. Jeder Sieg der einen Seite gegen die andere würde sie in ihrer Position schwächen. Coligny begeht die Dummheit, ihr zu unterstellen, wer gegen einen Krieg mit Spanien sei, sei kein guter Franzose. Das sagt er der vom französischen Hofadel ohnehin gemobbten Italienerin. Nun scheint der kritische Augenblick gekommen, da Katharina klarstellen muss, wer das Sagen hat, sie oder die anderen. Vier Tage nach der Hochzeit wird ein Attentat auf Coligny verübt, man mutmaßt, Katharina habe den Auftrag gegeben, was durchaus wahrscheinlich ist. Das Attentat misslingt aber, Coligny kommt mit einer Verletzung davon. Nun verselbstständigen sich die Ereignisse. Seine Anhänger fordern die Aufklärung des Verbrechens. Die Medici gerät ins Fadenkreuz der Ermittlungen, sie sieht sich vor der schwersten Niederlage ihres Lebens stehen, einerlei, ob sie das Attentat befohlen hat oder nicht. Hinzu kommt, dass ihr Sohn, ein Katholik, sich in vielem dem Hugenotten Coligny nahestehend empfindet. Wie auch immer: Katharina und Karl sind nach dem gescheiterten Attentat auf Coligny stark bedroht. Vor den Toren von Paris lagern etwa 4000 seiner Soldaten. Katharina muss ihr Eingreifen befürchten. Zugleich brennen die Guisen darauf, es dem Gegner so richtig zu zeigen. Wieder finden sich die Regentin und ihr Sohn zwischen den beiden nach Gewalt gierenden Lagern.

In der Nacht vom 23. auf den 24. August 1562 metzeln die Guisen Coligny und fast alle führenden hugenottischen Häupter nieder. Ein Chronist erzählt, durch die Pariser Gassen sei so viel Blut geflossen, dass es seinen Weg als Rinnsal wie Regenwasser gesucht habe – ein religiöser Genozid, der heute noch den Franzosen als nationaler Albtraum gegenwärtig ist. Der Hugenotte Heinrich von Navarra entgeht dem Tod nur, weil er seinem Glauben abschwört. Selbst seine katholische Gattin kommt nur knapp davon. Zwischen 13 000 und 50 000 Hugenotten verlieren ihr Leben, zunächst die in Paris und Umgebung weilenden, dann die in den Provinzen. Die meisten sterben von der Hand des fanatisierten Pöbels. Papst Gregor XIII. ist begeistert, er feiert ein Te Deum in Rom, er lässt eine Gedenkmünze prägen und übermittelt Katharina seine Glückwünsche. Rückblickend betrachtet ein Bärendienst, erklärt er doch Katharina damit zur Initiatorin des Massakers. Zu Unrecht, wie ich meine. Eher ist das Blutbad der mörderischen Überreaktion der Fanatiker geschuldet, ihrem blinden Hass auf die jeweils anderen. Was Katharina von Medici vor allem antrieb, ist das Entkommen aus einem von totaler Intransigenz gesteuerten Konflikt.

Obwohl führerlos, brechen die Hugenotten nicht zusammen. Ein Paradebeispiel für die Macht des Glaubens, für Geist und Ungeist einer Epoche. Die Verstärkung kommt von unten. Die reformierten Pfarrer wirken mit aller Energie gegen einen möglichen Massenabfall ihrer Anhänger und haben Erfolg. Auch der Zufall hilft. In La Rochelle werden die Neugläubigen vom Bruder des Königs belagert. Ihre Lage ist verzweifelt. Plötzlich erreicht den Belagerer die Nachricht, dass seine von Katharina betriebene Wahl zum König von Polen erfolgt ist. Bevor er Hals über Kopf ostwärts aufbricht, gewährt er den Hugenotten die alten Rechte der Religionsausübung.

Ein Jahr später stirbt der französische König Karl mit 23 Jahren an der Schwindsucht. Zudem haben die Gräuel der Bartholomäusnacht den Traumatisierten den Rest seiner zwei verbliebenen Jahre begleitet. Jetzt besteigt der polnische Ex-König, Katharinas dritter Sohn, als Heinrich III. (reg. 1574–1589) den Thron.

Bar jeden Gefühls für Realitäten drängt er seine Mutter von der politischen Bühne, er widerruft alle den Hugenotten eingeräumten Rechte und löst damit einen weiteren Krieg aus. Nun greifen deutsche Protestanten Frankreich an und marschieren Richtung Paris. Heinrich bleibt nichts anderes übrig, als den Hugenotten doch wieder ihre Freiheiten einzuräumen. Außer in Paris wird ihnen in ganz Frankreich das Recht der freien Religionsausübung zugebilligt, sie erhalten acht »Sicherheitsplätze«, die sich zu antikatholischen Bastionen entwickeln. Ein Erfolg, der knapp vier Jahre nach der Bartholomäusnacht geradezu märchenhaft anmutet. Überdies kann Heinrich nicht verhindern, dass sich im Laufe der Jahre die gemäßigten Katholiken (die »Politiker«) mehr und mehr durchsetzen und mit den Hugenotten zu einer Allianz zusammenschließen. Somit fürchten die altgläubigen Hardliner umso mehr den Verlust ihrer Macht. In Paris peitschen katholische Hassprediger die Massen auf, Agenten betreten jedes Haus und verlangen Beitrittsunterschriften. Außenpolitisch sieht sich Heinrich einer zusätzlichen Gefährdung ausgesetzt, seit dem spanischen König Portugal zugefallen ist. Habsburg wird also immer mächtiger. Noch einmal tritt Katharina auf den Plan. Sie will die englische Königin Elisabeth I. mit einem der ihren, mit dem Herzog von Anjou verheiraten. Die gerissene Elisabeth ist bereit dem zuzustimmen, wenn Frankreich mit England ein Offensivbündnis gegen Spanien schließt, was wiederum Katharina zu riskant erscheint – die Sache bleibt in der Schwebe. Dann stirbt der Herzog, Katharinas Heiratspläne sind obsolet, sie hat ausgespielt und stirbt fünf Jahre später, 1589, eines natürlichen Todes. Der Tod des Herzogs aber hat weitreichende, geradezu ironisch anmutende Konsequenzen. Er war der einzige Thronfolger aus dem alten Hause Valois. Nun ist der Hugenotte Heinrich, König von Navarra, kaum den Mordbanden der Bartholomäusnacht entkommen, der nächstmögliche Thronfolger.

Das ruft die Guisen wieder auf den Plan, sie gründen eine Allianz mit den Spaniern. Navarra und seine hugenottischen Ketzer sollen vernichtet werden. Zu allem Übel ist in England die katholische Maria Stuart von Elisabeth I. gerade hingerichtet worden, sie ist mütterlicherseits eine Guise. In Reaktion darauf wird Paris zum religiösen Hexenkessel. König Heinrich III., von den Guisen als zu kompromissbereit beschimpft, sucht vergebens sein Heil in der Flucht und wird gezwungen, der Ausrottung der Hugenotten zuzustimmen. Zugleich ist aber die spanische Armada auf ihrer Fahrt gegen das »gottlose« England untergegangen – eine Schwächung der Altgläubigen, die Heinrich zum Anlass nimmt, eine kleine Bartholomäusnacht zu veranstalten: Zwei führende Köpfe der Guisen und ihre Gefolgschaft werden auf sein Geheiß ermordet. Die alte Katharina Medici erlebt das noch. Sie erlebt nicht mehr, dass sich dieses Morden in Analogie zur Bartholomäusnacht günstig auf die Kampfmoral der Guisen und ihrer Anhänger auswirkt. In Paris erhebt sich erneut ein von ihnen befeuerter Volksaufstand, das Parlament unternimmt rechtliche Schritte gegen den König, der Papst verlangt, Heinrich solle in Rom vorstellig werden und sich rechtfertigen, die Sorbonne entbindet die Franzosen vom Treueid gegenüber dem König. Heinrich ist am Ende. Er verbündet sich mit seinem Rivalen Heinrich von Navarra, marschiert mit ihm gegen Paris. Rom belegt den König mit dem Bann. Das schmiedet die beiden ehemaligen Kontrahenten nur noch enger zusammen, denn Navarra ist ebenfalls exkommuniziert. Während der Belagerung von Paris überreicht ein Dominikanermönch dem König Briefe der Katholischen Liga und sticht ihn dabei nieder. Auf dem Sterbebett ernennt Heinrich III. seinen Schwager Heinrich von Navarra zum Thronfolger, nimmt ihm aber noch das Versprechen ab zu konvertieren – so tief ist der »rechte« Glaube im damaligen Menschen verankert.

Navarra besteigt als Heinrich IV. (reg. 1589–1610) den französischen Thron. Wie der eben verstorbenen Maria Medici sind ihm religiöse Fundamentalüberzeugungen fremd. Gleich zu Beginn erklärt er, er werde die alte Religion nicht antasten. Die Guisen aber fixieren sich auf des Königs schwache Stellung, glauben an eine vorübergehende Amtszeit, verkennen aber die Realitäten. Ein Gutteil der Katholiken mäßigt sich, man ist der Unruhen in Paris müde, den Guisen ergeht es wie Savonarolas Anhängern, man hat genug vom religiösen Tugendterror. Die gemäßigten Katholiken fürchten zu Recht, eine Annäherung an Rom und Madrid, wie von den Guisen erstrebt, würde Frankreichs Niedergang einläuten. Es kommt zu ersten Sondierungsgesprächen zwischen Heinrich und den gemäßigten Katholiken, den »Politikern«. Sie bestreiten Heinrichs Thronerbe nicht, sie verlangen nur einen Wechsel zum katholischen Glauben, und Heinrich ist undogmatisch genug, dem zuzustimmen. Vermutlich erfunden, aber bezeichnend sein Ausspruch: »Paris ist eine (katholische) Messe wert.« Die Hugenotten sind mächtig, sie machen aber nur etwa 10 Prozent der Bevölkerung aus. Heinrich ist die staatliche Einigung wichtiger, und die ist nur mit einem Frieden zu erreichen. Im berühmten Edikt von Nantes werden den französischen Protestanten eine eigene Fraktion im Parlament, Zugang zu allen Ämtern und auf acht Jahre 100 Sicherheitsplätze zugebilligt, deren Streitmacht vom französischen Staat finanziert wird. Frankreichs Zustand aber gleicht dem Deutschlands nach dem Dreißigjährigen Krieg. Nur wenige Landstriche sind von den religiösen Auseinandersetzungen verschont geblieben. Heinrichs enger Berater und Minister, der Herzog von Sully, ordnet nun die Staats- und die königlichen Finanzen neu, u. a. durch eine tiefgreifende, nicht immer gerechte Reform der Steuern sowie durch eine nachdrückliche Förderung von Handel, Gewerbe und Landwirtschaft. Daneben werden zahlreiche Straßen, Wasserstraßen etc. gebaut oder wiederhergestellt. Anfang des 17. Jahrhunderts beginnt auch die Erschließung Kanadas. Der charismatische König Heinrich IV. tritt ähnlich vernünftig restaurativ auf wie einst der römische Kaiser Augustus. Auch ihn zeichnet ein feines Gespür für die noch lauernde, vom Hass genährte Gefahr aus. Doch nach 20 Jahren Herrschaft wird auch Heinrich IV. von einem fanatischen Katholiken umgebracht. Der von religiösen Wahnvorstellungen beherrschte Täter, ein einfacher Lehrer, ist überzeugt, Heinrich wolle den Papst bekämpfen, und fühlt sich von Gott zu dieser Tat berufen. Der Dschihad lässt wieder grüßen.

1629 wird das Toleranzedikt von Nantes stark eingeschränkt. Die den Hugenotten zugestandenen Sicherheitsplätze werden abgeschafft, 1685 wird das Edikt durch den mächtigen Sonnenkönig Ludwig XIV. komplett aufgehoben (Edikt von Fontainebleau). Etwa 500 000 Hugenotten verlassen ihr Land und gehen nach England, in die Schweiz, die Niederlande oder nach Preußen. Einer ihrer Nachfahren ist der Verfasser des wunderbaren ›Peter Schlemihl‹, der deutsche Dichter Adelbert von Chamisso. Der Schriftsteller und Essayist Robert Fischer nennt ihn einen »frühen Bürger Europas«. Bleibt nur zu hoffen, dass das heutige Europa unter weniger großen Opfern zusammenfindet.

Der Dreißigjährige Krieg – Paradigma totaler Zerstörung

Es ist wie eine Epidemie. Kaum ist Frankreich einigermaßen befriedet, sucht die Glaubensfrage neue Ansteckungen und findet sie im Heimatland der Frustration und Rechthaberei, in Deutschland. Hundert Jahre nach Luthers Thesenanschlag bricht 1618 ein Krieg aus, der beschönigend ein Glaubenskrieg genannt wird, eigentlich ein Weltkrieg ist, von dessen Folgen sich Deutschland lange nicht erholt. Eine der Folgen, man kann das nur noch ironisch apostrophieren: Keine der konfessionellen Parteien hat etwas erreicht. Die 1648 ausgehandelten Friedensschlüsse bestätigen weitgehend den Augsburger Religionsfrieden von 1555, also den Status quo ante. Aber der gegenseitige Hass der einen auf die anderen sitzt danach tiefer, eine Jahrhunderte währende Verfestigung religiöser Intoleranz ist damit etabliert.

Seit dem Mittelalter ist Europa ein Mosaik aus nicht zusammenpassenden Steinen, Deutschland hingegen ein Mosaik aus zertrümmerten Steinen. Nur folgerichtig, dass hier, auf diesem zentraleuropäischen Parzellengebilde jeder gegen jeden vorgehen kann.

Weil eine starke, Synergien bündelnde Zentralmacht fehlt, ist ein »cuius regio, eius religio« (wessen das Land, dessen die Religion) nötig, und das wiederum befeuert die nachfolgenden Auseinandersetzungen.

Man darf darüber die religionsfernen Überlegungen der Kriegführenden nicht vergessen, Wallenstein in Böhmen, Christian IV. in Dänemark, Gustav Adolf in Schweden, Ludwig XIII. in Frankreich – sie alle (und andere auch) streben unabhängig von konfessionellen Überlegungen nach wirtschaftlicher und politischer Machterweiterung bzw. -sicherung.

In den Reichsinstitutionen wie Reichsrat, Reichskammergericht und Reichshofrat spielt die konfessionelle Zugehörigkeit eine zunehmend wichtige Rolle. 1608 kommt es auf Betreiben der Kurpfalz zur Gründung der Protestantischen Union. Sie ist der Überlegung geschuldet, ein Gegengewicht zu den katholisch beherrschten Reichsinstitutionen zu schaffen. In Reaktion darauf gründet Herzog Maximilian I. von Bayern die Katholische Liga. Es ist nur noch eine Frage der Zeit, wann die Lager aufeinander losgehen. Und immer wird dabei die Fahne der Konfession geschwenkt.

Hier einige Hotspots: Etwa 20 000 Menschen kommen bei der Belagerung und Schleifung Magdeburgs 1631 ums Leben. In ihrer Not kratzen die Belagerten den Putz von den Wänden, um ihren Hunger zu stillen. Selbst der Fall einer Kinderschlachtung wird erwähnt. Mehr als 10 000 Tote gibt es im gleichen Jahr in der Schlacht vor Breitenfeld nördlich von Leipzig. 1634 wird das lutherische Gelnhausen in Hessen von den Kaiserlichen geplündert und in Brand gesteckt. Die einst blühende Stadt bleibt über Jahre unbewohnt.

Die meisten Opfer sterben aber nicht auf dem Schlachtfeld, sondern verbluten in primitiven Lazaretten, verhungern auf den weiten Märschen, sie werden von Pest, Ruhr, Pocken und Skorbut hinweggerafft oder von der Kälte. Im Winter ist die Amputation erfrorener Gliedmaßen die Hauptaufgabe der Lazarettärzte.

Ein Söldner, Peter Hagendorf, führt Tagebuch. Seine Familie zieht im Tross mit, eine damals übliche Praxis, ähnlich der Mutter Courage in Brechts gleichnamigem Stück. Hagendorf verliert seine Frau, acht seiner zehn Kinder sterben an Erschöpfung, Krankheit oder an den miserablen Hygienebedingungen, die Schwiegermutter fällt der Pest anheim. Er kämpft hauptsächlich auf katholischer Seite, wird aber auch von den protestantischen Schweden zwangseingezogen. 22 000 Kilometer marschiert er durch Deutschland, Italien, Frankreich und die Niederlande. Er wirtschaftet nicht, stellt nichts her, baut nichts an, züchtet nichts, er leistet nichts als Kriegsdienst. Über 25 Jahre lang. Dann verliert sich seine Spur.

Heere wie das Hagendorfs richten großflächige Verwüstungen an. Nicht nur aus purer Mordlust und Zerstörungswut, als vielmehr aus Hunger. Ein Tross von etwa 20 000 Soldaten und Tausenden von Pferden ist schlimmer als die schlimmste Heuschreckenplage. Der Hunger der Soldaten führt zum Verhungern ganzer Landstriche. »Landsknechte lassen nichts liegen als Mühlsteine und glühende Eisen«, lautet ein Sprichwort. Sie rauben den Menschen alles, Bettzeug, Geschirr, Vieh und Vorräte. Türen, Fensterrahmen und Dachsparren nehmen sie als Brennholz mit. Was sie nicht mitnehmen, zertrümmern sie. Frauen werden vergewaltigt, die Männer gefoltert, um eventuell vergrabene Wertgegenstände oder Geld preiszugeben.

Die Zeit der Glaubenskämpfe ist keine Zeit der Glaubenssuche, sondern eine des kranken Verhältnisses zwischen Zivilisten und Soldaten. Die ausgeplünderten Bauern sind gezwungen, ihr Zivildasein aufzugeben – auch sie werden Soldaten, sie müssen. Aus der Rolle des Gejagten schlüpfen sie in die des Jägers. Eine auf Krieg fußende destruktive Wirtschaft. »Der Krieg ernährt sich selbst«, ist Wallensteins Devise. Fragt sich nur, wie lange und mit welchen Folgen? Zwangsrekrutierungen, Verödung, Hunger, Seuchen und Gewaltakte, welche die perversesten Fantasien übersteigen, sind an der Tagesordnung. Sie sind Resultat einer nicht vorstellbaren Verrohung des »normalen« Individuums.

Heftiger als Folter, Zerstörung und Krieg wüten Pest, Typhus und Cholera. So wird allein im Jahr 1632 das 26 000 Mann starke Heer des Schwedenkönigs Gustav Adolf auf 12 000 dezimiert, ohne dass ein Schwert das andere gekreuzt hat. Man hat berechnet, dass auf einen in der Schlacht gefallenen oder tödlich verwundeten Soldaten zwei an Krankheiten gestorbene kommen. Das setzt sich bevölkerungsstatistisch fort. Der Verlust von jungen Männern führt zu einem massiven Rückgang der Familiengründungen und damit zu einem entsprechenden Bevölkerungsschwund.

Grimmelshausen schildert in seinem ›Simplicissimus‹ den unvorstellbaren Sadismus gegen Unschuldige, den unfassbaren Irrsinn eines Krieges, das hirnlose Abschlachten von Kindern, Frauen, Greisen. Signifikant ist eine Szene, die in ihrer vordergründigen Harmlosigkeit eigentlich genug sagt: Nach einer verlorenen Schlacht betritt der junge Söldner eine Spinnstube. Ihm ist nach weiblicher Gesellschaft, aber dann fällt sein Blick auf einen Druck. Darauf ist die »verkehrte Welt« dargestellt. Nur langsam begreift der naive Kerl, und was er begreift, verfolgt ihn in seine Träume: Der Ochs metzelt den Metzger nieder, das Wild bringt den Jäger zur Strecke, die Fische fressen den Fischer, der Esel reitet den Menschen, der Bauer ist ein Krieger und der Soldat pflügt das Feld.

Mehr als eine Million Menschen kämpfen in diesem Krieg. Seine Fratze zeigt sich auch nach dem Friedensschluss: ein Europa, vor allem ein Deutschland bevölkert von Krüppeln, Blinden und Lahmen, die sich in Lumpen gehüllt sich über die Straßen schleppen und sich bettelnd vor den Klosterpforten postieren. Die Zahl der Deutschen geht um ein Drittel zurück, erst im 18. Jahrhundert wird wieder der Bevölkerungsstand von 1618 erreicht.

Luther hat keine persönliche Schuld am Ausbruch des Dreißigjährigen Krieges, er ist seit gut 70 Jahren tot. Doch die von ihm befeuerte Kultur der Polarisierung musste zumindest an die Ränder des Krieges führen.

Wie weit der Dreißigjährige Krieg die Entwicklung Deutschlands zurückwirft, zeigt sich noch lange. Zumal er ganz unterschiedliche Folgen zeitigt. Es ist nur logisch, dass sich eine kriegsverschonte Gegend von einer kriegsgezeichneten abschottet. Die deutschen Partikularinteressen bleiben bestehen. In weiterer Folge schickt sich ein hochmilitarisiertes Königreich, das protestantische Preußen, an, in Deutschland eine Führungsmacht zu werden. Die Verhältnisse der deutschen Geschichte betrachtend kann man mit Fug und Recht sagen, dass die Glaubensauseinandersetzungen von damals die Entwicklung zum deutschen Parlamentarismus entscheidend gehemmt haben. Das Scheitern der Frankfurter Nationalversammlung von 1848 zwingt dazu, bis zu Luther zurückzublicken. Der Protestant und König Friedrich Wilhelm IV. von Preußen weigert sich, die ihm angetragene deutsche Krone anzunehmen. Sie ist für ihn mit dem Ludergeruch der Revolution behaftet, nie würde er eine Krone von Kaufleuten und Gelehrten annehmen, die dann auch noch behaupteten, sie würden das Volk vertreten. Ein Herrscher von Volkes Gnaden zu sein liegt außerhalb seines politischen Denkens. Eine von unten nach oben weisende Machtlegitimation ist ihm – man könnte sagen: mit Luther – unvorstellbar. Ein Jahr später existiert die Frankfurter Nationalversammlung nicht mehr. In Erinnerung bleiben ihre altväterlichen Parlamentsdebatten, geführt von realitätsfernen Honoratioren, denen vor allem eines fehlt: die politische Reife, die sie dank Luthers patrimonialem Obrigkeitsglauben nicht entwickeln konnten.

Mit dem Reichskanzler Bismarck tritt ein erzreaktionärer Revolutionär auf, der, ähnlich wie Luther, den Fortschritt seiner Zeit ignoriert. Der ostelbische, dem Protestantismus verpflichtete Junker ist antiparlamentarisch und antidemokratisch, sein politisches Denken steuert von oben nach unten. Wie Luther bewegt auch Bismarck viel – aber zurück. Nicht zufällig dient der preußische Militarismus dann den Nationalsozialisten als Vorbild.